KB155738

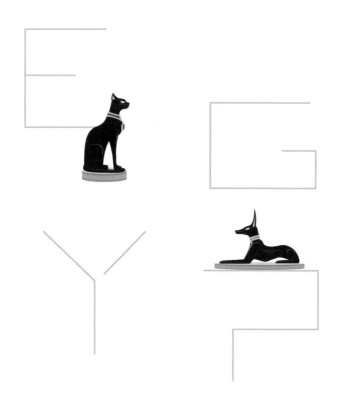

이집트의 재발견

윤여철

차례

추천사

윤여철 대사님의 책 집필 소식을 듣고 반가운 마음으로 출간을 기다리고 있었다. 중동 연구자로서 늘 애정과 관심을 가져온 이집트에서 공관장을 지내신 소회를 담은 책이라 빨리 읽고 싶었다. 그런데 이렇게 추천사 부탁을 받았다. 초고를 정독하며 얻은 기쁨은 배가 되었다.

이 책은 매뉴얼이다. 외교관의 꽃 특명전권대사가 어떻게 일해야 하는지 보여주는 매뉴얼이다. 국민들에게는 보고서이다. 국민에 의해 고용된 외교관들이 해외에서 국익을 위해 무슨 일을 어떤 자세로 하고 있는지 세세히 알리는 기록이다. 그리고 한 사람의 소회와 고민이 담긴 회고록이기도 하다. 읽으면서 지식과 정보는 물론 감동과 뿌듯함까지 얻을 수 있었다.

앞부분 요약 속에 담긴 이집트 역사의 골간은 덤이다. 특히 나세르 혁명 이후 현대사가 잘 정리되어 있다. 1952년 비로소 이집트인에 의한 통치 시대가 열리면서 되찾은 자존심과, 녹록하지 않은 냉전기 국제정치의 현실 속에서 부딪히는 이집트의 고민과 좌절이 생생하다. 여느 역사 서적 못지않다. 민족주의자이자 아랍의 영웅이었던 나세르와, 현실주의자이자 아랍의 배신자였던 사다트를 중국의 마오쩌둥과 덩샤오핑으로 비유하며 풀어나간 저자의 혜안은 탁월하다.

대사는 주재국과 본국을 연결하는 최고위 통로다. 늘 어떻게 하면 한국과 주재국의 이익을 함께 증진할 것인가를 고민한다. 이를 위해서는 양국의 공통점을 찾아내고 접점을 늘리는 것이 관건이다. 주재국 역사와 현실의 고민에 관한 이해가 필수다. 저자는 1919년으로 거슬러 올라가, 이집트 반영 제국주의 투쟁의 역사와 우리 3·1운동을 연결시킨다. 비록 공간적으로는 멀리 떨어져 있지만 역사의 한 지점에서 함께했던 기억을 되살려 오늘 함께 무엇을 할 것인가를 고민하고 있다. 카이로선언 일화는 여전히 가슴을 뛰게 한다.

이 책은 몇 가지 이야기로 구성되어 있다.

첫째는 사람 만나는 이야기이다. 저자는 재임기간, 많은 이들을 만났고 그 기록을 담고 있다. 비단 정부요인은 말할 것도 없이 이집트 이슬람의 대부 격인 알 아즈하르 그랜드 모스크의 이맘, 이집트 콥트 기독교 교황과의 만남은 물론 정·재계 및 사회·언론계 인사들과의 깊이 있는 교류의 경험을 생생히 담았다. 뿐만 아니다. 우리 교민을 위해 관저를 개방하고 격의 없이 만나는 장면 역시 인상적이다.

두 번째는 조직 관리와 운영의 이야기다. 직원들에 대한 업무 분장과 일의 추진 과정, 그리고 관저 운영과 요리사 문제 등을 통해 바뀐 외교환경에서 어떻게 국민 눈높이에 조응하며 공관을 꾸려나갈 것인가 하는 고민이 잘 드러나 있다. 무엇보다 인상적인 것은 공관 직원들의 활약상을 하나하나 기술한 내용이었다. 회고록의 특성상 공관장 개인의 역할과 활약상에 초점 맞추기 쉽다. 그러나 이 책을 읽으면서 직원 하나하나의 노고에 대한 저자의 감사가 배어 있음을 느낄 수 있었다. 특히 현지 외국인 공관 직원 가족들까지 주빈으로 초청, 하나가 되게 한 저자의 배려는 울림이 컸다.

세 번째는 구체적 외교 활동의 이야기다. 정무, 경제, 공공외교로 나누어 한국 외교의 활약상을 정리했다. 우리 외교부의 해외 공관 활동이 어떻게 이루어지고 있는가를 쉽게 알 수 있게 설명하고 있다. 무엇보다 우리 기업의 이익을 위해 노심초사·동분서주하는 저자와 공관 직원들의 노력이 널리 알려졌으면 하는 바람이 있다. 한국을 이집트에 알리는 저자의 공공외교 열정 역시 인상적이다. 우리에겐 일상이지만 누군가에겐 동경의 대상이 될 수 있는 소재를 발굴해 알리는 공공외교의 답을 보여주고 있다. 대사관이 직접 제작한 유튜브 채널 앗살람 알라이쿰과 한식 외교에 나오는 후무스 두부 이야기는 무릎을 치게 한다. 깊은 고민과 토론 없이는 발굴할 수 없는 소재다.

마지막으로 우리 재외국민과 교민 보호, 즉 영사 외교 이야기의 애환은 늘 감동을 준다. 특히 코로나바이러스로 인한 교민 귀국에 담긴 절절한 고민은 달라진 우리 국민외교의 모습을 보여준다. 영사 조력을 못 받고 혼자 두려워하는 교민을 위해 바하리아 사막을 비롯 이집트 구석구석 마다하지 않고 달려가는 활약상이 담겨있다. 비단 이집트뿐이겠는가! 전 세계 모든 공관에서 일상으로 일어나고 있는 일이리라.

이집트는 서방 국가들에겐 매우 중요한 나라이다. 미국은 아프리카·중동의 거점 공관을 이집트에 두고 대규모의 외교 인력과 전문가들을 파견하고 있다. 유럽은 이집트 역사와 문화에 대한 애정이 넘쳐난다. 뿐만 아니다. 중국과 일본의 이집트에 관한 관심은 우리를 한참 뛰어넘는다. 이에 비하면 한국에게 이집트는 아직은 먼 나라다. 그러나 2년 남짓한 저자의 열정과 공관직원들의 헌신을 통해 그 갭이 줄었으리라 믿는다. 바라기는 이 책을 읽는 독자들에게 이집트가 조금 더 익숙하게 다가왔으면 좋겠다. 외교관은 물론 중동과 이집트에 관심 있는 모든 분들이 함께 읽으면서 각자 얻는 유익들이 많으리라 확신한다.

국립외교원 교수

인남식

프롤로그
이 책을 쓰는 이유

나는 나의 주이집트 대사 근무를 마무리하고 있는 2020년 7월 현재, 외교관 생활을 36년째 하고 있다는 말로 이 글을 시작한다. 나의 동기들 가운데는 나보다 10년 가까이 일찍 첫 공관장을 한 분도 있다. 내가 유엔 사무국에서 8년 가까이 일하면서 본부의 흐름과 떨어져 있다 보니 생긴 일이다. 그동안 외교부 내에서 받을 보직을 못 받고 돌아올 때는 나의 연공서열에 맞추다 보니, 보통 국장을 지낸 후 첫 공관장을 지내고 돌아와서 받는 차관보급 보직을 2014년 10월에 받았다. 그 후 2017년 11월에 주이집트 대사 발령을 받고 2018년 2월에 카이로에 도착하였다. 내가 1984년 5월 임용시험에 합격하였으니 무려 34년이 걸려서 첫 대사업무를 맡게 된 것이다.

주이집트 대사로 부임하여 대사관 동료들의 도움을 받아 첫 공관장 생활을 해나가면서 느낀 것은, 내가 왜 공관장 생활을 이렇게 늦게 했을까 하는 후회, 그리고 지금이라도 기회가 부여된 데 대한 감사의 마음이었다.

　오랜 기간 외교관 생활을 하면서 내가 맡은 직책에서 당시 공관장 여러 분을 보좌해 왔고 유엔 사무국에서 남다른 소중한 경험도 하였다. 그러나 스스로 공관장으로서 나라를 대표하여 입장을 전하고 공관 직원들을 적재적소에 활용하여 우리의 국익을 확보하고, 대한민국에 대한 좋은 인상과 이해를 확보해 나가는 작업의 "책임"을 지는 위치에 서는 것은 전혀 새로운 경험이었다. 어디 정해진 매뉴얼은 없지만, 그전 30여 년의 경험, 공무원으로서의 사명감, 해외에서 일하면서 더욱 강하게 다가오는 국가관 등이 작용하면서 최선을 다해 이 일을 수행해야 하겠다는 결의가 자연스럽게 생겨났다. 여기에는 늦깎이 공관장으로서 내게 맡겨진 일을 즐기며 조금이라도 소홀함이 없이 해내는 모습을 보이겠다는 자존심도 작용했다.

　초임 공관장 교육을 받으면서도 특임 공관장으로 외부에서 오신 분들을 제외하면 내가 제일 선임이었지만, 나는 후배 대사들과 다름없이 열심히 집중하여 들었다. 당시 한 강사는 공관업무 홍보관련 강의를 하면서 요즘 홍보는 소셜 미디어를 활용하는 것이 대세라고 이를 강력히 장려하였다. 나는 이 말을 듣고는 그간 친구들과의 소통 채널이자 세상 돌아가는 모양을 엿보는 수단으로 삼던 페이스북을 나의 공관업무 홍보 수단으로 활용하기로 하였다.

　초기에는 친구들과만 공유하고 지내다가, 몇 개월 지나서 전체공개 설정방법을 배우고는 공개로 전환하여 다른 분들도 대사관이라는 기관이 어떤 일을 하는지 볼 수 있게 하였다. 대사관 홈페이지가 따로 있었으나 우리 직원이 각종 행사 사진을 선별하고 글을 작성한 뒤 게시하기에는 시간이 걸리므로, 직원들이 행사 사진을 찍어 보내주면 행사의 주인공인 내가 한글과 영문으로 요지를 작성하여 거의 실시간으로 올리면서 공관의 주요활동을 공개하였다. 물론 민감한 정무 업무는 올릴 수 없으나, 많은 문화 행사가 있었고 우리 기업을 지원하는 경제 활동도 많아 적지 않은 소재가 있었다. 이집트 정부, 민간인 그리고 이곳에서 함께 일하는 외국 대사들과의 교류까지 공개하였다. 그러다 보니 나의 페이스북에는 하루에 하나 이상의 게시물이 있었다.

많은 분들이 게시물에 흥미를 보였고 교민 가운데는 대사관이 무슨 일을 하는지 비로소 알게 되었다고 하는 분도 있었다. 선배 외교관 한 분은 공관장 활동의 좋은 모범이니, 잘 정리해서 후배 외교관들에게 참고가 되게 하라고 하셨다. 전에 책을 써본 적도 없고 공관 생활에 대한 책을 쓸 생각도 없었으나, 그 말씀을 듣고 보니 동료들과 열과 성을 다해서 노력한 자취를 정리할 필요가 있겠다는 생각이 들었다. 내가 공관장의 책임을 느끼면서 시야가 바뀌는 과정, 그리고 이집트에서 나에게 필요한 동지들을 만들고, 우리 동료들과 어떻게 일을 처리해 나가며 자리를 잡았는지, 이로써 어떻게 업무 영역을 넓혀 나가고 우리의 국익을 확보하는지의 과정을 그려나가면, 처음 공관장을 맡는 후배 여러분에게 참고가 되겠다는 생각이 들었다.

우리보다 어려운 여건에서 이미 많은 업적을 남기신 선배들이 보기에는 이런 소소한 일까지 기록으로 남겼나 하실지 모르겠다. 후배 외교관 여러분도 넓은 마음으로 읽어보시고 도움이 될 부분은 알아서 취하기 바란다. 외교관이 직업이 아닌 그 이외의 일반 독자들은 외교관들이 이런 일을 하고 저런 어려움을 극복하며 목표를 달성해야 하는, 생각보다 덜 화려한 직업이구나, 그 사람들이 해외에서 세금 값을 하는구나 하는 정도의 시각을 가져도 나는 다행스럽게 생각하며 이 책을 정리한 보람을 느낄 수 있을 것이다.

나는 이집트에서 근무하면서, 피라미드와 스핑크스의 나라가 아니라 근대사의 고민에서부터 현대의 부강한 공화국의 건설이라는 목표에 이르기까지 우리와 공통분모를 가진 중요한 파트너로서 이집트라는 나라를 재발견하였다. 그런데 더 큰 재발견은 우리 동료들과 힘을 합쳐 우리 기업을 돕고 동포를 보호하면서 국익을 확장하는 일을 즐겁게 수행하는 과정에서 나 자신을 새롭게 발견한 것이라고 하겠다.

한 가지 양해를 구할 사항은 정무사항에 대한 기술이 없다는 점이다. 원래 외교업무는 대부분이 최소한 대외비에서 3급 비밀로 분류되는 시절이 있었다. 이제 공개행정의 시대, 공공외교의 시대가 되어 정부가 어떠한 일을 수행하면서 민간을 지원하고 외교부의 경우 어떻게 해외에서 우리의 국익을 확보해 나가는지를 국민에게 알리는 것이 오히려 기본인 상황이 되었다. 그러나 외교 당국 간의 교섭이나 협상 과정은 비밀로 분류되고 상대국의 입장도 있어서 함부로 공개할 일은 아니고 우리 공무원들의 보안 규정으로도 정해져 있다.

따라서 정무 관계는 일반적인 차원에서 양국 간 협력의 흐름을 보이는 정도에서 그치려고 한다. 나와 함께 정무를 맡아 수고한 장현철 공사참사관의 노력이 그려지지 못함을 아쉽게 생각한다. 한편 과거 외교업무의 핵심이라고 할 수 있던 정무업무보다는 경제외교, 재외국민 보호, 문화외교 그리고 이를 알리고 지지를 확보하는 공공외교 쪽으로 많은 비중이 흘러가 균형을 이루고 있으니 그러한 차원으로 이해를 해도 괜찮을 것으로 생각한다.

독자 여러분과 후배 여러분에게 조금이나마 즐거움과 정보를 주는 글이 되기를 바란다.

끝으로 이 책이 나오기까지 전문적인 조언과 우정어린 지원을 제공해주신 박영스토리 노현 대표님, 최은혜 에디터에게 깊은 감사를 드린다.

2020년 7월

윤여철

I

이집트로 가는 길

Rediscovery of Egypt

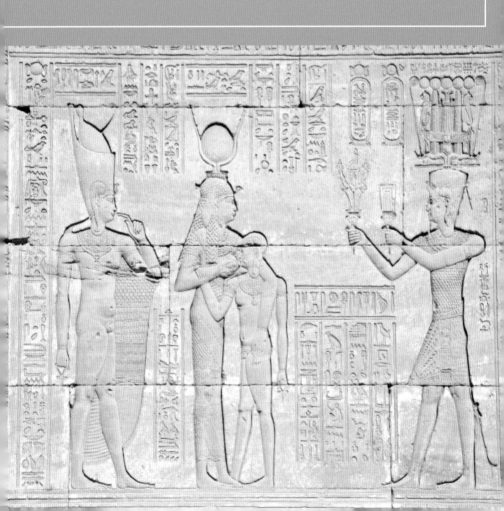

I

이집트로 가는 길

1. 유엔과 의전 전문가

나는 2005년 2월부터 주유엔 대표부에서 1년 10개월, 그리고 유엔 사무국에서 7년 10개월간 해외근무를 마치고 2014년 10월 외교부 본부로 돌아왔다. 당초 예상보다 길어진 유엔 사무국 근무로 인하여 외교부 본부 국장으로 근무할 기회를 갖지 못하였고, 국장 근무 후 나가는 첫 대사 근무를 계속 미루었다. 유엔 사무총장 특별보좌관 겸 스케줄팀장[1]을 5년 반, 유엔 의전장으로 2년 3개월을 근무하고 그것을 우리 본부의 국장 기능을 경험한 것으로 치면서 스스로 위로하는 식이었다.

내가 오랫동안 비웠던 친정 외교부에서 희망하던 정무 업무는 내

---

[1] Chief of Scheduling, 우리 식으로 부속실장의 기능인데 방한 행사를 할 때는 편의상 의 전국장이라고 지칭

게는 돌아오지 않았다. 대신 과거에 의전과장도 맡은 적이 있고 유엔에서 의전국장(총장 부속실장)과 의전장을 하였다는 이유로 외교부 의전장을 맡게 되었다. 또 의전이야? 당초 그리 꼼꼼하지 않고 세세한 규칙에 얽매이지 않는 성격이라서 의전업무와는 인연이 없고 적성도 맞지 않는다고 자평하고 있었는데, 2002년 유엔총회 의장실 근무를 마치고 당초 계획보다 일찍 귀국하다가 우연히 의전2과장을 맡아 일하고 나서는, 잊을 만하면 의전 일이 자꾸 떨어지는 것이었다. 남들은 유엔 의전을 맡고 나서 외교부 의전을 맡으니 골고루 다 한다고 덕담을 해주었으나 마음 한구석에 불편함도 있었다. 외교부나 유엔에서 정무나 경제가 소위 외교관으로서 본질적 내용(굳이 영어로 substance라고 부르는)이 있는 업무이며 의전이나 총무 업무는 이를 지원하는 업무라고 보는 시각이 팽배하였기 때문이다. 따라서 과거 의전업무를 맡을 때에도 그러한 시각을 의식하고 항변하는 위치가 되곤 하였다.

그러나 일단 귀국하여 보니, 의전장은 할 일도 많았고 나름 명예로운 역할이었다. 특히 국가원수의 해외순방을 기획하고 현장에서 지휘하는 역할은 결코 남들이 생각하는 형식에 치우치는 의전 일이 아니라 많은 외교적·정무적 고려가 들어가야 하는 업무였고, 이와 관련 우리가 원하는 방향으로 행사를 준비하기 위한 상대국의 협조를 확보하는 일도 많은 협상 기술을 필요로 하는 고도의 외교업무였다. 아니, 나 자신이 그러한 외교업무의 성격을 강조하고, 이러한 일련의 교섭활동을 행사의 효과를 최대한 거둘 수 있도록 우리에게 유리한 여건을 마련하는 중요한 작업인 '의전외교'라고 강조하고 다녔다. 내가 이끌고 다닌 정부합동답사단의 외교부, 청와대 및 여타 기관의 성원들은 나의 이러한 교섭 자세와 그 효과를 보고 깊은 인상을 받았다는 등 고마운 말들을 해주곤 했다.

나는 2014년 10월 말부터 2016년 2월 말까지 16개월 동안 11회의 해외순방 행사를 통하여 20개국 방문을 보좌하였고 이를 위한 선발대(정부합동답사단) 방문도 10회 다녀왔으며 그 기간 중 한국을 찾아온 정상들을 맞이하는 행사는 22회가 되었다. 통계를 보니 2015년 한 해 출장으로 67박 106일 31개국 39개 도시를 방문하여, 항공기 탑승 65회에 비행시간이 460시간 36분으로 거의 20일을 공중에서 보낸 결과가 되었다. 유엔 사무국 근무 때에도 그렇게 출장을 많이 다녔는데 그 유랑의 삶은 계속되고 있었다.

우리 정상의 순방 행사와 외국 정상을 접수하는 행사를 통하여 많은 외국 정부 의전팀과 협조하였다. 그들은 내가 유엔 근무 중에 접했던 친구들인 경우가 많았으며, 나는 그들과 동종업자이자 친구로서 업무를 협조해나갔다. 그들도 편안한 마음으로 우리의 요청이나 입장을 이해하고 도와주려는 모습을 보여주었다.

의전장으로서 한국에 있는 다른 나라 공관들을 돌보고 그들의 애로사항을 풀어주는 한편, 그들과 우리 정부의 전반적인 우호증진을 도모하는 업무도 수행하였다. 외교단 전체를 이끌고 지방 탐방을 가는 행사도 있어서 진주와 순천을 방문하면서 우리 오찬과 만찬 행사에 당시 홍준표 경남지사와 이낙연 전남지사를 주빈으로 초청하기도 하였다.

한국에 상주공관을 두지 못하는 작은 나라, 또는 서울 이외의 국내 지방 도시에 자기 교민들이 많지만 별도 공관을 두지 못하는 나라를 도와주기 위한 명예영사라는 제도가 있는데, 이 명예영사직을 우리나라의 주요 중소기업인들이 맡아주셨다. 자기들 생업에도 바쁠 분들이 이러한 역할에 큰 의미를 두고 양국관계를 위하여 봉사하는 모습을 보고 큰 감명을 받았다. 이러한 분들을 위촉하고 격려하면서 관리해 나가는 업무도 보람 있는 일이었다.

의전장 업무는 몸으로 때운다고 할 정도로 워낙 고된 것으로 알려있어 보통 의전장 업무를 1년 정도 맡은 후 유럽이나 동남아의 중견국 대사로 나간다. 내 전임자는 네덜란드 대사, 그 전임자는 이탈리아 대사로 나갔던 것이 좋은 예가 되겠다. 그리고 내 후임자도 이탈리아 대사로 나갔다. 그러나 나는 해외에서 무려 10년을 연속으로 지내다 온 사람으로서 미안한 마음에서 본부에서 좀 더 봉사해야 한다고 생각하고 있었다. 2015년 말 당시 청와대에는 의전비서관이 해외 근무를 나가야 해서 후임을 물색 중이었다. 나는 그분의 후임으로 갈 생각이 전혀 없었는데 현직 의전장이 업무가 익숙하니 이를 이어받아야 한다고 강하게 윗분들이 권하는 바람에 후임으로 임명되고 말았다.

이에 따라 나는 2016년 2월 22일부터 청와대 의전비서관으로 근무를 시작하였다. 외교부 의전장의 직무와 큰 차이가 없지만 정상 이외의 행사는 다루지 않는다는 점과 국내 행사도 챙겨야 하는 점이 달랐다. 외교부를 비롯하여 행자부, 국방부, 통상산업부에 파견되어 의전비서실에서 근무하던 직원들이 워낙 열심히 일해서 내가 크게 걱정할 일은 없었다.

나의 해외근무 계획이 어그러진 의전비서관 선발 과정에는 아쉬움이 있었지만, 일단 역할이 정해지고 나서는 최선을 다해야 하는 법. 청와대에서의 의전을 통하여 어디에 보다 중점을 두고 준비해야 하는지를 배웠고 다양한 배경의 직원들이 함께 협조하는 현장도 좋은 공부가 되었다. 다만, 의전비서관실은 부속비서관실과 함께 언덕 위에 혼자 있는 건물 청와대 본관 1층에 있었다. 외교, 경제나 공보 등 다른 비서실은 모두 지금은 여민관이라고 불리는 신관 또는 비서동에 있었다. 사실 100m 정도 되는 거리였음에도 별로 왕래가 없었다. 기본적으로 그쪽에 정신을 둘 여유가 없었던 것 같다. 대부분의 나날을 의전비서실 직원들과 보내고, 업무상 협조하는 경호실 동료들과 인사를 나누면서 철저히 나 자신을 낮추고 의전업무에 전념하며 해외 발령만을 기다리고 있었다.

의전비서관 시절, 2016년 3월 초에서 9월 초까지 6개월 사이에 나는 정상의 해외순방 6회와 11개국 방문을, 외국 정상 접수행사 7회를 준비하였다. 의전비서관으로서 접수행사 1호는 2016년 3월 2일, 이집트 알시시 대통령이었으니, 당시는 이집트로 나의 운명이 이어질 줄은 상상도 못하였다. 2016년 9월 9일, 나는 라오스에서 열린 아세안 정상회의에 우리 정상의 참석을 보좌하기 위한 출장 중이었다. 마지막 날은 양자방문이 있을 예정이었는데 그 일정이 모두 취소되고 특별기와 대표단은 서둘러 한국으로 되돌아갔다. 북한이 핵실험을 하는 도발을 감행한 것이다. 결국 이 방문은 2017년 5월에 마치는 나의 의전비서관 재직기간 중 마지막 해외행사가 되었다.

한국 국내정치의 혼란으로 2016년 9월에서 2017년 5월까지 해외행사가 전면 중단되었고 정상급 접수행사는 오래전에 예정되어 있던 4건만 실행되었다. 기본적으로 공식 행사가 없는 기간이 계속되면서 우리 의전비서관실은 다양한 주제에 대한 세미나를 갖고 서로의 지식을 넓혀가는 노력을 하는 동시에 우리가 그동안 국내 및 해외 정상행사를 진행하며 느낀 바를 정리하고 반영한 '청와대 의전 개선방안'을 만들기도 하였다. 이 개선방안은 뒤에 새로운 팀이 청와대에 진입할 때 참고하라고 전달하여 일부는 활용되었을 것으로 생각된다.

나는 2017년 5월 18일, 광주 민주화운동 기념식을 의전비서관으로서의 마지막 행사로 마치고 5월 19일에 외교부 본부 대사 사무실 중 하나를 받아 옮겼다. 공식 발령은 6월 말에 이루어져 약 16개월에 걸친 외교부 의전장 근무에 이어 약 16개월간의 청와대 의전비서관 근무도 종지부를 찍었다.

청와대 의전비서관실 직원들과

2. 이집트를 선택하다

나는 2016년 가을에 해외공관장으로 나가기를 기대하였으나 청와 대로 옮기면서 1년여 정도 근무 후 2017년 초나 가을에 나가게 되기 를 바라고 있었다. 2017년 초 권한대행 체제하에 몇몇 대사들이 발령 을 받아 나가기는 했으나 나는 조용히 묶여 있었다. 5월 대선과 청와 대 개편으로 본부에 돌아온 나는 추계 공관발령을 희망해놓고 대기 상 태에 들어갔다. 과거의 관례는 본부 실장/차관보급 일을 하고 나면 유 럽이나 동남아로 배치하였는데 격변기의 환경 속에서 마음속으로 희 망만 가질 뿐이었다. 우여곡절 끝에 이집트를 선택하였다. 과거 이집 트는 국장을 마친 분들이 초임 대사로 오거나 고참 대사들이 말년에 맡는 자리였다. 2016년 가을 신임 대사들에 대한 신임장 수여식 자리 에서 나의 전임자에게 정말 '대박'이라고 축하를 해준 기억이 있다. 뒤 늦게 그 대박을 내가 직접 경험하러 가게 되었다.

2017년 11월 10일, 나로서는 약 33년 만에 공관장으로 내정되었다. 나는 일찍 이삿짐을 싸서 보내고 집도 세를 주었는데 아그레망(특정인의 대사 자격 파견에 대한 접수국의 동의, '동의'라는 단어의 불어 발음)이 생각보다 늦어져 임시 거처를 원래 살던 공덕동 아파트 맞은편의 오피스텔에 구했다. 그곳의 이름은 고대 이집트 유적에 있는 하늘을 향한 뾰족탑의 이름, 바로 '오벨리스크'였다.

3. 아그레망, 신임장, 그리고 부임

나는 이집트 대사로 내정된 후 이집트 정부의 아그레망 발급을 기다리면서 부임 준비를 하였다. 그 내정 결재가 이루어진 날부터 현지에 대사 없이 두 달째 지내고 있는 직원들과 카카오톡 채팅방(이하 카톡방)을 만들었다. 내가 가게 되었으니 잘 부탁드린다는 인사부터 시작하여 이모저모로 소통해 가면서, 공관 분위기며 내가 가기 전에 준비해야 할 일에 대하여 주로 차석과 총무 직원과 의논하였다. 알고 보니 나의 카톡방 설치와 접촉이 직원들에게는 충격이었고 새 대사가 직원들을 깐깐하게 관리할 사람으로 다들 긴장하였다고 한다. 그동안 늦어진 시간이 아까워서 직원들과 빨리 소통하고자 하는 열의가 그들에게는 부담이 된 것이니, 평소 남들에게 '알아도 모르는 척하는 사람이 가장 속이 깊은 사람'이라고 설파하던 나 자신이 조급한 마음을 숨기지 못하였던 것이다.

부임하기도 전에 이집트에서 난 사고를 처리해야 하는 상황이 닥쳤다. 카이로에 출장 간 어느 회사원이 귀국 항공편을 탑승하지 않고 연락이 끊어졌다. 그분을 수배하였더니 이미 공관도 연락을 받아서 사건 담당 경찰 영사가 이집트 경찰과 함께 확인한 결과, 카이로 시내 쇼핑몰에서 심장마비를 일으켜 쓰러지고 머리도 다친 상태에서 주변 사람들이 긴급 후송하였으나 이미 숨을 거둔 상태였다고 한다. 김현수 영사가 성실하고 정중하게 지원하여, 운구가 끝난 뒤 가족들이 감사 인사를 전했고, 나의 지인에게서도 현지 공관의 신속한 도움에 정말 감사하다는 인사를 받았다. 부임도 하기 전에 공관이 우리 국민을 보호하고 지원하는 역할을 경험하니 공관장의 책임감이 더욱 무겁게 다가왔다.

아그레망 발급 과정에서 이집트의 특이성을 새삼 발견하였다. 상대방 국가원수가 보내는 외교사절을 접수하겠다는 의사를 밝히는 접수국 원수의 편지가 아그레망인데, 우리가 요청하였을 당시, 이집트 측은 상호주의 원칙을 적용한다고 밝혔다.

상호주의. 남이 나에게 해준 만큼 나도 상대방에게 해주겠다는 원칙이다. 이는 강자에게 대항할 때 자신의 선택으로 감정을 악화시키기보다는, 소위 원칙 뒤에 숨어서 자신의 보복을 합리화하는 약자의 논리라는 인상을 받았다. 근세에 서구 열강의 시달림을 많이 받은 이집트로서는 자존심을 세울 장치가 필요했다고 하겠다. 주한 이집트 대사에 대한 한국의 아그레망 발급이 얼마나 걸렸는지 알아보니 무려 73일이 걸렸다고 하였다. 당시 국내적으로 탄핵 정국 이후 대통령 선거 결과에 따라 인수위 기간 없이 출범한 우리 정부가 시급한 현안부터 다루어가는 가운데, 외국 사절 접수에 대한 결재는 그다지 높은 우선순위를 차지하지 못했을 것이다. 이집트 측은 정확히 73일을 헤아려 두었다가 2017년 11월 11일에 신청한 나에 대한 아그레망을 2018년 1월 21일에 발급하여 상호주의를 실천하였다. 이것이 내가 현지에서 직면할 이집트 외교의 단면이었다. 더욱 놀라운 것은 보복이 완료되었을 것이라 생각했는데 내 후임에 대한 아그레망에도 이 상호주의를 적용하여 73일 후에 발급하는 것이었다. 게다가 나의 이집트 대통령에 대한 신임장 제정은 무려 8개월 13일을 기다려서 10월 22일에 이루어졌고, 24명의 신임 대사 가운데 가장 오래 기다린 사람으로서 행사 당일에는 가장 먼저 신임장을 제정하였다.

문재인 대통령에게서 신임장을 수여받는 필자

아그레망을 받은 후 파견국 국가원수가 외교사절에게 현지에서 자신을 대표하는 임무를 부여하는 서한을 접수국 국가원수에게 정식으로 보내는데 그것이 신임장이다. 지난 11월에 나와 함께 내정된 신정부 1차 임명 대사들 가운데 많은 숫자가 이미 대통령에게서 이 서한을 받는 신임장 수여식을 마치고 현지 부임하였다. 나와 같이 아그레망을 못 받은 몇몇 대사들을 위한 2차 신임장 수여식이 2월 7일로 정해져 있었다. 나는 그동안 기다리느라 낭비한 날짜들이 아까워서 신임장을 받자마자 이집트로 가기로 하고 2월 9일 밤에 카이로에 도착하였다.

II

이집트는 어떤 나라인가?

Rediscovery of Egypt

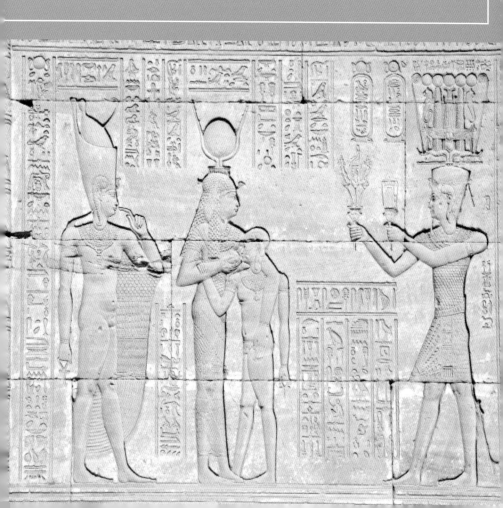

Ⅱ

이집트는 어떤 나라인가?

이집트는 1999년 2월 내가 북미1과 서기관 당시 김종필 총리의 이스라엘 - 이집트 - 인도 순방 길에 영어통역으로 방문한 바 있다. 또한, 2007년 샤름알세이크에서 이라크 주변국 회의를 개최하였을 때와 2009년 초 이스라엘의 가자 지역 침공으로 위기가 발생하였을 때 각각 반기문 총장의 유엔대표단 일원으로 방문할 기회가 있었으나 연속된 회담 이외에는 기억에 남아 있지 않았다.

나는 카이로 도착 후 첫 주말에 피라미드와 스핑크스, 그리고 이집트 박물관과 올드카이로의 콥트교 성지를 방문하면서 이집트라는 나라를 빨리 이해하려고 노력하였다. 이집트의 긴 역사를 간단히 들여다보고 내가 근무하는 동안 발견한 이집트의 특징과 현주소를 생각해 보자.

1. 고대 문명의 발상지

피라미드와 스핑크스, 투탕카멘의 황금마스크와 미라로 대변되는 이집트의 화려한 고대문명은 지구상 대부분 지역이 역사나 문명이 없이 원시적인 생활을 영위하던 시기에 이미 행정조직을 지니고 거대한 구조물을 만들어나갈 정도의 권력과 자원을 지배하고 있었음을 보여준다. 이집트는 기원전 8000년부터 나일강변에 농경생활을 시작하였다. 본격적인 고대 이집트 문명은 메네스 왕이 남북을 통일한 시기인 기원전 3100년부터 약 1천 년간을 고왕조(B.C. 3,100~2,040), 그 후 약 500년간의 중왕조(B.C. 2,040~1,567), 다음 1,200년간 이어진 신왕조(B.C. 1,567~332)로 구분한다. 이집트인들은 이집트 최초의 정착촌이 나온 시기부터 따져서 7천 년 역사를 가지고 있다고 과시하곤 한다. 뒤늦게 기원전 7세기부터 발칸 반도와 소아시아에서 번성하였고 이후 서구 문명의 토대를 제공한 그리스 문명도 그들이 이집트에서 보고 온 것을 모방하는 데서 시작하였다는 것이 정설이다.

이집트 문명이 정말 오래되었고 당시 지구상의 다른 어느 곳보다도 발달한 것은 사실이지만, 수많은 왕조가 번성하고 사라진 그 오랜 세월을 두고 제도나 기술이 어떻게 진화하였는지, 즉 역사 발전에 대한 설명은 찾기가 어렵다. 나는 이에 관하여 추가 조사를 해보지 않은 상태에서 두 가지 이유를 추측하였다.

첫째, 이집트 고대 문명은 여러 왕조를 통하여 3천 년 이상 계속되었다. 나일강 치수와 피라미드 건립을 위한 관료조직과 그 위에 군림하는 군주와 귀족들, 당시 그들이 받드는 다양한 신에 대한 신앙체계를 유지하는 사원과 사제들로 구성된 기본구조가 큰 변화 없이 그대로 유지되는 항상성permanence을 중심으로 한 문명이었던 것으로 보인다. 이는 그리스 이후 현재까지 지속되는 서양 문명이 새로운 지리적 발견과 이론적 발명을 통하여 계속 개선과 변혁을 추구하는 경향과는 근본적인 차이[2]가 있는 태도이다. 이집트 이외의 문명 세계를 인지하지 못하는 상태에서 자신들이 이미 이상적인 경지에 도달하였으며 이를 계승하고 영원히 지속하는 것을 의무로 보는 정신세계가 아닌가 싶다.

둘째, 기원후 640년 이후 이집트 땅을 지배해온 이슬람 왕조들은 이집트 고대 문명에 대하여 존경이나 관심이 없이 단순히 이슬람 신앙에 대한 이단으로 여겼다. 따라서 이러한 유적들을 연구는커녕, 파괴하거나 방치해왔기에 자기 땅에 있던 고대 문명에 대한 이해가 전혀 없다는 점이다. 서방 세계에 남은 고대 이집트에 대한 기록도 주로 그리스 사람들이 이집트를 방문하여 깊은 감명을 받고 남긴, 예를 들면 헤로도토스의 '역사'의 내용이 전해 내려온 것이다. 당시 그들이 부른 이름 '이집트'는 물론, 이집트의 도시들도 그리스가 붙인 이름이 그대로 서방 세계에 내려왔다.[3] 19세기 이후 서방이 세계를 주도하는 현대에 이르러서는 그 당시의 이름들을 사용하고 있다.[4]

그나마 1798년 프랑스 나폴레옹이 이집트에 상륙하여 약 3년간 지배하는 기간에 부지런히 각종 자료를 수집하였다.[5] 영국에 주도권을 빼앗긴 후에도 프랑스의 이집트 고대문명에 대한 관심은 각별하였다.

---

2 오히려 에디스 해밀턴(Edith Hamilton)은 『The Greek Way』에서 이러한 그리스인의 호기심과 탐구심이 그 이전과는 전혀 다른 새로운 문명을 태동한 동기라고 설명하고 있다.
3 대표적인 사례는 현대의 룩소르가 과거 테베라고 불린 것이다.
4 한국도 가장 대외교류가 많았던 고려 왕조 시기에 알려진 이름이 지금의 코리아(Korea)로 굳어 있는 것과 마찬가지가 되겠다. 우리는 우리나라를 한국이라고 부르고 남들은 코리아라고 부르듯이, 이집트인들은 아랍어로 자신들의 나라를 머스르라 하고 대외적으로는 이집트라는 말을 사용한다.
5 나폴레옹은 이집트 진출 당시 많은 학자들을 대동하였다. 그들이 이집트 구석구석을 시찰하며 기록하고 색도 삽화까지 그리면서 자료를 축적하였는데, 그 자료들이 『Description de l'Egypte』라는 거대한 도감으로 집대성되었고 이는 지금도 이집트 고대문명 연구의 기본서라고 한다.

특히, 나폴레옹 침공 시 획득한 비석 '로제타스톤'을 심혈을 기울여 연구한 프랑스 학자 샹폴리옹Jean - Francois Champollion이 1830년에 이집트 상형문자hieroglyphic 해독을 성공하면서 이집트 고대 문명 이해의 포문을 열었다. 이집트 고대 문명의 계속적 발굴과 고증을 위한 이집트 내 문화원6도 프랑스가 최초로 만들었다. 이집톨로지Egyptology라고 알려진 고대이집트문명 연구학 또한 프랑스를 중심으로 영국, 독일, 이탈리아 등이 전문성을 보유하고 있고, 이집트인들이 이들에게 정통 이집트고고학을 사사하여 학위를 따오는 역설적인 상황이 연출되고 있다.

이집트의 관광산업은 이러한 고대문명을 중심으로 연 150억 불 내외의 수입을 창출하면서 해외에서 일하는 이집트 국민이 보내는 연 250억 불에 이어 두 번째 외화 획득원 노릇을 하고 있다.7 한편, 이러한 이집트 고대문명의 찬란함이 현재의 상대적으로 낙후된 발전 단계나 빈약한 국력과 대비되면서, 혹자들은 현대 이집트인들이 과연 피라미드의 찬란한 문명을 만들어낸 그 사람들의 자손이 맞느냐는 의문을 제기하기도 한다.

2. 피지배의 역사

이집트 고대 신왕조가 끝난 기원전 332년에는 마케도니아 알렉산더 대왕의 세계정복 일환으로 이집트 정복이 이루어졌다. 당시 알렉산더는 알렉산드리아라는 도시를 이집트의 지중해변에 건설하여 새로운 수도로 삼았고 그의 신하, 프톨레마이오스 장군을 총독으로 임명하면

---

6 중동지역을 유럽 기준으로 동방(Orient)으로 보기 때문에 주로 동방문화연구소(Institut de la Culture Orientale) 같은 이름으로 설립되었다.

7 이집트는 한동안 관광부와 별도로 고대유물부(Ministry of Antiquities)를 두고 있다가 최근에 통합하였다.

서 장군의 이름을 딴 새로운 왕조가 시작된다. 약 300년 후 당시 지중해 유역을 장악해 나가던 새로운 강국 로마의 정복을 피해 보려고 한때 케사르를 유혹하고, 다시 그의 부하 안토니우스와 사랑에 빠져 결국 로마군에 격파되는 왕조의 마지막 (여)왕이 바로 클레오파트라. 클레오파트라도 넓은 의미에서 그리스 혈통이니 순수 이집트인은 아니었다.

로마 제국의 일부가 된 이집트는 초기 기독교가 포교되던 지역 중의 하나로서, 마가복음으로 알려진 성 마가Saint Mark가 서기 49년에 알렉산드리아 교회를 세웠고 현존하는 이집트의 콥틱 교회 시초가 되었다고 한다. 원래 알렉산드리아에 묻힌 그의 유해는 9세기 초 이탈리아 상인들이 알렉산드리아에서 밀반출하여 베네치아로 가져가 현재 산마르코 대성당에 안치되어 있다. 즉, 이집트 땅은 신흥 종교 이슬람에 의하여 정복될 때까지 수백 년간 기독교 국가였다는 것이다.

7세기 초 예언자 무함마드가 지금의 아라비아반도 지방에서 이슬람 신앙을 창시하고 632년에 사망한 이후, 그를 이은 칼리프들이 소위 '한 손에는 칼, 한 손에는 코란'을 들고 포교를 위한 정복에 나서면서 640년 이집트 땅도 이슬람 제국의 일부가 된다. 초기에는 다마스커스와 바그다드에서 보내는 총독의 통치를 받다가, 그들 자신이 창건한 다양한 왕조(파티마, 아유브, 마물룩)가 이집트를 지배한다. 그런데 1299년부터 세력을 확장해 나가던 오토만 터키가 1517년에 이집트를 침공하여 마물룩 왕조를 멸망시키고 이집트는 오토만 제국에 속하는 제후국으로서 20세기까지 이르게 된다. 그 과정에서 1798년 나폴레옹의 이집트 정복과 이를 저지하기 위한 영국의 진출로 서구와의 접점이 마련된 이후 서구 세력들의 각축장이 되어버리고 사실상 영국의 지배에 떨어지게 된다.

근세 이집트 역사는 한민족과 유사한 아픔의 길을 걸어왔다. 이집트는 형식적으로는 오토만 터키의 제후국이지만 19세기 초 무하마드

알리 제위 시절에는 이스탄불 함락을 위협할 정도로 강성해졌다가 역내 균형이 무너질 것을 우려한 영국의 개입으로 무산되고, 쇠퇴의 길을 걷는다.

19세기 후반에는 중국이 '동도서기'를 통하여 서구제국의 위협에 대처하고자 한 전략과 마찬가지로 서구문물의 적극 도입을 통한 각종 개혁과 선진화 작업에 매진한다. 그러나 국가경제 관리를 잘 이해하지 못하였거나 아니면 서방 제국의 계략에 걸려든 것인지, 그만 '호환, 마마보다 무섭다는' 외채의 함정에 빠져서 우리가 강화도 조약을 강제로 맺던 1876년에 외채상환 정지로 국가경제 관리를 영, 불, 독, 이탈리아, 오스트리아 등 서구제국에 넘겨주면서 경제주권을 상실한다. 우리의 임오군란이 일어난 1882년에는 이러한 상황에 격분한 오라비 장군과 이집트 군인들이 거의 유사한 성격의 군사 폭동을 일으키는데, 바로 이 폭동을 진압한다는 명분으로 영국군이 상륙하여 형식적으로는 계속 터키의 제후국이지만 사실상 영국 총영사/총독의 지배체제가 구축되고 1914년에는 영국의 보호령이 되어 버린다. 한반도에서 같은 시기에 일어난 일들이 생각나면서 우리 가슴을 무겁게 하는 이집트 근세사라 하겠다.

1차 세계대전 종전 후 오토만 터키가 패전국이 되고 제국이 분해됨에 따라 이집트는 형식적인 제후국 위치에서 벗어났다. 1919년 파리 강화조약 당시 윌슨 대통령의 민족자결주의에 고무된 우리의 3.1운동 직후 이집트에서도 영국으로부터의 독립운동이 전국적으로 벌어진다. 그 결과 이집트는 1922년에 영국의 지배에서 공식적으로는 풀려나지만, 영국은 1936년까지 사실상 이집트 지배를 유지한다. 한때 영국의 지배적 위치를 위협하는 나치 독일의 발흥을 반기며 속내를 드러내던 이집트는 결국 2차대전 중 영국을 도와 연합군에 참여한다.

2차대전 종전 이후 복잡한 중동 지도가 새로 그려지는 가운데,

1948년 이스라엘의 건국과 팔레스타인 분할에 반발한 아랍국가들은 제대로 준비도 안 된 상태에서 제1차 중동전쟁을 일으킨다. 다른 아랍국가들과 함께 이집트는 굴욕의 패배를 당하고 이집트 국민은 위정자들에 환멸을 느끼게 된다. 특히 이집트의 왕들은 대대로 모두 터키 계통의 집안으로 터키어나 서양 언어를 구사하고 아랍어를 못하여 이집트 국민과 괴리가 있는 집단이었다.

이러한 민심을 배경으로 나세르 중령을 위시한 자유장교단은 1952년 무혈 혁명에 성공하고 수천 년간 내려오던 왕정을 폐지한 뒤 공화국을 수립한다. 2,300년간 외세의 이집트 지배를 종식하고 이집트인들이 주도하는 국가를 이루었으므로 이집트인들의 감격은 남달랐다. 당시 34세였던 혁명가 나세르는 이집트 민족주의와 범아랍주의의 화신으로 등극하고 다른 아랍국가 국민들이 자국 지도자보다도 존경하는 인기를 구가하면서 근세사에서 이집트의 위상이 가장 높은 시절을 이룩하였다.

3. 중동·아프리카의 선도국

이집트는 중동과 아프리카 그리고 유럽을 잇는 전략적인 요충지에 있는데 특히 수에즈운하 완공 이후 영국의 세계전략에 핵심적인 지역이 되었고 냉전 시기에도 동서 진영 사이에서 몸값을 높이는 외교를 구사하였다. 나세르의 민족주의 자주노선은 오랜 서구의 지배에서 갓 풀려난 중동 제국의 환호를 받았고 이집트는 비동맹의 선도국가로 떠오른다. 이집트 그리고 나세르의 인기가 하도 좋아 국토가 연결되지도 않은 시리아가 이집트와 연방공화국을 만들기를 원하여, 단명하기는 했지만 1958년에는 두 나라를 합친 '아랍연방공화국'이 결성되기도 하였다.

1970년 나세르 사망 이후 뒤를 이은 사다트 대통령은 나세르와 같은 카리스마나 외모를 지니지 못한, 피부색이 더 짙은 남부 출신의 누비안이었으나 최고의 전략가였다. 그는 1973년 10월 6일 발발한 제3차 중동전쟁에서 이스라엘의 허를 찔러 초반 승승장구를 기록하면서 영웅으로 떠올랐다. 또한 기본 구조상 계속해서 악화되는 경제를 유지하기 위하여 친서방 정책을 추구하고 미국의 지원을 받아내기로 결정한다. 미국의 지원을 받는 가장 확실한 길은 불구대천의 원수 이스라엘과 평화를 맺는 것이었다. 이러한 발상의 전환을 통하여 이집트는 미국의 동맹이자, 중동평화의 초석 역할을 담당하게 된다. 나세르와 사다트의 이러한 역할 분담은 혁명을 통한 건국, 그리고 국가의 안정과 내실을 다지는 수순으로 이어지는 마오쩌둥과 덩샤오핑의 관계와 비견된다고 할 수 있다. 그러나 사다트는 나세르가 철저하게 탄압하던 무슬림형제단과 협력적 관계를 맺고자 하였는데 바로 그 형제단이 1981년 10월 승전기념 행사장에서 사다트를 암살하고 만다. 당시 부통령이던 무바라크는 대통령직을 승계하여 그다지 인상적이지 못한 리더십을 보이고 필요한 개혁을 계속 미루면서 무려 30년을 집권한다. 그는 2011년 아랍의 봄으로 물러날 때까지 친서방을 기조로 하되 자신의 전략적 가치를 바탕으로 필요할 때는 양다리를 걸치면서 최대한의 국익을 추구하는 외교기조를 유지하였다.

이집트는 걸프국가들과 같은 부존자원은 많지 않으나 천혜의 전략적 위치, 중동에서 최대이자 아프리카 대륙에서 3번째로 많은 인구, 서구에서 교육을 받은 엘리트 집단을 바탕으로 중동의 선도국 역할을 수행하고 있다. 물론 중동지역에서는 시아파 이란의 위협에 대항하는 수니파의 지도국 역할을 막강한 석유자원을 가진 사우디아라비아가 맡고 있지만, 이 지역에서 군사력을 외부에 투사할 능력은 이집트밖에 없고, 이들 걸프국가에 많은 이집트 노동자들과 의사, 교사 등 전문인력이 진출해 있는 상황이다.

이집트는 22개 아랍국가들의 정책조율을 위한 지역 기구인 아랍연맹을 카이로에 유치하고 대대로 이집트 외교장관 출신이 사무총장을 역임하고 있다. 수많은 이집트 외교관들이 연맹에 파견되어 근무하면서 간접적으로 이집트 국익에 부합하는 방향으로 연맹의 정책을 이끌어 나가고 있다. 이집트는 1978년 이스라엘과 평화협정을 맺은 이후 이스라엘과 협조하여 지역 평화 유지에 일익을 담당하고 있으며 이스라엘－팔레스타인 분쟁 관련, 팔레스타인을 응원하면서도 온건하고 현실적인 접근을 하도록 조언하는 역할도 계속하고 있다.

이러한 측면에서 이집트는 역내 외교의 중심 국가이며 이집트 대통령은 중동지역은 물론 역사적·지리적으로도 가까운 서구 및 구 동구권 지도자들과도 빈번한 접촉을 가지면서 정책을 조율하고 자국의 위상을 높이고 있다. 예로부터 카이로는 세계에서 가장 분주한 중동외교의 수도를 자임하는 곳이며 세계에서 가장 많은 대사관과 국제기구가 나와 있는 곳 중 하나이기도 하다.

이집트의 정체성은 우선 중동의 중심국가이지만 지리적으로는 아프리카 대륙의 동북쪽 모서리에 위치하여 있고 아프리카연합(AU) 54개국 중 하나이다. 아프리카에서 나이지리아(2억), 에티오피아(1억6천만)에 이은 인구 3위 국가이며, 유엔안보리 개혁을 논할 때 아프리카에서 상임이사국 진출을 노리는 국가로는 나이지리아, 남아공, 그리고 이집트를 들고 있다.

이집트는 인구와 국토 규모뿐 아니라 자신의 전략적 위치를 십분 활용하고 서구제국과의 오랜 교류를 바탕으로 지적으로 대등한 위치에 있는 모양새를 연출하면서 국제무대에서 아프리카의 맏형 노릇을 자임한다. 그러나 아프리카를 아는 사람들은 지중해를 면하고 있는 아랍계 아프리카 국가들, 그리고 사하라 사막 이남의 흑인 중심의 아프리카와는 역사적·정서적 괴리가 있음을 안다. 따라서 아프리카 국가들에게는 이집트의 맏형 노릇에 대한 감정이 미묘하게 갈리는ambivalent 측면이 있다. 과거 반기문 유엔사무총장이 아프리카 담당 특별보좌관으로 전 주유엔 이집트 대사인 압델아지즈Maged Abdelaziz 대사를 임명하였을 때 사하라 이남 아프리카 국가들의 불만이 상당히 있었다고 알려진 바 있다. 그러나 아프리카 그룹 소속 후보자들 가운데 그만큼 능수능란한 외교관도 드문 것이 당시 현실이기도 하였다.

4. 경제력 문제와 문화 선진국

찬란한 고대문명과 중동·아프리카 지역에서의 상대적인 우위에도 불구하고 이집트의 현실은 아직 위상에 걸맞는 경제력을 갖추지 못했다. 이집트의 1인당 국민소득은 아랍의 봄이 일던 2011년에 2,957불을 기록하고 2015년에는 3,777불까지 기록하면서 중위권 진입을 눈앞에 두었다. 그러나 계속된 경제난으로 외환위기에 봉착하여 2016년 가을 IMF의 구제금융을 받으며 합의한 개혁 가운데 하나인 변동환율제를 2016년 11월 채택하고는, 환율이 반 토막 나면서 달러화 표시 국민소득은 곤두박질쳤다.

그 이후 알시시 정부가 경제개혁에 성공하고 가스전 개발 및 경제 각 부문의 호조로 2019년에 5.6%의 성장을 기록하였으나 1인당 국민소득은 가까스로 3,000불 수준을 회복하였다. 물론 현지 물가지수가 매우 낮아 실질구매력을 감안한 소득은 14,000불 수준으로 훨씬 높게 평가되고 있기는 하다.[8] 현재 코로나바이러스로 인한 세계적 경제위기 속에서 이집트의 소득 3대 원천인 걸프지역 중심 해외교민들의 외화 송금, 관광 수입, 수에즈운하 통행료가 격감하고 있어 당초

---

8 자료출처는 위키피디아.

6% 수준의 성장을 기대하던 이집트 경제는 큰 타격을 입을 것으로 우려되고 있다.

현재 이집트 경제를 들여다보면 신기할 정도로 산업이 발달되어 있지 않다. 특히 제조업이 매우 부실하고 외환을 벌어들일 주력 산업이 보이지 않아 외환획득 3종 세트(해외송금, 관광산업, 운하통행료)에 조금이라도 충격이 가해지면 막대한 식량 수입을 비롯한 수입품에 대한 지불능력, 그리고 누적된 외채에 대한 상환능력에 비상이 걸린다. 이집트는 인구 1억에 상당한 교육을 받은 엘리트들도 있는데 왜 이렇게 경제가 허약할까?

한마디로 말하기는 어렵고 전통적인 요인도 있겠지만, 본격적인 독립이라 할 수 있는 1952년 공화국 수립 이후 미국보다는 소련에 경도되었던 나세르 대통령이 추진하던 사회주의 경제와 수입대체 전략이 문제의 시초였다고 보인다. 경제가 충분히 자리 잡기도 전에 국민의 생활을 국가가 책임지고 돌봐준다는 고매한 이상으로 막대한 보조금을 통하여 주식(빵)과 기본 생필품의 낮은 가격을 인위적으로 유지하면서 국고는 국고대로 바닥나고 이집트 국민의 국가에 대한 뿌리 깊은 의존을 정착시키게 된 것이다. 70년대에 사다트 대통령이 이집트 경제를 정상화하기 위하여 그들의 주식인 에이쉬(밀가루빵)에 대한 보조금을 줄이고자 검토하다가 격렬한 폭동이 일어나 이를 취소할 수밖에 없었고, 이를 옆에서 지켜본 당시 부통령 무바라크는 집권 30년 동안 이러한 위험 부담을 피하고자 경제개혁을 전혀 시도하지 않게 되었다고 한다.

이집트의 수출품은 원유와 유화 제품 일부, 면화 및 섬유제품, 과일류의 농산품이 주를 이루고 밀과 같은 식량, 기계류, 연료, 각종 공산품을 수입하고 있다. 매년 무역수지 적자가 400억 불 내외를 기록하고 외환획득 3종 세트에서 이를 메꾸고 있다. 최근 이집트 인근 지중해 해역에 가스전이 여러 곳 발견되면서 이집트가 가스 순수출국이 되어 이집트 경제에 기여한 바가 크기는 한데, 이러한 석유 및 가스 분야를 제외한 이집트 경제는 매우 허약하다. 특히 이집트 경제의 대외 신인도는 계속 하락하는 외국인직접투자^{FDI}에서, 그리고 국내경기 전망은 구매관리자지수^{PMI}가 낙관보다는 비관을 의미하는 50 이하를 맴도는 데서 볼 수 있다.

이집트 정부도 본격적인 제조업 육성이 절박하다는 사실은 잘 알고 있으나 그것을 과연 어떻게 실현하느냐에 고민하고 있다. 이집트가 매력이 있는 투자대상이니 외국이 기회를 놓치지 말고 투자해서 이득을 취하라는 이집트 정부의 주장은 투자국에 시혜를 베푸는 것 같은 태도를 보여 상대방을 어리둥절하게 만든다. 아마도 최대한 협상의 고지를 점하고자 하는 동기에서 비롯된 것이 아닌가 싶지만, 이러한 고자세 접근이 잠재적 투자자들에게는 역효과를 내는 것이 자명해 보인다.

바로 이 대목에서 이집트에서 산업을 살리는 데 한국의 역할이 가능한 여지가 보인다는 것이다. 세계 최빈국에서 세계 10위권 경제로 떠오른 한국을 볼 때 이집트인들은 칭찬하면서도 '한국이 한때는 우리보다 못살았는데'라는 사족을 달곤 한다. 나는 여러 강의나 인터뷰 기회에 한국 경제가 어떻게 그러한 기적을 만들어 낼 수 있느냐는 질문을 종종 받았다. 이들에게는 동양식으로 겸손의 미덕을 적용해봤자 소용이 없음을 깨달은 이후로는, "여러 가지 요소가 있었지만 무엇보다 중요한 것은 한국 국민이 상상을 초월할 정도로 열심히 일했다는 것이다."라고 끝맺는다. 나는 이집트 국민이 게으르다고 생각하지 않는다. 열심히 일하는 이집트인들을 많이 봐왔다. 다만, 수십 년간의 국가 정책과 고질적인 문화가 전체적으로 의존성을 심화시키는 한편, 산업의 근간을 만들지 못하는 결과를 가져왔다고 본다. 한국 업체에서 일하는 이집트 직원들은 다들 장래에 대한 희망 속에 집중하는 얼굴로 일하는 모습을 보여준다. 우리의 경험을 똑같이 따를 필요는 없지만, 우리의 전략을 공유하고, 보다 많은 한국 업체들이 진출해서 이집트 산업인력을 훈련하며 그들이 스스로 고부가가치 제품을 생산하는 경험을 쌓게 하고 기술이전을 해주면서 이집트 제조업의 기초체력을 길러주는 것이 중요하다.

이집트는 뒤쳐진 경제 상황에도 불구하고 문화선진국 역할로서 음악, 영화, 문학에서 아랍권을 주도하고 있다고 한다. 이집트 국민들이 사용하는 아랍어의 발음과 표현은 나머지 아랍국가들과 다르다. 이집트 영화와 드라마가 아랍권 전체에서 사랑받아서 여타 아랍국가 사람들은 이집트식 아랍어를 알아듣는 반면, 이집트인들은 표준 아랍어를 못 알아듣는 경우도 많다고 한다.

전통문화를 뒤로하고 근대화해 나가는 과정에서의 이집트 사회 변화를 어느 가정을 중심으로 그린 작가 '나기브 마푸즈Naguib Mafouz'는 노벨 문학상을 받은 바 있고 이집트는 중동 음악의 대표주자로 중동지역 전체의 사랑을 받는 것으로 알려져 있으며, 카이로 영화제는 중동지역 최대의 문화행사이기도 하다. 이러한 자기 문화에 대한 자존감은 다른 문화에 대한 관심으로 투영되기도 한다. 그러한 면에서 한류를 알릴 수 있는 기회가 이집트에 풍부하며, 아울러 우리의 문화를 알리기 위해서는 그들의 문화와 전통에 대해서도 어느 정도 관심과 이해를 갖고 접근할 필요가 있다.

5. 이슬람과 세속주의

이집트의 국호는 이집트 아랍공화국Arab Republic of Egypt이다. 국가의 정체성으로서 아랍을 붙이기는 하는데 이슬람 공화국이라고 하지는 않는다. 이란과 같은 성격의 나라와는 다르다는 것이다. 국민의 85%가 이슬람교도이므로 다수인 이슬람의 문화를 우선시하고 존중하는 것은 불가피하다고 보인다. 그러나 소수인 콥틱 기독교가 존재하고 신앙의 자유가 있는 나라가 이집트이다. 보통 한국 사람들은 중동지역이 얼마나 경직된 회교 국가인지를 물어볼 때 주류를 구할 수 있느냐는 질문을 하곤 한다. 이집트는 레스토랑에서 주류 주문이 가능하고 전문상점에서 주류 구입이 가능한 매우 개방된 나라이기는 하다. 그러나 과거에는 더욱 개방적이었고 사람들이 거의 유럽 사람들 같은 복장으로 시가지를 다니면서 각종 유럽인들과 유대인들이 어울려 살던 시절이 있었는데 나세르 혁명 이후 점차 사라졌다고 한다.

그런데 아랍지역 전체가 이집트와 유사한 피지배의 기억과 이를 벗어나기 위한 노력 과정에서 단순한 서구화가 정답은 아니라는 교훈을 얻으면서, 다시 이슬람으로 회귀해야 한다고 주장하는 집단이 세력을 확장하기도 하였다. 공화국 초기의 이집트는 군부 통치하의 터키와 마찬가지로 정교분리를 철저하게 이행하고 무슬림형제단과 같은 정치세력으로서의 이슬람을 견제하였는데, 이집트 정권이 국민의 정치·경제적인 요구를 해소하지 못하고 내부적인 빈부격차가 심화할수록 이러한 이슬람 정치세력은 더욱 확장될 수밖에 없는 지경에 이르렀다.

2011년 '아랍의 봄' 사태로 무바라크 대통령이 하야한 후, 탄타위 총사령관이 지휘하는 군최고위원회SCAF, Supreme Council of Armed Forces가 6개월 시한으로 과도정부를 관리하면서 민주 선거를 한다. 그 결과, 기득권층의 장기집권과 빈곤 심화에 대한 반발, 전국에 산재한 이슬람학교 교육의 영향, 그리고 평소 국민 다수의 민심을 얻는 기부 및 봉사 활동의 결과 무슬림형제단 계열 3개 정당이 약진하여 하원에서 70%, 상원에서 83%의 표를 각각 획득한다. 2012년 5월과 6월에 실시된 대통령 선거에서 무슬림형제단을 대표하는 모하메드 모르시 후보가 승리하고 6월 30일 공식취임한다.

모르시 대통령은 미국 교육을 받고 온건하고 합리적인 이미지를 주어 미국, 영국 등 서구제국들도 그의 민주적 선출을 환영하였다. 그러나 국민의 많은 기대 속에 출범한 모르시 정권은 무슬림형제단 중심으로 이집트의 이슬람화를 추진하고 고질적인 경제난을 극복하지 못하는 무능을 보여주어 국민의 새로운 불만의 누적을 초래하였다. 모르시 정권은 군부 및 사법부와의 갈등을 빚으면서 8월에 군 수뇌부를 경질하고 11월에 대통령 권한을 강화하는 신헌법을 선언하면서 사법부도 경질한다. 급속한 이슬람화와 경제실정에 더해 권한 강화 시도는 국내 반대 여론에 불을 붙여 2013년 4월부터 모르시 대통령의 6월 말 퇴진을 요구하는 국민운동이 시작되고 양 세력 간 충돌로 이어진다. 모르시의 군 수뇌부 숙청 과정에 대통령 자신이 임명했던 알시시 국방장관이 7월 1일 대통령이 국민의 요구를 수용할 것을 촉구하면서 군의 개입을 경고하고 나서고, 다음날 대통령이 퇴진 의사가 없음을 표명하자 7월 3일에는 군부는 대통령을 축출하고 무슬림형제단을 대거 체포하기에 이른다.

헌법재판소장이 형식적으로 임시 대통령을 맡고 군부의 통제가 계속되는 상황에서 친모르시파의 대통령 복권 요구 시위가 계속된다. 알시시 국방장관은 국민에 직접 호소하여 반모르시파를 규합하고 국민의 수임을 받았다고 주장하면서 8월 14일, 수백 명의 사망자와 수천 명의 부상자가 발생하는 강제해산 조치를 취하고 국가비상사태를 선포한다. 무슬림형제단 세력은 속속들이 재산압수, 체포, 재판회부, 사형의 길을 걸었다. 알시시 세력 통제하의 임시정부는 신헌법을 준비하여 2014년 1월 국민투표를 통과시키고 대선 실시계획을 공고한다. 알시시는 3월 말에 군복을 벗고 출마하였으며 96.9%의 지지를 얻고 6월 3일 당선이 확정되어 신정부가 출범한다. 이러한 상황의 전개는 마치 한국의 1980년 서울의 봄 이후, 전두환 장군을 중심으로 한 신군부의 집권 과정을 교본으로 이집트로 옮겨온 듯한 인상을 준다. 다만, 한국에는 무슬림형제단이 없었다는 차이가 있다. 역으로 박정희 대통령이 1961년 5.16군사혁명의 영감을 1952년 나세르 중심의 이집트 자유장교단 혁명에서 얻었다는 설도 있어 한국과 이집트 간의 묘한 역사적 고리를 느끼게 해준다. 나세르는 1918년생이고 박정희 대통령은 1917년생이다.

알시시 정권은 국민에게 안전과 발전을 가져다주겠다는 기치 아래 무슬림형제단 중심의 테러세력을 척결하며 각종 법제를 강화하고, 경제난 극복을 위한 국민의 지지를 호소하면서 보조금 삭감과 투자 활성화 등 각종 개혁을 추진해 나간다. 2015년 10월에는 새로운 의회를 구성하기 위한 총선을 갖고 2016년 1월 596명의 의원과 함께 이를 출범시킨다. 이 과정에서 알시시는 특정 정당에 소속하지 않은 가운데 제 정당이 알시시 지지 입장을 밝히면서 출마하여 지지파가 의회 내 압도적 다수를 차지한다.

정치적 군사적 안전판을 마련한 알시시 대통령은 경제재건에 매진하는 과정에서 IMF의 권고를 수용하는 조건으로 긴급지원을 받기로 한다. 따라서 변동환율제를 채택하기로 하고 2016년 11월 즉시 이집트파운드 환율은 반토막이 나지만, 이는 이집트경제에 긍정적 효과를 가져온 것으로 평가된다. IMF와의 긴밀한 협조 속에 추진해온 증세와 보조금 축소로 정부 재정을 정비하고 경제 활성화를 위한 각종 조치를 포함하는 경제개혁은 소기의 효과를 거두어 2015년에서 3년간 4%대, 2018년부터는 5%대의 경제성장을 실현했다. 이를 통하여 중동아프리카에서 발군의 실력을 보여주고 알시시 대통령에게 정당성의 기반을 상당히 마련해 주었다.

알시시 대통령은 2018년 유의미한 도전자가 없는 대선을 통하여 재선에 성공하고 6월 제2기 정부를 시작하여 경제개혁과 성장으로 민심을 무마하는 작업을 계속해 나간다. 2019년 1월, 의회는 알시시 대통령 제2기 임기가 끝나는 2022년 이후에도 이러한 개혁과 성장을 계속 추진하여 이집트 국민에게 밝은 미래를 보장해 주어야 한다는 명분으로 개헌을 추진한다. 의회는 각계각층이 참여하는 공청회를 거쳐 초안을 마련하는 절차를 통하여 국민이 마련한 개헌안이라는 모양새를 갖추고 4월에 국민투표에 붙여 88.8%의 압도적인 지지로 이를 통과시킨다.

개헌안은 상원을 신설하고 대통령의 각종 권한을 강화하고 있는데 역시 핵심은 임기 문제다. 신헌법은 대통령 임기를 6년에 중임만 허용하고 있는데, 이집트 의회는 신헌법을 즉시 적용하여 현직 대통령의 임기를 4년에서 6년으로 연장하였다. 이로써 2024년에 현 임기가 종료되고 이는 새로운 헌법 채택 후 첫 임기이므로 여기에 연임을 위한 출마가 가능하다는 묘한 해석을 적용하여 사실상 2030년까지 집권을 허용하는 결과를 가져왔다. 처음에는 현행 헌법하에 그의 8년 연임을 마친 후 신헌법으로 12년을 추가하여 이론적으로 2034년까지 집권이 가능한 시나리오가 나돌았으니 신헌법으로 새 임기를 적용하는 해석이 그나마 다행이라는 평가이다.

알시시 정권은 각종 경제지표가 긍정적 신호를 보이면서 경제가 순항하여 이집트가 5.3% 및 5.8% 등 중동아프리카에서 가장 높은 성장률을 기록하면서 자신감을 가지고 미래를 내다보고 있었다. 그러나 2020년 초부터 예기치 못한 세계적인 코로나바이러스의 충격을 받으면서 이러한 장밋빛 경제 청사진을 실현하기 어려운 상황이 되고 있다. 그러나 대학 평점을 비롯하여 세상의 모든 것은 상대평가. 2020년 4월 중순 현재 중동·아프리카 주변의 다른 나라에 비해서는 이집트가 코로나 방역이나 경제 관리 측면에서 선방하고 있다는 자화자찬을 하면서 알시시 정권은 민심을 관리해 나가는 중이다.

6. 이집트의 미래: 국가 정체성, 공동체 의식과 전략

이집트는 오랜 역사를 자랑하지만, 근세사는 짧게 축약된다. 1952년 공화국 출범 이후 세속정권이 국가를 만들어가는 과정에서 어떠한 방식의 발전 모델을 택할 것이며 이집트 사회 속에서 이슬람의 위치를 어떻게 정하느냐를 놓고 고민하는, 우리도 공감할 정체성 탐구Soul-searching 과정이다. 이집트가 최근 걸어온 길을 앞에 서술한 이유도 현재를 사는 이집트 국민의 정신psyche의 이해에 필요한 배경 설명을 위해서이다. 이집트인들의 마음속에는 찬란한 고대문명, 중동지역 최대 인구를 가진 비중 있는 지역 강국의 자부심 위에 오랜 기간 터키와 영국에 지배당한 기억이 길게 그림자를 드리우고 있다. 또한 경제적으로 낙후되고 민주적이지 못한 현재 자신의 모습에 고민하는 기색도 역력하다. 즉, 그들의 세계관에는 장구한 역사 속에서 경험한 영광, 자존심과 야망, 그리고 현재의 모습에 대한 불만이 다 녹아있다.

현대 이집트는 나세르의 이집트인 중심 공화국 창설을 통하여 자부심을 회복하였으나, 사회주의 경제와 민심을 사기 위한 지속가능하지 않은 각종 보조금 체제와 비대한 공무원 조직은 열심히 일하는 기풍을 진작하지 못하였다. 그 사이에 빈부격차가 심해지고 인권과 민주주의는 진전을 보이지 못하는 가운데, 율법 학교와 봉사활동을 통하여 국민 저변에 파고든 회교원리주의는 30년 장기집권 동안 국민의 삶을 개선하지 못한 무바라크가 실각한 시점에 이미 대안으로 민심 속에 자리 잡은 상태였다.

이제 이집트 국민은 왕정 타도의 기쁨도, 30년 장기집권의 압제도, 이슬람주의자들의 원리주의 정권도 경험하고 원점으로 돌아왔다. 알시시 정권은 그러한 면에서 유리한 위치에 있다. 알시시는 국민에게 물을 것이다. 과연 중동에서 가장 자유로웠던 이집트를 벗어나 다시 무슬림형제단의 회교원리주의 사회로 돌아가고 싶으냐고. 국민에게는 별다른 대안이 없는 상황이다. 일단은 알시시 대통령을 중심으로 뭉쳐서 국가 재건에 매진하고 이집트의 자부심을 회복하는 날을 기다리는 수밖에.

그러한 면에서 알시시 대통령은 이집트 역사상 전례 없는 기회를 맞이하였다고 보인다. 무바라크 퇴진을 성취하고 들어선 무슬림형제단 정권의 실정을 맛본 국민에게 별다른 대안이 없는 상황에서, 알시시 정부의 개혁조치를 수용할 가능성이 상대적으로 높은 환경이 조성되었기 때문이다. 알시시 정부는 이 기회를 놓치지 말고 그동안 이루지 못한 강도 높은 개혁을 추진하고 국가 우선순위를 현명하게 조정해 나가면서 각종 제도를 과감하게 개선하여야 한다. 또한, 관료주의와 규제를 철폐하면서 시장경제에 기반하여 이집트의 경쟁력을 개선함으로써 내실 있는 경제를 만들어 국제투자자들의 신뢰를 확보하여야 할 것이다.

한편, 알시시 대통령은 개인이나 군부의 집단이익을 우선하는 인상을 불식하고 국민통합에 계속 노력하는 가운데, 이집트 국민이 국가보조금에 의존하는 버릇을 탈피하고 노력한 만큼 보상받는다는 믿음으로 일할 수 있게 하여야 한다. 특히 공익보다 사익을 앞세우는 경향이 다분한 이집트 국민이 건전한 국가관을 바탕으로 자신의 공동체를 아끼고 키워나가는 선진 시민의식을 갖도록 유도해 나가야 할 것이다. 이집트에는 서구에 노출되어 세상을 잘 아는 엘리트가 충분하므로 여기에 한국의 발전 과정에서와 같은 근면·성실의 기풍이 국민 사이에 자리 잡으면서 보다 생산적인 분야에 투자가 이루어지고 이집트 나름의 제조업 기반이 만들어지면 그들의 미래는 밝다고 아니할 수 없다.

아중동 지역에서 규모 면에서나 잠재력 면에서 안정적인 전망을 제공하는 이집트는, 그들이 원하는 경제협력과 기술을 기꺼이 제공할 수 있는 진취적인 한국이 최적의 파트너임을 잘 알고 있다. 우리는 우리대로 신남방정책의 연장선에서 우리 민족의 먹거리 마련에 지역 최적의 파트너로 이집트를 키워나가야 할 것이다. 코로나 사태가 세상을 완전히 바꾸어 난관이 조성되어 있으나 이집트로서는 망설일 여유가 없다고 보인다.

III

이집트와 한국

Rediscovery of Egypt

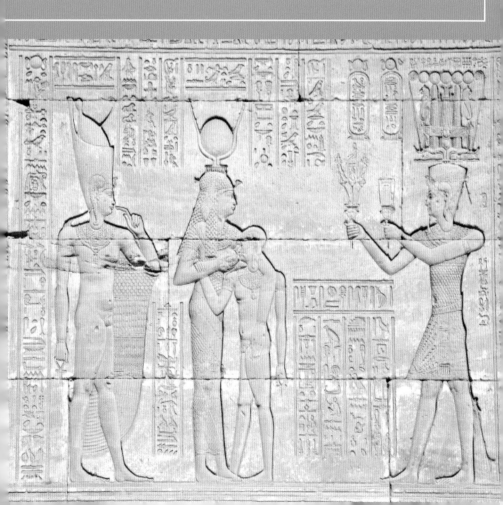

III

이집트와 한국

1. 카이로선언

　한국과 이집트는 지리적으로 멀리 떨어져 있고 솔직히 문화적으로도 공통점을 찾기 어려워, 두 나라 사이의 인연을 찾기는 쉽지 않다. 무엇보다도 유명한 인연은 1943년 11월 27일 미국(루즈벨트), 영국(처칠), 중국(장개석)이 채택한 카이로선언이다.

　카이로선언은 학생 시절에 다들 배우는 이야기이지만, 현지 대사로서 다시 음미해보면 그 의미가 참으로 놀랍다. 카이로 정상회담은 당시 한창이던 2차대전 종전 후 아시아 지역의 질서를 어떻게 일구어 나갈지를 정리한 회담이었다. 3국은 일본의 무조건 항복과 일본이 태평양 지역의 정복지와 중국 침략 지역을 모두 반환할 것을 규정하였는데, "한국은 적절한 시기에 자유와 독립을 부여한다in due course Korea shall be free and independent."라는 문구를 포함하여 특정 국가나 민족으로는 유일하게 한국의 독립을 약속하고 있다.

여기서 'Korea'는 당시에는 아직 탄생하지 않은 대한민국Republic of Korea이 아니라 그간 국제적으로 알려진 한민족을 의미하는 것으로 이해되며 'shall be'라는 표현으로 3국이 의지를 갖고 이를 실현하겠다고 보장하는 의미가 된다.

2차대전 중에 일본에 점령당한 타민족이 한국만은 아닐 것인데, 어떻게 이러한 문구가 들어갈 수 있는지 신기하기도 하다. 일설에 의하면 상해임시정부의 김구 주석이 각고의 노력으로 장개석 중화민국 총통을 설득하는 데 성공하였다고 한다. 장개석은 상하이 훙커우공원(현 鲁迅공원) 거사를 접하고 독립을 향한 한민족의 강한 열망과 행동력에 깊은 감명을 받은 것으로 알려져 있다. 한편, 세계 각지에 아직 식민지를 거느리고 있던 영국의 처칠은 이러한 문구의 포함에 반대하였는데, 특히 영국이 지배하던 인도에 영향이 미칠 것을 우려하였다. 그러나 중국의 아시아에서의 항일전선 지속이 필요한 미국이 이를 수용하여 최종문안에 받아들여졌다고 한다.

우리 대한민국의 역사에서 상해임시정부를 그 기원으로 삼느냐 여부에 대한 국내적 논란이 있는 것으로 알고 있다. 즉, 2019년이 대한민국 건국 100주년이냐 아니면 1948년 대한민국 출범 기준으로 71주년이 되느냐의 문제인데, 나는 굳이 어느 한 편을 들고자 하는 마음은 없다. 물론 국제법적으로 국가라는 것이 국민, 국토, 주권이 있어야 성립이 되니 1919년에는 우리 국토를 강점당한 시기이므로 정식 국가가 성립되지 못하였다고 보는 것이 법적 객관성이 있다고 하겠다. 한편, 나는 조선왕조, 그리고 대한제국은 1910년 한일합방으로 그 수명이 다했고, 그 왕조/제국은 한민족을 보호해줄 국가를 빼앗긴 책임이 있는 체제라는 시각에 공감하며 따라서 구 왕조에 대한 미련을 갖는 것은 무의미한, 어찌 보면 반역사적인 생각이라고 본다.

상해임시정부의 가장 큰 의미는 우리 역사상 처음으로 '국민이 주권을 갖는' 공화국 체제를 선택했다는 점이다. 그래서 국호도 그때 대한민국으로 정하지 않았던가. 그러한 의미에서는 상해임시정부가 현재 우리가 누리는 공화국의 시초를 마련하였고 당시 국가가 성립되지 않았으므로 반드시 법적인 승계는 아니지만, 당시 이승만과 김구 등 임정 지도자들의 정신이 대한민국의 성립 과정에 중요한 역할을 하였다고 본다. 나는 2019년 4월 11일 상해임시정부 출범 100주년을 기념하는 문화행사에서 축사를 통하여 이 점을 강조하였다. 1919년 3.1운동, 지도자들의 망명, 임시정부의 성립, 독립을 위한 각고의 노력, 카이로 선언을 통한 자유·독립의 약속, 대한민국의 건국, 그리고 지금 국제무대에서 주요국으로 평화와 번영을 구가하는 지금의 모습에 이르기까지 이 모든 것이 임정의 선조들의 피와 땀에서 시작되었다고. 마치 무슨 영화 대사처럼 마무리를 "이 모든 것이 상해의 대한민국 임시정부에서 시작되었습니다!It all started from the provisional government of the Republic of Korea in Shanghai!"라고 했다.

그런데 특이한 점은 이러한 카이로선언과 카이로 정상회담에 이집트는 장소만 제공하고 아무런 역할이 없었다는 것이다. 그래도 이집트 사람들은 한국인들이 카이로선언으로 인해 카이로와 이집트를 기억한다는 사실에 감격하며, 이집트 정부 인사들마저 양국 관계를 회고할 때 카이로선언을 빼놓지 않고 언급한다. 주도적 역할 여부와 체면을 따지는 우리 한국인들의 심리에 비추어 보면 좀 특이한 사고방식으로 보인다. 그러나 그들이 한국의 자유 독립을 최초로 보장해 준 카이로가 상호 연상됨에 의미를 부여하는 마음은 고맙기도 하다.

2018년 5월, 내가 예방한 카이로 아메리칸 대학AUC, American University in Cairo 총장인 리챠도니Francis Ricciardone 전 주이집트 미국 대사는 다음

해인 2019년이 아메리칸 대학 창설 100주년이라고 하면서 동 대학이 이집트의 독립운동이 있던 해에 생겼다고 하는 것이었다. 앞서 언급한 대로, 1차대전 종전 후 윌슨 미국 대통령의 민족자결주의는 한반도에만 바람을 일으킨 것이 아니라, 형식적으로는 오토만 제국의 일원이지만 1882년 이후 영국의 보호령이 되어있던 이집트에도 영향을 미쳤다. 따라서 민족의 독립과 자존을 위한 시민불복종 운동이 3월 15일에서 31일 사이에 집중적으로 전개되어 800여 명이 사망하고 1,600명이 부상당하였다. 일본은 3.1운동 이후 한국에 대한 통치방식을 달리하면서도 더욱 집요한 장악을 시도했으나 영국은 1922년에 외형상 이집트에 독립을 부여하는 일방적인 선언을 한다.[9]

나는 그날 이후, 이집트와 한국의 관계를 언급할 때 1919년의 독립운동을 반드시 언급하고 두 나라는 지구의 반대편에 있었지만, 둘 다 제국주의에 신음하는 식민지였고 자유와 독립을 달라는 비폭력저항을 동시에 전개하였다고 강조한다. 이는 단순히 한국의 독립을 위한 강대국의 선언이 카이로라는 장소를 빌려서 이루어졌다는 것보다 훨씬 강력한 두 나라 국민들 간의 역사적 유대감이기 때문이다. 카이로선언도 그 시초는 1차대전 결과 제국주의와 식민주의가 붕괴하던 1919년, 양국에서 일어난 자유독립을 쟁취하고자 하는 국민들의 강력한 의지에서 시작된 것이니 우리 국민의 성과요, 이집트 국민이 축하해 줄 일이다. 그러한 면에서 1919년 양국 국민들이 서로 모르고 시작한 운동이 1943년 카이로선언에서 꽃을 피우는 인연이 맺어진 것이다.

---

9 당시 독립에 각종 제약이 있어, 완전한 독립은 재협상을 통하여 1936년에 달성하였다.

2. 비동맹 그리고 북한

나세르 대통령은 오랜 외세의 지배에서 이집트를 해방시킨 인물로서 수에즈운하 국유화와 같은 일련의 반서방적인 정책을 추구하였다. 나세르는 아스완하이댐을 건설할 당시 미국의 지원도 기대했으나 미국과는 군사지원 문제로 갈등을 보이면서 소련으로 방향을 틀었다. 나세르는 이집트의 사회경제 체제도 사회주의－수입대체 방식을 선택하여 그 잔재가 아직도 이집트의 현재 모습에 많은 영향을 미치고 있다.

이러한 아랍민족주의와 반서방 성향으로 나세르는 중동 지역의 영웅이 되었고 국제적으로는 비동맹운동의 선도자 가운데 한사람이 되었다. 이러한 성향은 미국에 도전하며 한반도 및 국제정세의 현상타파를 노리는 북한과 일치하고 양측은 긴밀한 관계를 유지한다. 북한은 1958년 7월에 주카이로 무역대표부를, 1961년 11월에는 총영사관을 각각 설치하였고, 1963년 8월에는 외교 관계를 수립하고 대사관을 설치한다. 반면 한국은 1961년 12월에 영사 관계를 수립하고 1962년 5월 총영사관을 개설하여 1993년의 정태익 총영사까지 12명의 총영사가 근무하다 정 대사가 1995년 4월 13일 비로소 수교를 달성하게 된다. 왜 이집트가 이미 70년대 이후 북한을 제압하고 격차를 더욱 넓혀가는 한국과의 정식 관계를 이렇게도 늦게 수립하였을까 하고 궁금하게 생각할 수 있다. 내가 금년도 2020년이 수교 25주년이라고 하면서 각종 행사를 준비하고 메시지를 발신하면, 다들 외교 관계를 수립한 지 겨우 25년이라는 사실에 놀란다.

국가 간의 관계는 사상이나 정책의 유사성만으로도 가까울 수 있지만, 자국의 긴박한 상황에서 실질적인 도움을 받은 은혜는 더욱 잊을 수 없는 것이 인지상정이라 하겠다. 그것은 이집트의 제4차 중동전쟁 경험이다. 1973년 10월 6일 '욤키푸르'라는 유대교 명절날, 이집트 사다트 대통령은 기습공격을 감행하여 초기에는 허를 찔린 이스라엘을 파죽지세로 밀고 들어간다. 물론 전열을 정비한 이스라엘의 반격으로 수세에 몰리다가 유엔의 중재로 휴전하게 된다. 결과는 이스라엘의 승리이지만 이집트는 그전 3차(1948, 1956, 1967)에 걸친 중동전쟁에서는 경험하지 못했던 초기 승전의 기세를 환호하고, 이스라엘은 군사적 우위가 절대적 안보를 보장해주지 못함을 깨닫게 된다. 양측은 발상의 전환을 통하여 1978년 이집트-이스라엘 평화협정으로 중동 지역 안정의 초석을 마련한다.

북한이 만들어준 4차 중동전쟁 전승기념비

바로 이 전쟁에 북한은 군사고문단과 2개 편대 규모의 공군을 파견하였다. 이스라엘 공습에 직접 참여하지는 않았으나 이집트 영공 수비에는 가담하여 이집트 공군과 어깨를 나란히 한 것으로 알려져 있다. 북한의 기여에 감사한 이집트 사다트 대통령은 당시 소련이 북한에 제공을 거부하던 스커드 미사일을 비밀리에 제공한다. 북한은 이를 분해/연구하고 그대로 만들어내는 역설계reverse engineering의 방식으로 미사일 기술을 개발하고 노동, 대포동, 화성에 이르는 북한 미사일 개발의 모태가 된다. 북한은 10월 전쟁 이후 주이집트 대사관에 무관부를 두었다. 이는 북한이 해외에 둔 8개 무관부 가운데 하나이며, 군부 중심의 이집트 정부와의 협력도 강화하고 특히 양국 간 무리 거래 등 군사협력에 핵심 역할을 하게 된다.

1973년 전쟁 당시 북한 공군의 도움을 받은 이집트 공군사령관은 무바라크 장군이었다. 그는 1975년에 사다트 대통령의 부통령이 되고 1981년 10월 6일 전승기념일 행사에서 무슬림형제단의 암살로 서거하는 사다트 대통령의 뒤를 이어 대통령이 된다. 이후 2011년 2월 11일까지 무려 30년을 재직한다. 북한에 대한 은혜를 입고 그들과의 의리를 중시하는 정치인이 대통령을 계속하고 있으니 한국과의 실질 관계는 계속 강화되어 나가는 대세에도 불구하고 공식관계 수립은 계속 지연되었다. 일설에 의하면 4차에 걸친 무바라크의 방북 시 김일성 주석과의 정상회담은 물론, 북한은 기회가 있을 때마다 한국과의 수교를 미루어 달라고 간곡히 요청하였고 이집트는 이를 수용하였다고 한다. 특히 김일성 주석은 자신 생전에 수교는 자제해 줄 것을 무바라크에게 간청하였다는 설도 있다.

3. 대한민국과의 수교

그런데, 바로 그날이 온 것이다. 한반도 1차 핵 위기가 비등하던 1994년 6월, 카터 전 대통령의 방북 중재로 일단 한반도 전쟁위기가 봉합되고 그의 주선으로 남북한 최초의 정상회담을 7월 25일에 평양에서 갖기로 합의한다. 그러나 김일성 주석은 정상회담을 2주 앞두고 7월 8일 갑작스럽게 사망한다. 당시 이집트에 있던 정태익 대사는 이집트의 반응을 예의 주시하면서 특이한 징후를 발견하게 된다. 정상 간에 그렇게 형님 아우 하면서 가깝게 지내던 북한과 이집트였는데 김일성 주석 사망에 대한 이집트의 반응이 뜨뜻미지근한 것이었다. 고위 인사의 조문도 없고(정상이나 장관은커녕, 의전장이 갔다고 전함) 조기 게양 같은 애도 조치가 전혀 없었다. 이집트 정부가 지도자 간의 개인적 의리라는 제약에서 탈피한 것이다. 정 대사는 곧 이집트 정부 설득에 착수하였고 1년이 채 지나지 않아, 1995년 4월 13일에 대한민국과 이집트아랍공화국은 정식 외교 관계를 수립하였다. 제12대 총영사였던 정태익 총영사는 초대 대사로 승격한다. 정태익 대사로부터 시작해서 나는 12대째 대사이고 총영사부터로는 23번째 주카이로 대한민국 공관장인 것이다.

1997년 5월에는 한·이집트 투자보장협정, 1998년 5월에는 무역협정이 서명되어 상호 투자의 법적기반을 마련하였고, 1997년에는 조순 당시 서울 시장이 카이로를 방문하여 서울-카이로 간 자매결연10을 맺는 등 교류가 가속화되었다. 1999년 2월에는 김종필 총리가 이집트를 공식방문하여 당시 북미1과 서기관이던 내가 총리 영어통역으로 수행한 바 있다. 2006년 3월에는 노무현 대통령이 반기문 외교장관, 정세균 통상장관을 대동하고 한국 대통령으로서는 최초로 이집트를 방문하였다. 이집트 측에서도 1995년 수교 직후 투자청장과 도시개발부 장관, 1996년 한 해에 무싸 외교장관, 타타위 국제협력장관, 소루르 국회의장이 연속으로 방문하더니 1999년에는 무바라크 대통령이 국빈 방한을 하면서 자신의 한반도 외교정책에 균형을 가져온다. 2000년대 이후에도 양국은 많은 각료급 인사들의 교환 방문이 있었는데,

---

10 동 자매결연에 기반하여 카이로에는 한국식 정자와 연못을 갖춘 서울공원이 설립되었으며, 각종 한국 관련 행사를 개최하고 있다.

특히 2016년 3월의 알시시 대통령의 방한을 통하여 포괄적협력동반자
관계Comprehensive Cooperative Partnership를 채택하여 관계 심화발전의 토대
를 마련하였다. 알시시 대통령은 한국이 단기간에 최빈국에서 세계선
두급의 산업 강국으로 발전한 데 깊은 인상을 받고 이집트가 한국 모
델을 배워야 한다고 하였고, 방한 기간 중 한국 관련 서적을 여러 권
가져갔다는 후일담이 있을 정도였다.

2016년 알시시 대통령 방한 시 공항환영식

알시시 대통령 방한 이후 이집트의 외교부, 전력부, 국제협력부, 교
통부, 재무부 장관에 국회의장, 국회 외교위원장, 국회 문화홍보위원장
(한·이집트 친선협회 간사) 등이 방문하였는데, 여기 특기할 상황은 2017년
9월 이집트 국방장관 및 10월 방산물자부 장관의 방문, 그리고 주한
이집트 대사관 내 무관부의 설치를 통한 양국 간 군사협력 강화 움직
임이었다. 이는 그간 북한과 긴밀한 군사협력을 해오던 이집트 정부가
한국과의 전반적인 협력에 진지하게 임하겠다는 신호이기 때문이다.

이러한 국면에 이집트에 부임한 나로서는 한·이집트 관계를 한 단

계 올리고 각 분야에서 유기적인 협력관계가 형성될 수 있도록 실천 가능한 협력모델을 만들어나가고자 하였다. 더불어 이집트 조야의 각 계각층과 접촉함으로써 양국 간 유대를 강화하여 지지기반을 확대해 나가기로 결심하였다. 특히 이러한 노력은 나의 카이로 근무 2년을 좀 넘어 맞게 되는 수교 25주년에 맞추어 완성하고, 수교 25주년 경축과 함께 새로운 틀을 출범시키는 것을 목표로 삼았다.

4. 동시수교국의 현장

우리가 해외공관에서 수행하는 정무 업무는 대부분이 보안 사항으로 언급하지 않고자 하며, 여기서는 북한과 한국을 동시 수교하고 있는 이집트와 같은 나라에서 근무하는 특수성에 대하여 간략히 언급하고자 한다.

이집트는 앞서 말한 여러 가지 이유로 북한에 중요한 나라이다. 비동 맹운동의 동지이자 중동전쟁에서 맺어진 전우애가 북한에 우호적인 감 정으로 남아있다. 주이집트 북한 대사관은 그들에게 매우 중요한 거점 공관이다. 양국 간 군사협력에 대한 미국발 기사가 심심치 않게 나오고, 이집트 정부는 이를 부인하기 바쁘다. 게다가 다른 북한공관들과 마찬가 지로 그들도 이집트 땅에서 외화벌이에 바쁘지 않을까 추측되기도 한다.

나는 이집트 언론에 대해서도 그리고 정부에 대해서도 같은 논리 를 펴나갔다. 즉, 과거 도움을 주고받은 사이에 북한과의 우정을 소중 히 여기는 것은 이해한다. 그러나 지난 수십 년간 북한의 핵과 미사일 개발 및 도발에 대한 국제사회의 단호한 대응은 별개의 문제이다. 이 에 대한 유엔 안보리 결의는 국제사회의 강행규범이며 유엔 회원국으 로서 한국이나 이집트나 이를 충실히 이행할 의무가 있다는 것이다.

2018년에서 2019년까지 남북정상회담 3회 및 미북정상회담 2회가 개최되는 등 한반도 비핵화와 평화체제 구축을 위한 다각적인 노력이 전개되었다. 나는 기회가 있을 때마다 우리 정부의 한반도 평화와 남북 공존공영을 위한 노력을 설명하면서 북한이 핵을 포기하고 문호를 개방하여 남북 간 협력의 새로운 장을 열기를 기대한다는 점을 강조하였다. 그러한 분위기 속에서 내가 굳이 북한 대사관 측과 각을 세우거나 할 필요는 없었다. 오히려 이집트에 막대한 군사원조를 제공하는 미국이 이집트가 장거리 미사일로 미국에 위협을 가하는 북한과 어떻게 행동하는지 주시하는 상황이었다. 이집트도 주의하지 않을 수 없고 북한 측도 그리 수월한 입장은 아니었으리라 짐작된다.

북한 마동희 대사는 아시아대사그룹 모임과 기타 리셉션에서 가끔 마주치는 일이 있었다. 나는 90년대에 북미국 업무를 상당기간 담당하였고 경수로 업무도 한때 담당했음에도 불구하고 북한을 방문할 기회가 없었다. 유엔에서 박길연 대사, 신선호 대사가 반기문 총장을 예방할 때 배석하고 북 측에서 수행하는 차석대사들과 통성명하는 정도밖에는 북 측 인사들을 대면할 일도 없었다. 그래서 저쪽의 반응이 궁금하기도 하고 남들 앞에서 당당하고 개방된 자세를 보여 남북 간의 대조를 보이고자, 마 대사를 볼 때마다 자연스럽게 다가가 인사를 나누었다.

깡마르고 가무잡잡한 인상의 마동희 대사는 나보다 두 살 위지만 더 나이 들어 보였다. 내가 말을 붙이면 인사까지는 주고받지만, 다른 사람이 나타나서 나에게 말을 걸면, 슬그머니 사라지는 모습이 안타깝게 느껴졌다. 그런데 남북정상회담 직전에 내가 덕담으로 "위원장 동지가 큰 결단을 내리셨다. 정말 회담이 잘되기를 바란다."고 말을 걸자, "고래, 정말 잘되어야 될 텐데 말입니다." 하고 맞장구치면서 자신의 희망도 표현하였다. 하노이 미북 정상회담 직전의 아시아대사그룹 미팅에서는 환담하며 어울리는 자리에 베트남 언론이 취재를 하였다. 나는 그들의 인터뷰에 응해서 북한비핵화와 한반도 평화구축에 대한 일반적인 희망을 표시하였는데, 이때 베트남 언론이 남북한`대사가 함께 포즈를 취해달라고 요청하였다. 굳이 피하지는 않는 마 대사를 보면서 나는 그의 상대적으로 개방된 자세가 반갑게 느껴졌다.

리셉션에서 마동희 대사와 필자의 손을 이어주는 이집트 언론인

한번은 아시아그룹 회원을 위한 뷔페 저녁을 인도대사 관저에서 하는데 마 대사도 참석하였다. 슬그머니 그가 앉은 소파 옆에 자리를 잡고 대화를 걸었는데, 그날따라 기분이 좋았는지 내가 하는 말에 "아 그럼, 우리가 동방예의지국 아닙니까?"라고 하거나 자기가 호주에 근무할 당시 들었다는 캥거루 이야기를 하다가, "그게 제비다리 고쳐주니 은혜를 갚는 흥부 이야기랑 똑같다요!"라는 말을 하여, 우리의 문화적 동질성을 현장에서 짜릿하게 느끼기도 하였다.

남북관계가 많이 개선되고 가까워지기는 했으나, 현재 외교환경은 우리 국경일 행사에 북한을 초청하지는 않는다. 나는 2019년 개천절 행사를 마치고 나서 마 대사를 대면하였을 때, 아쉬운 마음에 "우리 국경일 행사가 다른 정치적 의미가 없는 민족의 명절인 개천절인데 한 번 오셔서 맛있는 한국 음식이라도 드시지 그러셨어요?"라고 말을 걸었다. 그의 얼굴에는 순간 고마운 기색이 비치면서도, 곤혹스러운 목소리로 "아, 그게 아직은…. 거 우리 북남관계가 좀 더 좋아지고 하면 그런 날이 오지 않겠습니까?" 하고 얼버무렸다. 물론 끼니를 굶지야 않겠지만 타국의 리셉션 행사장에서 여러 명이 와서 열심히 음식을 먹는 마 대사와 직원들 모습을 생각하면, 정말 우리 행사 음식을 마음껏 먹고 즐기는 모습을 보고 싶은 마음이 굴뚝같았다.

코로나 사태로 아시아대사그룹 모임도 중단된 상태에서 내가 갑자기 카이로를 떠나와, 마 대사를 만나 작별 인사를 나눌 기회는 없었다. 어디서든 건강하게 근무하고 남북이 하나가 되는 그날 다시 만나 카이로의 짧은 만남을 회고할 순간이 오기를 기원한다.

IV
첫걸음

Rediscovery of Egypt

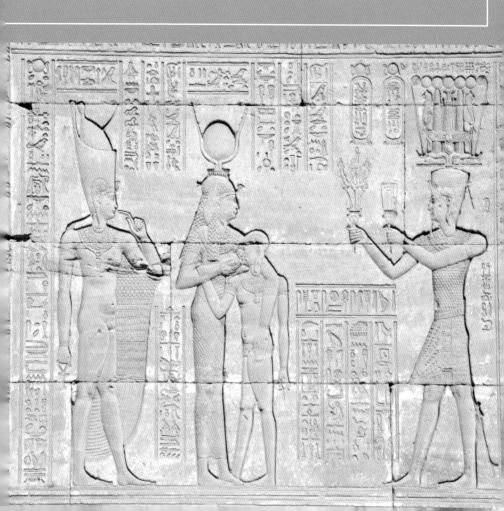

IV

첫걸음

이집트 땅에 발을 디뎠으니 주재국에서 대사로서 역할을 하고 존재감을 키우기 위해서 나는 하나하나 대상 분야와 인물들을 정하여 이집트에서의 첫걸음을 밟아 나가기 시작했다.

먼저 외교부에 가서 나의 도착을 알리고 업무 상대자들을 파악해야 했고 이집트 정부 내 그 이외의 주요 인사를 식별해야 했으며, 내가 책임지고 보호하고 지원할 동포사회와 교감의 기반을 마련하고 그들을 파악해야 했으며, 이집트에 진출한 우리 기업들이 어떤 일을 하고 있고 어떤 도움이 필요한지 알아야 했다. 또한 내가 교류하고 협조할 동료 대사들과 연결고리를 만들어야 했으며, 이집트 정부 외에 있는 이집트 민간 분야의 주요 인사들을 사귀어 정보의 채널과 우리의 지지기반을 넓혀 나가야 했다.

1. 이집트 정부

주이집트 한국 대사로 부임한 내가 해야 할 첫 번째 일은, 현지에 주민등록을 하는 일, 즉 외교부 의전실에 나의 부임을 공식적으로 신고하는 일이었다. 나는 첫 출근을 한 2월 11일 일요일에 직원회의를 마친 후 외교부 의전실의 무샤라파Ayman Musharafa 의전장을 예방하고 내 신임장 사본을 수교하였다. 나도 한국 외교부에서 의전장을 역임하여 의전실 업무가 얼마나 외교단에 중요한지 잘 안다고 가까운 시일 내에 우리 관저에서 한식을 함께하자고 하면서 친분을 만들고자 노력하였다. 무샤라파 의전장이 나에게 외교관 신분증을 신청하였냐고 묻길래 우리 직원들이 오늘 오전에 한 것 같다고 대답하였더니, 그 자리에서 자기 직원에게 전화를 걸었다. 그러자 그 직원이 따끈따끈한 내 신분증을 들고 들어오는 것이었다. 물론 사전 기획한 쇼맨쉽을 통해서 나에게 좋은 인상을 남기려 한 것이다. 나도 그의 배려에 감사를 표시하고 그 이후 이집트 외교부에서 외교관 등록증이 당일 발급된 사건을

알시시 이집트 대통령에게 신임장을 제정하면서

이집트 행정의 신속함 표본이라고 추켜 주곤 했다. 이집트 의전실은 우리 외교부 의전실처럼 대통령 행사를 담당하지는 않고, 중동아프리카 지역의 외교 수도인 카이로에 주재한 수많은 공관과 국제기구를 관리하면서 행정지원을 하는 것이 주 업무였다. 정상방문 행사와 접수행사는 대통령실 의전실이 직접 담당하는 체제였다.

다음날에는 한국을 비롯한 아시아 태평양 지역을 담당하는 사르왓 Khaled Sarwat 차관보를 예방하고 앞으로 긴밀한 협력을 부탁하였다. 사르왓 차관보는 외교관 집안의 자제로 주요르단 대사로 근무하고 돌아온 점잖은 외교관이었다. 그는 양국 간 관계강화를 위하여 나와의 긴밀한 협력을 다짐하였다. 무샤라파와 사르왓 대사는 나와 동갑이어서 더욱 친근함을 느꼈다. 그들 내외를 초청하여 3월 초에 내 관저에서 만찬을 갖고 우정을 쌓아 나아갔다.

또 다른 외교부 핵심인사는 갈랄 Khaled Galal Abdelhamid 외교부장관 비서실장이었다. 유럽식 체제에서 장관 비서실장은 장관의 일정과 의전만 챙기는 것이 아니라, 장관의 정책결정 전반을 관장하는 가장 선임 차관보로서 외교부 내 정보의 흐름을 가장 잘 파악하고 있는 인물이었다. 그는 비엔나에 있는 핵실험금지조약기구 CTBTO에서 근무한 경력도 있는 유엔통이어서 나와 말이 잘 통하였다. 문제는 이집트 외교부 구조상 그에게 업무가 너무 몰려 시간을 내기가 쉽지 않았다는 것. 그러나 그는 사무실로 면담을 요청하면 매번 시간을 만들어 내가 필요로 하는 정보를 제공해 주고자 노력하였다. 내 관저 만찬에도 두 번 참석하였으나, 세 번째는 누구보다 바쁜 그에 맞춰서 날짜를 잡아 외교부 차관보들과 만찬을 준비했는데, 만찬 시간 30분이 지나도 도착하지 않았다. 전화를 걸어보니, 아직 사무실에서 꼼짝하지 못하고 있다는 설명이었다. 일면 이해도 갔지만, 이런 무리를 하지 않아야 하겠다는 판단이 서서 그 이후로 만찬 초청을 하지 않고 사무실 면담만 가곤 했다.

외교부는 아니지만, 외교관 경력을 가진 이집트 대통령 국가안보보좌관 파이자 아불나가Fayza Aboulnaga 대사는 한·이집트 관계에 대한 이집트 대통령의 이해를 높이는 데 가장 중요한 인물이었다. 전임 대사 중 한 분인 정달호 대사는 부임 전에 나에게 아불나가 보좌관을 만나볼 것을 조언했기에 나는 부임 즉시 이분 면담을 요청하였다. 아불나가 대사는 이집트가 배출한 제6대 유엔 사무총장 부트로스 갈리Boutros Boutros-Ghali 박사의 특별보좌관을 지냈고 이미 국제협력부 장관을 역임한 인물이었다. 보안절차가 복잡한 대통령 궁에 들어가 만난 그는 내 이력서를 미리 받아보았는지 유엔 근무 이야기로 대화를 시작하였고 우리는 그가 근무하던 사무실을 내가 물려받았음을 확인하고 웃음 꽃을 피웠다. 여성 특유의 섬세함과 감성을 가진 아불나가 대사는 한반도 정세에 대하여 관심이 많았다. 이집트가 이스라엘과 평화협정을 맺은 직후 유엔 근무를 나갔던 당시 아직도 팽팽하던 이스라엘과의 관계를 회고하면서 한반도에서도 화해와 평화가 있기를 진심으로 기원하였다. 그는 한국과의 협력 강화에 큰 기대를 걸고 한국 기업의 애로를 풀기 위하여 직접 지원하겠다는 의욕도 보였다. 한편, 미국과 프랑스를 오가면서 근무한 사람으로서는 특이하게 미국과 영국 등 서방에 대한 반감도 보였는데, 이집트 엘리트들의 심리를 들여다볼 수 있었다.

이집트는 강력한 대통령 중심제 국가이지만 영국의 전통을 이어받아 의회가 나름 입법활동을 통하여 정부를 지원하고 있었다. 재미있는 사실은 대통령은 어느 정당에도 속하지 않았고 공식적인 여당과 야당의 개념이 없이 수십 개의 정당이 난립한 가운데, 정부의 압력 내지는 공작을 통하여 친정부 정당들을 규합한 '이집트 애국연합For the love of Egypt'이라는 느슨한 단체가 의정활동의 중심에 있다는 점이었다. 마침 내가 부임하는 시기에 우리 정세균 국회의장의 이집트 의장 앞 방한 초청장이 와 있어 초청장 수교를 핑계로 조기에 의장 면담을 신청하였고, 아알^{Ali Abdel Aal} 의장 면담은 2월 20일 이루어졌다. 나는 정세균 의장의 방한 초청장을 전달하면서 양국관계 강화를 위한 아알 의장의 노력을 당부하였고 의장은 양국 관계 중요성을 강조하며 화답하였다. 아알 의장은 그 해 12월에 한국을 방문하였다.

2. 교민들과 지상사

대사의 업무 가운데 현지에 있는 한국 국민을 보호하고 지원하는 업무는 갈수록 중요해지고 있었다. 나는 부임 이틀 후 한인 단체장들과 인사를 나누었고, 첫 관저 만찬은 우리 동포사회 대표들과 하기로 하였다. 즉석 만찬사를 "존경하는 조 회장님!"이라고 시작하다가, "이 자리에 조 회장님이 세 명이나 계시군요." 하며 분위기를 풀고(조경행 평통지회 고문, 조찬호 한인회장, 조철호 지상사협의회장) 어려운 여건 속에서 화목하게 서로를 도우며 살아온 이집트 동포사회와 함께 일하게 되어 반갑고, 대사로서 여러분의 불편을 덜어드리도록 최선을 다할 것을 다짐하였다. 천성이 선하고 서로를 챙기는 이집트 동포사회, 특히 조경행 회장, 노승구 회장, 남진석 회장 등 원로들은 나의 공관장 생활에 큰 힘이 되었다. 한편 해병대 응원단장 출신의 박력으로 교민사회를 이끄는 조찬호 회장, 지상사협의회를 이끌면서 특유의 친화력과 조직력을 발휘한 조철호 두산중공업 법인장, 그리고 이응석 OKTA 지회장 세 사람은 동생 같은 친근함과 배려로 많은 도움을 주었다. 내가 이분들의 도움을 받으면서 다른 곳에서 흔히 보던 동포사회의 분열로 고민함 없이 지낸 것은 큰 축복이라고 생각한다.

이집트에는 30여 개 한국 기업이 활동하고 있었다. 이들 가운데 삼성전자와 LG전자, GS건설, 두산중공업, 포스코인터내셔널, 현대 로템

같은 대기업도 있고 성안, 을화와 같은 섬유공장을 운영하는 중소기업들도 있었다. 이들의 공통적인 고민은 이집트의 절묘한 위치와 저렴한 노동력과 인구 1억의 잠재구매력에 대한 기대감과는 대조되는, 문화적 이질감과 예측불허의 영업 환경에 이집트 정부의 관료주의로 인한 어려움이었다. 나는 체제와 제도가 잘 정비된 선진국에서는 기업들이 객관적인 경쟁력을 발휘할 수 있지만, 이집트와 같은 관료 위주의 환경에서는 한국 정부의 개입, 즉 대사관의 개입을 통하여 도움을 줄 여지가 많다고 판단하고 한국 기업들의 애로에 대한 해결사 노릇을 하기로 하였다.

GS건설 현장방문

총 43억 불 규모 이집트 최대의 정유공장ERC, Egypt Refinery Company의 시공을 진행하며 각종 어려움을 겪고 있던 GS건설 측이 제일 먼저 브리핑을 해주었다. 현장을 찾아가 보고 이집트 정부 관련 부처의 도움을 요청하기로 하였다. 한편 삼성전자와 LG전자는 일찍부터 이집트의 중요한 위치를 알아보고 대규모 투자를 하여 생산시설을 마련하였고,

국내는 물론 지중해 연안과 중동지역 전반에 수출하면서 이집트에 외환을 1년에 7억 불이나 벌어주는 효자 기업들이었다. 이집트의 알시시 대통령이 2018년 1월에 두 공장을 방문하여 관심을 보였는데, 아쉽게도 이집트 외교부의 상호주의 적용으로 내가 현지에 부임하기 전이었다. 흔히 '현장에 답이 있다'고 하지 않는가. 한두 시간이 걸리는 그들의 생산·건설 현장을 찾아가 현장을 보고 느끼기도 하고 격려하기 위하여 3월 중에 LG전자 공장, 삼성전자 공장, GS건설 현장을 모두 방문하였다.

특히 LG전자는 수출도 하지만 내수에서 많은 실적을 올리던 중 2016년 11월에 이집트가 변동환율제를 채택하고 현지화 환율이 급락하던 순간에 이집트 정부가 현지화를 달러화로 환전해주지 않아 막대한 손해를 봤다. 이들은 주요 부품은 한국에서 수입하고 이집트 현지에서 다른 외장 부속을 생산하여 현지율을 높이면서 생산하고 있었다. 티비 화면부를 구성하는 사전 조립된 중심 부품을 모듈module이라고 한다. 이 모듈에 대한 관세가 어느날 예고도 없이 2%에서 40%로 급격히 인상되어 LG전자가 큰 부담을 보게 되었다고 현지 법인장인 곽도영 상무가 호소하여, 이 문제의 해결을 나의 경제외교의 제1과제로 삼게 되었다.

나는 첫 지상사협의회에서 이집트라는 나라가 관 위주이며, 이런 나라일수록 상대방 정부를 대표한 사람들의 말이 그들의 처분에 맡겨진 여러분보다는 효과적일 수 있다고 하면서 앞으로 대사관과 단합하여 여러 가지 어려움을 극복해 나가자고 다짐하였다.

3. 카이로 주재 외교단

중동외교의 중심지인 카이로에는 수많은 나라의 대사관과 국제기구 사무소가 자리 잡고 있다. 복잡다기한 중동 외교의 정보를 교환하고 지지세력을 확장하는 노력이 카이로에서 이루어진다. 일설에 의하면 전통적으로 세계에서 가장 큰 대사관이 외교관과 현지 직원을 합쳐 3천 여 명을 자랑하는 주이집트 미국 대사관이었으나, 미국의 2003년 이라크 침공 이후 만든 대사관/행정청이 가장 큰 대사관 자리를 빼앗아 갔다고 한다. 뉴욕에서 유엔 외교를 목격하고 많은 친구를 만들었던 나로서는 이집트 국내정세와 국제정세를 논하고 서로 도움을 받을 친구들을 적극적으로 만들어가기로 하였다.

미국, 중국, 러시아, 일본에 둘러싸여 있는 한반도의 지정학적 운명으로 인하여 이들에 초점을 두는 한국 외교는 예로부터 '4강 외교'라고 불려 왔다. 우리는 해외에서도 그들과 긴밀하게 지내며 현지 활동의 기본적 토대를 마련하는 것이 중요하다. 따라서 나는 카이로의 4강 대사를 중심으로 신임 예방을 하면서 카이로 외교가가 어떻게 돌아가는지 살펴보기로 하였다. 2001년 유엔총회 의장실 수임준비 당시, 반기문 비서실장이 각국 유엔 대사들을 하루에도 서너 명씩 방문하여 친분을 맺어놓고 뒤에 큰 힘을 얻는 과정을 목격한 나로서는 가능한 많은 카이로 주재 대사들을 사귀어 놓고자 하였다.

나에게는 4강 이외에 우선적인 관심을 둘 나라가 더 있었다. 싱가포르는 동남아에서 가장 잘나가는 강소국으로 뉴욕에서도 우수한 외교관들을 볼 수 있었다. 유엔총회 의장실 시절의 마부바니Kishore Mabubani 대사는 유엔사무총장 잠재 후보로 거론되었다. 나의 사무국 시절 싱가포르 대사들은 총장의 일정을 다루는 일개 국장급 보좌관인 나와도 긴밀한 관계를 유지하였다. 그런데 카이로에서 싱가포르의 중요성은 다른 곳에 있었다.

카이로 외교가에서 10여 명의 주요국 대사들이 2주에 한 번씩 저녁을 함께하며 이집트 국내정세와 중동지역 정세를 토론하는 비밀 그룹이 있었는데, 모임의 정체를 드러내지 않고자 그냥 "인포멀 그룹Informal Group"이라고 칭하였다. 이 그룹을 창설하고 주도한 사람이 프렘짓Premjith Sadasivan 싱가포르 대사였다. 이 그룹에 한국이 들어가 있지 않았고, 내 전임자가 가입을 희망하였음에도 불구하고 들어가지 못하였다. 혹여 전임자가 가입하고 있었어도 국가별 자리를 계승하는 것이 아니고 개인별로 초청을 받는 시스템이어서 별도의 노력이 필요한 상황이었다.

나는 프렘짓 대사(동남아 대사들은 성이 아닌 이름으로 통한다)를 부임 다음 주에 예방하였다. 나는 유엔에서 친하게 지내던 싱가포르 대사들과의 친분을 언급하고, 그의 요청(아마 테스트였을 것으로 여겨지는)으로 2017년 말까지도 고조되던 한반도 긴장이 김정은 위원장의 신년사와 평창 동계올림픽 계기의 북한 사절단 방문 이후 가라앉고, 남북정상회담이 무르익어 가던 배경을 분석해 주었다. 인연만 가지고는 장사가 안되고 팔 수 있는 상품, 즉 정보나 시각insight을 공유하여야 유용가치를 인정받는 법. 단, 인포멀 그룹 이야기는 꺼내지도 않았다. 프렘짓 대사는 나의 설명을 재미있게 듣고는 긴밀히 연락하자고 하더니, 바로 다음 주에 자신이 주최하는 외교단 만찬에 나를 추가로 초청하여 많은 새 친구를 만나게 해주었다. 그리고 몇 주 후 어느 리셉션장에서 내게 다가와 인포멀 그룹에 가입하지 않겠느냐고 제의를 해왔다. 물론 나는 그의 초대를 즐거운 마음으로 수락하고 인포멀 그룹의 좋은 친구들, 그리고 그들의 기탄없는 의견과 훌륭한 분석을 접하는 특권을 누리게 되었다.

프렘짓 싱가포르 대사와 함께

　나와 절친하게 지내던 제임스 최 주한 호주대사는 한국계 호주인으로서 주한대사까지 오른 젊고 유능한 대사인데, 주이집트 호주 대사가 잘 아는 사람이라고 소개해주었다. 그는 본래 영국인이었다가 호주 여인과 결혼하고 호주 국적을 취득하여 호주 외교부에서 중동 전문가로 활동해온 닐 호킨스^{Neal Hawkins} 대사였다. 그는 순진할 정도로 원칙에 충실한 호주인 방식으로 자신의 휴대폰을 집무실 내에 반입하지 않는 모습을 보인 뒤, 지역 정세에 대하여 상세히 브리핑해주었고 바로 이틀 후에 자신이 주최하는 만찬에 우리 내외도 초대하여 많은 새 친구들을 만들게 해주었다.

　나는 부임 후 1개월 이내에 토마스 골드버거^{Thomas Goldberger} 미국 대사대리11, 다케히로 카가와^{Takehiro Kagawa} 일본 대사, 쑹 아이구어12

---

11 트럼프 행정부 초기 인사가 대부분 지연되어 주이집트 미국대사는 오랫동안 공석이었다.

12 그의 이름은 한자로 송애국(宋愛國)으로 아들이 나라를 사랑하고 기여하기를 바라는 아버지가 지어주었다고 하며 다른 형제들도 국(國)자 돌림이라고 한다.

중국 대사, 키르피첸코Sergei Kirpichenko 러시아 대사, 바타차리야Sanjay Battacharyya 인도 대사, 로마테Stephane Romatet 프랑스 대사, 루이Julius Georg Luy 독일 대사를 예방하였다. 이들은 모두 한국 대사가 부임 직후 자기를 찾아 준 데 명예롭게 생각하고 성심성의껏 나의 정착을 위한 조언을 제공하며 자신이 주최하는 행사에 초청해주었다. 고브린David Govrin 이스라엘 대사는 자신의 대사관에 안전문제가 있어 내가 찾아오기 적절하지 않다는 이유로(즉, 자기의 임시사무실 위치를 노출하지 않기 위해서), 케말Moustafa Kemalettin Eruygur 터키 대사대리는 자신이 정식 대사가 아니니 상급자인 대사에게 찾아와야 한다면서, 나의 예방 대신 자신들이 내 사무실을 찾아와서 대화를 나누는 배려를 보여주었다.13

카이로에는 아시아 국가 대사들이 아시아대사그룹AAG에 모여서 매월 오찬간담회를 가졌는데 주로 외부 연사를 초청하여 이집트에 대한 강연을 듣는 자리였다. 나는 부임 2주일 후 AAG 모임에 처음 가보았다. 가장 오래 주재한 중국 대사가 의장을 맡고 달마다 바뀌는 호스트 국가가 연사를 초청하며 오찬 비용도 부담하는 형식이었다. 여기서도 영리한 싱가포르 대사가 사실상 논의를 좌지우지하였다. 한중일을 비롯하여 필리핀, 부르나이, 싱가포르, 태국, 미얀마, 캄보디아, 베트남, 말레이시아, 인도네시아 등 동남아, 인도, 파키스탄, 아프가니스탄, 이란 등 서남아에 카자흐스탄, 우즈베키스탄, 타지키스탄 등 중앙아시아, 그리고 호주와 뉴질랜드까지 포함된 큰 단체였다. 아시아 지역 대사들은 성격이 수줍기도 하고 이집트 국내 정세나 지역 정세에 대한 지식이 적어 활발한 토론보다는 친목이 주된 목적으로 보였다. 그 때문인지 호주나 뉴질랜드 대사는 차석이 대신 참석하는 경우가 많았다.

---

13 존 캐슨(John Casson) 영국 대사만 비서 간 소통이 잘못되어 예방이 무산되고 다른 모임에서 인사하였다.

그런데 아시아대사 모임이 나에게 갖는 의미는 다른 데 있었다. 바로 이집트를 중동·아프리카 외교의 중심지로 삼고 활동을 펼쳐 나가는 북한 대사가 이 모임에 참석하는 것이었다. 외교관 생활 중 나의 상대로서 처음 접한 북한 외교관, 마동일 대사에게 말을 붙여 보면서 그의 반응을 보는 흥미로운 기억은 앞에서 이미 회고한 바 있다.

그리고 나는 이 카이로 주재 외교단에서 사교가 벌어지는 각국의 리셉션, 특히 국경일 리셉션에 서로 가주어야, 소위 발품을 팔아야, 그들이 나를 기억하고 내가 주관하는 행사에 그들이 찾아올 동기를 만든다는 것을 깨달았다. 그래서 남의 행사에 초청을 받으면 가급적 참석하여 호스트도 기쁘게 만들고 그곳에서 새로운 친구들을 만들었다.

나의 그러한 첫 리셉션은 2월 26일 리투아니아 국경일 행사였다. 알비다스Arvydas Daunoravicius 대사에게 인사를 하면서 내가 부임 2주 만에 참석하는 첫 리셉션이라고 하자, 그는 웃으면서 영광이라고 응수하여 능숙한 외교관의 면모를 보여주었다. 그는 자기 이름이 복잡해서 남들이 기억하기 어려우니, 운동화 아디다스를 기억하고 자기를 아비다스로 불러달라고 하는 유머 감각도 보였다. 그렇다. 바로 이렇게 상대적으로 존재감 없어 보이는 나라일수록 그를 기억하고 챙겨주면 당신의 의리 있는 친구가 되는 것이다. 당장은 고달프지만 도움이 되는 좋은 친구들을 보게 될 것을 기대하면서 발을 내딛는, 앞으로의 국경일 행사 '발품팔이'의 시작이었다.

한편 우리 내외는 같은 동네에 사는 소오네Sander Soone 에스토니아 대사, 노지리Khusrav Noziri 타지키스탄 대사, 옥타비오Jose Octavio Tripp 멕시코 대사와 그들의 부인들과 '마아디 대사 클럽' 비슷한 친밀감으로 어울리면서 마음의 친구로 삼았다. 나는 이들의 국경일 행사에 꼭 참석하여 특히 에스토니아와 타지키스탄의 경우 소박하게 차린 행사에 찾아준 의리를 진심으로 고마워했다. 물론 멕시코 친구도 그랬지만.

4. 이집트 민간인

정부 요로에 있는 친구들도 중요하지만, 그들은 정부를 대표하기 때문에 솔직하기 어려운 경우가 많고 만남이 형식적일 가능성도 있다. 정부 관리들은 자리가 바뀌면 만남이 중단될 수도 있지만, 민간 친구들은 지속적인 만남이 가능하다. 바로 이 친구들이 그 나라를 움직이는 실세들인 경우도 많아서 한국에 대한 지지기반이 될 것이므로, 우리는 정부 인사와 함께 민간 친구도 많이 만들어야 한다.

가장 먼저 챙길 단체가 준 공식단체인 한·이집트 친선협회였다. 주로 전직 장관에 주지사 회원들로 화려하게 구성되어 있으나 실제로는 딱히 역할을 못 하고 있었다. 나는 부임 3주 차에 알라 파흐미^{Alaa Fahmy} 회장(전 교통장관)을 만나 앞으로 어떻게 친선협회 활동영역을 넓혀나갈지 의논하였다. 파흐미 회장은 이집트가 한국에서 많이 배워야 한다는 생각은 있었지만, 구체적인 접근 방안까지 제시하지는 못하였다. 나는 친선협회 이사진을 모두 모아서 협회를 재정비하기로 하였다.

이집트는 전반적으로 제조업 발달이 저조해서 자국 내에서 생산해내는 공산품이 별로 없다. 자동차 산업은 그들이 주요 목표로 삼으면서도 달성하기 어려운 과제였는데, 배기량 1,600cc 이하 차량은 40%, 그 이상은 130%의 고율의 관세를 부과하여 국내생산을 보호하려는 노력만 하고 있었다. 가부르^{Raouf Ghabbour} 회장은 자기 회사 '가부르오토'를 통하여 한국의 현대자동차를 포함해서 일본, 중국의 여러 가지 차종을 이집트 현지에서 조립 생산하는, 이집트의 자동차 재벌이었다. 나는 부임 즉시 한국과 이해관계가 있고 이집트 경제계에서는 알아주는 인물인 가부르 회장을 만나고자 하였고 그는 기자 피라밋 근처에 있는 그의 저택에서 만찬을 하자고 하였다. 52년생이라는 나이에 비하여 젊어 보이는 가부르 회장은 콥틱 교도로서 와인을 즐기며 개방적인 성격이고 이야기하기를 좋아하였다. 최근까지 한·이집트 경제협의회 회장을 맡고 있었는데 새로 취임한 통상산업부 장관이 마음에 안 들어 자기가 그만두었다고 하고, 알시시 대통령에 대한 평가, 혁명 전후 이집트 정세와 민심 동향, 이집트 주요 각료들의 인물평 등 많은 이야기를 기탄없이 하였다. 나로서는 매우 흥미로운 만남이었고 그와의 친교는 정기적으로 계속되었다.

어쩌면 북한에 관심이 있는 한국 외교관에게 가장 유명한 이집트인은 북한에 '고려링크'라는 이동통신 서비스를 구축하고 엄청난 규모인 유경호텔의 보수공사를 맡아서 북한과 인연이 깊은 나깁 사위리스 Naguib Sawiris일 것이다. 가부르를 만난 바로 다음 날, 시내에 있는 그가 소유한 나일 타워 36층에 있는 집무실을 방문하였는데, 경호체제가 복잡하여 신변 안전에 신경을 쓰는 인상을 주었다. 그는 자신을 거침없고 호탕한 사람으로 각인시키러 노력하였고 자기가 절제력이 부족하지만 하느님이 자신을 보호하고 있음을 몸소 느낀다는 식으로 신앙심도 깊은 콥틱 교도였다. 특히 무슬림형제단 집권 기간에는 그들에 대한 반감을 노골적으로 표시하여 신체적 위협도 많이 받았는데, 알시시 정권과도 이해관계는 일치하면서도 거리를 둔다는, 한마디로 매우 독립적인 인물이었다. 그가 만든 정당이 의회에서 가장 다수의원을 보유했다가도 대통령 주변 세력의 공작으로 형해화되고 자신의 영향력은 거의 없어진 상태여서 본인은 정치에서 손을 떼겠다고 말해왔다.

한편 그는 자신이 북한과 하는 일을 한국 정부가 싫어할 것이라는 전제하에 나를 경계하는 빛이 역력했다. 그러면서 남북 체제경쟁의 승자는 당연히 남측이 될 것이고 자신이 깔아놓은 북한의 무선통신망은 북한의 대외개방에 기여할 것이라고 하면서, 한마디로 '나는 너희 편이고 나쁜 사람이 아니야!'라는 메시지를 열심히 발신하였다. 나는 웃으면서 맞장구를 치고 그가 이야기를 더하도록 유도하였는데 아마도 미리 할 말을 생각해 두었는지 같은 말을 되풀이하는 느낌을 받았다. 하지만 일단 물꼬를 트는 것이 중요했다. 그와도 정기적인 만남을 계속하면서 많은 이야기를 나누었다. 첫 만남 이후에는 마음을 열고 그의 사무실과 다른 층에 있는 주거동에서 오찬도 함께 하며 북미관계에 대한 자신의 시각에서 자신의 사생활과 취미생활 등 개인사까지 들어주는 사이가 되었다.

주이집트 대사들 가운데 한 분이신 정달호 대사는 나에게 고대유물부장관을 지낸 세계적인 고고학자 자히 하와스$^{Zahi\ Hawass}$ 박사를 만나보라고 권유한 바 있다.[14] 나는 2월 말에 하와스 박사의 사무실로 찾아갔고, 그는 나를 반갑게 맞이하면서 편하게 대화를 진행하였다. 그는 이집트 고대문명에 대한 사랑과 자부심이 넘치고, 수많은 고분 발굴과 및 고증작업에 참여한 경험을 바탕으로 방문객들에게 특강을 하고 있었다. 멋 부리기도 좋아해서 인디애나 존스가 자신을 모델로 한 것이라고 주장하고 그의 모자와 채찍도 벽에 걸어놓고 전시하고 있었다. 나는 다소 불경스러운 질문을 던졌다. 찬란한 이집트 고대문명을 건설한 당사자가 과연 현대 이집트인이 맞느냐는 의문이 제시되곤 하던데, 박사님 생각은 어떠시냐고 물은 것이다. 하와스 박사는 당혹한 표정을 보이면서 고분에서 발견되는 고대 이집트인들은 현대 이집트인들과 유전인자가 99% 일치하여 현대 이집트인들의 조상임에 틀림이 없다는, 이분의 학자적 관점에서 만족스러운 답변을 받았다. 그가 일주일 후에 있었던 자신의 강연과 만찬에 나를 초청해준 덕분에 그를

---

14 이집트는 관광부와 별도로 고대유물부(Ministry of Antiquities)라는 부서를 두고 주로 저명한 고고학자를 임명한다. 이로써 이집트 고대문명을 발굴하고 소개하는 역할을 부여하여 이집트의 외화획득의 큰 부분을 차지하는 관광산업을 진흥하도록 하고 있었다. 2019년 가을, 고대유물부는 관광부와 통합하여 기존의 고대유물부장관 엘아나니 박사가 관광부 업무를 겸하게 되었다.

따르는 국내외의 학자들 및 여행객들과 어울리는 기회도 생겼다. 한편 외교단에서는 이집트 고대문명을 사랑하는 대사들의 모임이라는 의미로 '클레오파트라 그룹'을 결성하여 나도 창립 멤버로 참여하였다. 인포멀 그룹과는 달리 클레오파트라 그룹은 자히 하와스 박사의 강연을 듣는 것도 아니고 그냥 서로 어울리며 대화를 나누는 사교모임 성격이었다. 다만, 이 그룹이 일부 유적지를 방문하는 프로그램이 있을 때는 열심히 참여하였다.

타와드로스 콥틱 교회 교황 예방

이집트 인구의 10%에서 15%를 차지한다는 콥틱 교도들은 자신들의 교황이 따로 있다. 이러한 콥틱 교도들의 존재는 이집트가 무슬림이 다수이기는 하지만, 포용력 있는 열린 사회임을 알려주는 지표라고 볼 수 있다. 나는 이집트의 개방성을 평가하는 차원에서 타와드로스 2세Tawadros II 콥틱 교황 알현을 신청하여 3월 20일에 올드 카이로에서 큰 키와 덥수룩한 턱수염에 안경 너머로 나를 쳐다보는 교황을 만났다. 처음에는 근엄한 외양만 보였으나, 대화를 나누면서 그가 심성이 온유하고 사려 깊은 사람임을 알 수 있었다. 내가 가톨릭 신자이며 세례명이 마테오라고 신고하자, 타와드로스 교황은 내 세례명이 자기 이름과 같은 '하나님의 선물'의 의미라고 하면서 축복을 해주었다. 나는 오늘 교황님을 만나게 해준 것도 하나님의 선물이라고 감사하게 생각한다고 화답하였다.

사실 개방되고 포용성 있는 이집트 사회이지만, 아무래도 콥틱 교도들은 아랍의 봄 이후 무슬림형제단 집권 시 그들의 원리주의 정책하에 고초를 겪었다. 반면 이들 형제단을 제거하고 집권한 알시시 대통령은 부유한 콥틱 교도들의 지원을 받는 것으로 알려져 있었다. 이러한 차원에서 콥틱의 상징인 교황과의 연계는 종교를 넘어선 중요성이 있었다. 그래서 나의 가장 중요한 주제, 이집트의 한인들이 조화롭고 안전하게 살 수 있도록 교황과 콥틱 교도들의 도움을 요청하였고 그는 최대한의 협조를 제공하겠다고 다짐하였다. 그 후 나는 주요 대사들이 단체로 콥틱 수도원을 방문하는 기회에 타와드로스 교황과 오찬을 함께하기도 하였다. 교황을 보좌하는 솔리만 대외협력국장은 중요한 계기마다 나에게 교황의 메시지를 보내왔고 우리의 중요한 행사에는 직접 참여하여 교황을 대표한 축의를 전달해 왔다.

카이로에는 수니파 무슬림의 본산이라고 할 수 있는 알 아즈하르 사원이 있어 다른 무슬림국가로부터 유학생들을 많이 유치하고 있었다. 서남아나 중동국가는 물론 인도네시아나 말레이시아 같은 동남아시아 무슬림 국가에서도 수천 명의 학생이 와서 이슬람 교리를 배우고 있었다. 알 아즈하르의 수장도 이들에게는 정신적인 지도자여서 나는 부임 직후 교황 알현과 아울러 그를 예방하고 인사를 나누었다. 알 아즈하르의 영향력은 절대적이었고 그의 대외 교제를 위하여 외교부의 대사가 두 명이나 파견 근무를 하고 있었다. 무바라크 정권 시절에 임명되었고 무슬림형제단 치하 1년을 잘 이겨낸 아흐메드 엘타옙Ahmed El-Tayyeb

그랜드이맘은 카리스마가 있는 인물로 알려지지는 않았으나, 평화와 관용을 지향하는 현실적인 접근으로 폭넓은 지지를 받고 있었다. 특히 정치적 이슬람 세력과 대립하고 있는 현 정권과 성향이 맞는 인물이어서 정권의 지지도 받는 것으로 관찰되었다. 그는 한국에도 (주로 외국인이지만) 15만 명의 이슬람 신자가 있다는 말을 관심 있게 들었고 한국인 이슬람교도들도 알 아즈하르에 연수를 오는 방안을 권유하였다. 나는 이분에게도 한국 교민사회, 그리고 한국 관광객에 대한 안전과 협조를 당부하고 그도 긴밀히 협조하겠다는 의사를 밝혔다.

이집트 상류층 사람들은 외국인들, 특히 외교관과의 접촉을 좋아한다. 그들은 좋은 교육을 받아서 영어나 불어를 유창하게 구사하고 외국 경험도 많은 편인데, 이러한 자신의 능력을 확인할 좋은 기회를 외교관과의 접촉이 마련해 주는 것이다. 이러한 사교성은 이집트 나라 전체로 볼 때는 중요한 자산이라고 할 수 있다.

나는 마부룩^{Amr Mabrouk} 박사를 리셉션에서 골드버거 미국 대사대리의 소개로 처음 만났다. 그는 아인샴스대 의대 교수 겸 성형외과 의사이면서 박학다식한 인물로서, 라디오 카이로 FM^{Radio Cairo FM}에서 "월드 오브 인포^{World of Info}"라는 프로그램을 진행하며 외교관들을 초대하여 소개하고 있었다. 나는 3월 29일 그 프로에 출연하였다. 그가 제기할 분야를 사전에 받아두고 답변을 생각해 두었지만, 라디오 프로에는 처음 출연이라 좀 걱정도 되었다. 그것은 기우였다. 그는 강연에 가까울 정도로 자기의 한국에 대한 지식을 과시하였다. 나는 우리나라 자랑을 주로 하면서 그와의 대화를 즐겼다. 우리는 '한강의 기적'의 비결, 유엔 기후변화체제 주도국인 한국의 역할, 세계에서 가장 문맹률이 낮은 한국, 한국의 의료보험제도, 세계혁신국가 순위 1위를 차지한 한국, 그리고 한·이집트 관계의 과거, 현재와 미래를 두고 대화를 나누었다. 이 대화는 4월 5일에 방송되었다는데, 나는 그 시간에 맞춰서 FM 방송을 듣지는 못하고 뒤에 마부룩 박사가 보내온 녹음 파일을 받고 복기할 수 있었다. 우리 대사관에서는 이 녹음 파일을 정리하여 유튜브에 올리고, 나는 그 링크를 페이스북에 올려서 우리나라 홍보 내용을 더욱 전파하였다. 놀라운 것은 대사관 기사 함디가 어느 날, "라디오에서 대사님 목소리를 들었어요. 제가 녹음해 두었어요." 하면서 핸드폰에 저장된 녹음본을 틀어주는 것이었다. 이때 '아, 이 방송을 듣는 사람들이 있구나.' 하고 깨닫고 방송 인터뷰가 파급력이 대단하다는 것을 느꼈다. 그 이후에도 나는 기자들의 즉석 인터뷰 요청에 기꺼이 응해주고 그 과실을 거두었다. 마부룩 박사는 나와 가장 가까운 민간 친구가 되어서 다른 친구들을 연결해 주었고 나의 활동을 음양으로 지원해 주었다.

5. 이집트의 구석구석

이집트는 100만km^2 면적의 큰 나라다. 인구 1억이 나일강 주변에 밀집해 살고 있고 나머지는 사막이 대부분이라고 하지만 광대한 영토가 27개 주로 나뉘어 있고, 지역마다 나일강 상류냐 하류냐, 지중해변이냐 홍해변이냐, 모래사막이냐 석회 사막이냐 화산재 사막이냐 하는 다양성과 특색이 있다.

나는 일부러 지역의 특색을 찾아서 여행을 다니는 성격은 아닌데, 대사라는 직책상 이집트 구석구석에 한국의 손길을 뻗치는 임무에 의하여, 그리고 이집트 정부가 외교단을 통하여 자기네 나라를 홍보하려는 노력으로 이곳저곳을 다닐 기회가 있었다. 이러한 기회도 내가 외교관으로서 얻는 특권이고 은혜라고 감사하게 생각하면서 특히 첫해에는 이러한 기회들을 살려 참여하고자 하였다.

알렉산드리아는 이집트 제2의 도시이자 최대의 항구로서 차로 4시간 거리에 있다. 지중해에 면하고 오랜 유럽과의 교류로, 카이로와 분위기가 다르고 성곽과 요새가 아름답다. 반면, 주요 도로가 해변도로 하나밖에 없어 저녁 시간의 교통체증이 카이로를 능가한다. 나는 2018년 7월 알렉산드리아를 처음 방문하여 칼레드 해군사령관을 면담하고 한국영화의 밤 행사를 가진 뒤, 술탄^{Mohamed Sultan} 주지사를 면담하였다. 이후 알렉산드리아에 있는 유일한 한국기업 현대모비스의 김태진 법인장이 고군분투하는 이야기를 듣고, 소수지만 우리 교민을 위로하는 오찬을 가지고 돌아왔다. 9월 초에는 한국대사 배 태권도 대회를 열고 태권도협회와 오찬을 갖고 우의를 다졌으며 이듬해 4월에도 방문하여 당시 현안이던 전투함 수주 관련 해군사령관을 다시 만나 설득 노력을 전개하고 지역기자단과 간담회를 가졌다. 10월에는 우리 문무대왕함의 기항 행사에 달려와서 환영행사와 만찬 시작만 보고, 다음날 카이로 행사 때문에 당일치기로 마치고 밤늦게 돌아가 4번째 방문을 마무리하였다.

룩소르는 거대한 신전들과 파라오의 고분들이 몰려있는 유적의 보고이다. 카이로보다 훨씬 질서 있는 분위기에 나일강 상류의 아름다운 풍경 속에 맞이하는 일몰이 매력적이다. 나는 2018년 부임 직후 3월에 아프리카 영화제에 초청받아 당시 모하메드 바드르 주지사를 면담하고 한국 교민과 관광객 보호를 당부한 바 있다. 우리의 연중 하반기 한국의 날 행사는 룩소르와 아스완을 연계하여 실시하는데, 2018년 11월과 2019년 10월에 유사한 프로그램으로 두 곳의 주지사를 접촉하고, 특히 아스완대의 한국어학과 관련 자립구조를 가지라고 촉구하며, 우리 코이카 봉사단원들을 위로하는 동일한 수순이다. 이러한 행사가 있어 이집트 정부 초청 룩소르 프로그램에는 참여하지 않았다. 다만, 이집트 정부가 준비한 10월 아부심벨 행사는 외곽에서 들어오는 햇빛의 배열이 완벽하다는 추분에 맞춰서 추진되었는데 하필 8개월 반을 기다린 나의 알시시 대통령 앞 신임장 제정일과 겹쳐서 가지 못하였다. 결국 나는 이집트를 떠나는 날까지 아부심벨을 가보지 못한다.

후루가다는 카이로에서 동남쪽으로 260km 떨어진 홍해 변의 휴양도시인데 추운 겨울을 피하는 유럽 관광객들이 많이 찾는다고 한다. 홍해Red Sea라는 이름이 무색하게 바다 색깔이 붉기는커녕 너무나 맑고 투명하였다. 나는 2018년 4월, 한국의 날 행사를 위해 방문하여 행사와 아울러 압둘라 홍해주 지사와 싸우카트 후루가다 시장을 만나고 돌아갔다. 더 자주 가고 싶었는데 기회가 없어서, 아니면 역시 게을러서 가보지 못하다가 가장 바쁜 2019년 10월에 태권도 행사로 다시 한번 찾았다.

수에즈 운하는 이집트의 전략적 가치를 주는 중요한 자산이고 이집트 정부의 주요 수입원이기도 하다. 남쪽 입구에 있는 이스마일리아 주와 북쪽 출구에 있는 포트사이드 주를 엮어서 2018년 6월 코리아 카라반 행사를 하여 이곳을 방문할 기회가 있었다. 문화적 특색은 없는 구 산업지대의 성격이었고 이제는 쓰지 않는 조선소 등이 있어서 이 분야에서의 한국과의 협력을 간절히 희망하고 있었다. 다음 달 7월에 다시 이스마일리아로 달려가 운하를 통과하는 우리 문무대왕함에 승선하기도 하였다.

이집트는 아프리카 대륙에 있으면서도 동시에 아시아 국가라고 주장한다. 바로 시나이반도 때문이다. 수에즈 운하 동쪽부터 아시아가 되는데 시나이반도는 지형적으로나 인종적으로나 이집트 본토와는 다르다. 험한 산악지대에서 오래 자리 잡은 베두인족들이 주로 살고 인구밀도가 높지 않아 테러리스트들이 암약하기 좋은 환경이라고 한다. 그래서 확실히 안전이 확보된 홍해 해변 지역 이외에는 안전 문제로 우리 국민의 접근을 허가하지 않는다. 샤름알세이크와 다합을 위시한 아름다운 휴양지는 이웃 이스라엘은 물론 우크라이나와 러시아에서도 많은 관광객이 몰려온다.

한편 시나이반도는 이집트 – 이스라엘 평화협정에 따라 다국적군이 관리한다. 이것이 바로 미국, 이집트, 이스라엘이 주도하고 13개 병력공여국과 우리를 위시한 9개 예산공여국으로 구성된 평화유지군 MFO^{Multinational Force and Observers}이다. MFO는 공여국 대사들을 초청하여 공여 예산이 어떻게 활용되는지 보여주고 계속 지원을 요청하는 홍보활동을 한다. 2018년 4월에는 이집트 국방차관보, 이스라엘 대사, 콜롬비아 대사와 함께 나도 초청되어 남시나이 소재 MFO 본부에서 스튜어트 사령관(호주 국적)의 브리핑과 부대원들의 시범을 참관하였다. 일본은 최근 연락장교 2명을 파견하기 시작하였는데 우리도 장교들을 파견하여 이러한 평화 유지 및 감시를 통한 신뢰구축 과정을 직접 보고 한반도 평화정착 과정에 참고할 준비를 하여야 할 것으로 보인다.

나는 이집트 정부의 초청으로 다른 대사들과 함께 2018년 10월, 남시나이를 방문하였다. 성 캐서린 수도원을 방문하고 불타는 나뭇가지에서 여호와의 명을 모세가 받았다는 장소, 십계명을 받았다는 시내산 등 기독교 전통이 많은 이집트 땅을 볼 수 있었다. 또한, 푸다 주지사가 주최한 텐트에 방석을 깔고 앉아 양고기를 먹는 베두인식 만찬에 참석할 수 있었다. 이듬해 4월에는 우리 코리아 카라반^{Korea Carava} 행사로 남시나이를 방문하여 푸다 주지사와 양자행사를 가졌다. 홍해 변의 맑은 물과 산들바람은 정말 훌륭한 관광자산이다. 이집트 정부는 현재 코로나바이러스로 인한 제한을 가급적 조속히 철폐하고 샤름알셰이크와 후루가다 지역 관광을 개시하고자 각국과 협의하고 있다. 유럽 관광객들이 홍해 관광을 사랑하기는 하겠지만 방역 문제에 대한 경계심을 늦출지는 별개의 문제라 하겠다.

이집트는 나름 큰 나라여서 나일강과 홍해 바다, 지중해 바다가 있지만, 내륙에는 커다란 사막도 있다. 카이로 남서쪽 370km 떨어진 바하리아 사막은 석회석과 화산암으로 조성된 기묘한 모습을 자랑하며 백사막과 흑사막으로 불린다. 나는 개인적으로 2018년 9월에 가족들과 이곳을 방문하여 베두인 가이드의 도움으로 사막에 텐트를 치고 일몰과 일출, 어둠 속의 달과 별을 보는 특별한 경험을 하였다. 10월 초에는 카이로 서쪽으로 740km 떨어진 시와 사막을 이집트 정부의 초청으로 방문하였다. 그곳은 고고학자이자 사업가인 무니르 박사가 개발한 진흙과 나무로 지은 환경친화적인 숙소가 있어 전기 없이 촛불과 모닥불로 버티는 생활을 하였으며, 우리는 4X4 지프 차들의 긴 행렬을 이루어 사막 언덕에서 질주하고, 사막 한가운데 모닥불을 피우고 저녁을 즐기는 경험을 하였다. 그 여행에서 나의 친구들, 싱가포르·태국·스웨덴·벨기에 대사 등과 헤크먼 EBRD 이집트 상주대표 내외, 살레Heba Saleh 파이낸셜 타임즈 기자 등과 가까워지는 계기가 되었고 서로들 이때의 추억을 가장 소중하게 회고하곤 하였다.

시와사막에서 태국 대사, 파이낸셜타임즈 특파원과

이집트 정부는 각지에서 고분을 시시각각 발굴하고 그것을 외교단을 포함한 귀빈들에게 먼저 소개하는 행사를 개최하였다. 카이로 남쪽 30km 떨어진 사카라는 우리에게 익숙한 기자의 피라미드보다 오래된 계단식 피라미드가 있는 명소인데, 근처에서 인간이 아니라 고양이로 만든 미라가 발견되었다고 발표행사를 하였다. 멀리는 카이로에서 남쪽으로 730km 내려가는 뉴 밸리 주의 도시 카르가에서 새로 발견된 기독교도 피신처와 무덤들을 소개하였다. 거기에는 기원전 6세기에 페르시아가 침공하여 이집트를 지배한 비석이 있는데 이란계 민족인 타지키스탄 대사가 사진을 찍으면서 흐뭇해하던 모습이 기억난다. 한마디로 이집트는 나라 전체가 유적이고 볼 것이 너무 많다. 진지한 이집트 고고학Egyptology 연구가 없이는 그 다양성과 차이점을 제대로 감상하기 어렵다.

이집트 관광의 백미는 역시 나일크루즈라고 하겠다. 침식이 제공되는 크루즈 선에 수십 명에서 수백 명이 함께 타고 상류에서 하류는 3박4일, 하류에서 상류는 4박5일 걸려 룩소르와 아스완 사이의 나일강을 이동하면서 중간에 나오는 유적들을 탐방한다. 유적지 탐방도 좋지만 크루즈선 갑판에서 호젓한 시간을 보내면서 나일강과 햇빛을 즐기는 맛도 특별하다. 우리는 2019년 크리스마스 휴가를 나일크루즈에서 보냈는데 가장 비싼 시즌이었지만 추억에 남을만한 경험이었다. 아쉬움이 있다면 우리 아이들과 시간이 안 맞아 이때도 아스완에서 접근 가능한 아부심벨을 가보지 못했다는 것인데 그야말로 인샬라, 팔자가 그런 것을 어떡하겠느냐 하는 생각이 들었다.

V

대사와 대사관

R e d i s c o v e r y o f E g y p t

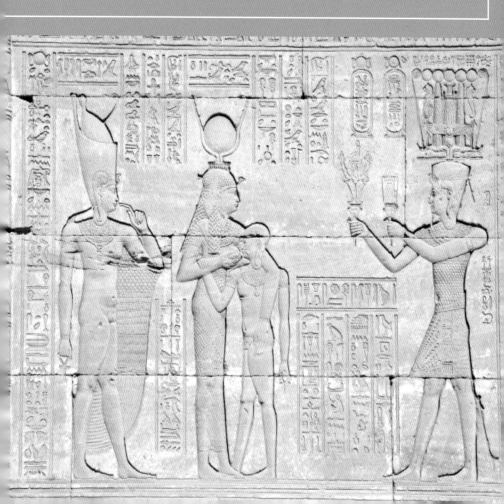

V

대사와 대사관

1. 대사관 팀의 정비

　주이집트 한국 대사관은 중동 아프리카 지역에서는 가장 큰 공관이다. 외교부에는 국장급 이상의 직원군을 관리하기 위하여 고위공무원 제도가 있는데 주이집트 대사관의 차석 직원은 2017년부터 고위공무원 급으로 외부에 개방하여 선발하는 공모직이 되었다. 나와는 김병권 현 시안 총영사가 첫 1년을, 나머지 1년 4개월은 문병준 공사가 일하였다. 그 외에 참사관이 네 사람 있었는데 정무에 장현철 공사참사관, 경제에 임주성 참사관, 공공외교에 고문희 참사관, 그리고 양상근 문화원장이었다. 차석을 포함한 외교부 본부 과장을 마친 4명의 중견 외교관과 총리실 출신 문화원장이 함께하니 굉장히 든든했다. 임 참사관은 과거 의전실에 같이 근무한 인연이 있는데 함께 일하자는 나의 요청에 고맙게도 6개월 후 싱가포르에서 이집트로 와주었다. 한편, 공관장을 확인하고 이집트에 자원했다는 입부 3년차 새내기 송지영 서기관은 내가 그와 같은 초년병 시절에 얼마나 무심하고 나태했는지 반성할 정도로 당당하고 빈틈없이 업무를 수행해 주었다. 오랜 총무 경험을 가진 정대섭 서기관이 감사원 감사를 앞두고 떠나는 상황에서, 미국 연수를 마치고 귀국을 예정했다가 공관장이 뉴욕에서 길 건너 근무하였던 나임을 확인하고 이집트행을 선뜻 수락해 준 엄청난 능력의 권영민 서기관도 매우 고마웠다. 국방무관 김재경 대령과 경찰청 소속의 사건사고 담당 김현수 영사는 모두 레바논과 파키스탄, 그리고 동티모르에서 유엔군 소속으로 근무한 경험이 있어 그들의 추억을 상기시켜주는 나를 무척 반갑게 맞이해 주었다.

국경일 행사 준비 중인 장현철 공사참사관, 권영민 서기관, 임주성 참사관

이런 훌륭한 직원들과 함께 있으면서 불평을 하는 것은 어불성설이었고 주이집트 한국 대사로서 내가 맡은 임무를 우리 동료들과 함께 어떻게 수행해 갈 것인가가 관건이었다. 그것은 한국과 이집트 간 양국관계를 긴밀히 한다는 큰 틀의 목표 아래 구체적으로는 우리 기업들

과 동포들을 보호하고 지원하면서 이집트 사회에 한국을 알리고 이들이 더욱 한국을 사랑하게 하는 과정이었다.

대사관에는 외교관의 업무를 지원하고 각종 기능을 담당하는 행정직원technical staff이 있다. 우리 대사관에는 한국인 행정직원 7명과 현지 이집트인 행정직원 17명이 있었다. 한국 행정직원 가운데 5명은 아랍어 전문가로서 황태헌 연구원(정무)과 김호진 연구원(경제), 문슬기 영사 실무관, 안진홍 시설관리 실무관, 박성준 사건사고 실무관이 있었고 나머지는 예산회계 전문가인 이영빈 실무관, 마지막으로 우리 관저의 백승호 셰프가 있었다. 한 사람 한 사람이 자기 맡은 바 업무를 똑 부러지게 해주는 훌륭한 직원들이었다. 이집트 현지인들은 대사비서 사하르, 정무보조 마이, 경제보조 네빈, 공공외교보조 베로니카, 영사보조 라나, 회계 및 면세 업무 모히, 대사기사 셰리프, 행정기사 및 공항담당 함디 F, 청소원 함디 A(함디라는 이름이 둘이나 되어 F와 A로 구별하였다), 행정기사 및 차량관리 아흐메드, 행정기사 및 시설관리 에쌈, 청소원 살레, 청소원 파리드, 정원사 마흐무드 그리고 관저 관리인 탈랏, 청소원 메르밧, 정원사 압달라가 있었다. 이집트 현지직원들은 이집트인으로서는 상대적으로 고소득을 받는 대사관 자리를 무척 소중하게 생각하고 다들 최선을 다해서 일하였다. 나는 우리를 대신해서 이집트 국민들과 일상적인 접촉을 하는 그들이야말로 우리 대사관의 얼굴이라고 의미를 부여하고 그 역할을 중요시하며 관심과 애정을 수시로 표시하였다.

나는 첫 출근날, 이들을 회의실에 모아놓고 부임 인사를 한 뒤 그들의 역할에 대한 감사를 표하였고 4월 11일에는 행정직원들을 그들의 가족들과 함께 관저에 초청해서 만찬을 가졌다. 한국인 12명에 이집트인 50여 명이 참석하였는데 특히 이집트 직원들은 대사관저에 주빈으로 초청받은 데 자부심을 느끼고 가족들을 줄줄이 데리고 왔다. 그들의 뿌듯한 얼굴을 보면서 나도 기분이 좋았다.

2. 대사관 건물과 사무실, 그리고 구내식당

대사관 건물 외관

우리 대사관 사무실 사정은 나쁘지 않은 편이다. 우리만 쓰는 단독 건물인데 지하 1층 및 지상 2층에 옥탑방이 추가되어 있다. 전해 듣기로는 이 건물에 리비아에서 카다피의 혁명으로 쫓겨난 이드리스 왕이 이집트로 망명한 후 사용하던 집이라고 하는데 확인해 보지는 않았다. 바로 인근에는 이집트 독립운동의 선구에 섰으나 지금은 군소정당 중 하나가 된 와프트 당사가 들어서 있다.

우리 대사관 직원들의 근무환경의 백미는 바로 3층 옥탑방에 있다. 이집트 사람들은 9시나 10시경에 출근하여 사무실에서 아침을 대충 먹고 오후 2시 넘어 퇴근하면서 집에 가서 점심을 먹는다. 우리와 식사 사이클이 너무 달라서 업무 오찬을 하기가 쉽지 않다. 초대해도 나중에 연락을 주겠다고 하고는 소식이 없어 사실상 거절하는 경우가 대부분이다. 내 경우도 이집트 사람들과 오찬을 한 경우가 손가락에 꼽을 정도이고 대신 관저 만찬에 초대하면 아예 집에 가서 준비하고 있다가 와주었다.

외부 업무 오찬이 어렵고 우리 대사관 인근에 적당한 식당이 없는 상황에서 우리들의 점심식사를 할 수 있는 구내식당이 있다는 것은 정말 큰 도움이 되었다. 구내식당이라고 해봤자, 작은 장방형 뷔페 테이블에 전기밥솥과 국그릇, 그리고 몇 가지 반찬이 준비되어 있고, 5인용 원탁이 4개 있는 작은 공간이 전부였다. 접시 위에 밥을 퍼 한인식당에서 조달해온 김치와 몇 가지 밑반찬, 그날의 메인메뉴(생선구이나 닭고기볶음)를 덜고 마지막으로 상추나 오이 같은 야채를 곁들이면 이미 테이블에 놓은 된장국과 함께 훌륭한 가정식 오찬이 되었다.

구내식당의 이점은 다양하였는데 첫째, 대사관 밖으로 멀리 나갈 필요가 없고 시간도 절약되며 둘째, 간단한 한식 뷔페로 준비되어 입맛에 안 맞는 현지 음식이나 패스트푸드 등을 놓고 메뉴에 대해 고민할 필요가 없었다. 셋째, 회비를 정기적으로 지불하고 단체 구매를 통한 예산 절약으로 구내식당의 한 끼 가격은 우리 돈 4천 원 가량이 되었으므로 각자의 비용절감 효과도 매우 컸다.

그런데 무엇보다도 가장 중요한 구내식당의 장점은 직원 간 소통의 시간이 마련된다는 것이었다. 매일 외부약속이 없는 사람들끼리 오찬 테이블에 앉아 업무 이외의 대화를 나누면서 서로를 더욱 이해하게 되었다. 식사 후 옥상에서 햇볕 속에 나누는 대화는 우정과 단결심을 더욱 깊게 해주는 효과가 있었다. 이는 단순히 업무상 필요로만 대화하고 소통해서는 도저히 도달할 수 없는 수준이라 하겠다. 우리 대사관에서 함께 근무하다가 떠난 직원들은 대사관 구내식당에서의 단란한 대화를 많이 그리워하였다.

3. 관저와 요리사, 관저 행사

백악관을 흉내낸 대사관저 외관

대사관저는 과거 총영사 시절에 임차해서 쓰던 단층 건물을 정태익 대사 시절인 1992년, 198만 불에 부지를 매입하고, 1993년에 122만 불의 건설비를 들여 새로 2층짜리 건물을 지으면서 지금의 모습을 갖추었다. 이집트 건축가의 설계라서 당연히 한국적인 맛은 없고 흰색의 삼각형 지붕에 2층의 동그란 테라스 3개가 나와 있는데, 마치 미국 대통령의 백악관을 연상시켜 'White House of Maadi'라고 알려져 있다.

우리 관저는 무척 유용한 건물이다. 건물 1층에는 커다란 홀이 있어서 리셉션으로 활용할 경우 100명 정도는 수용할 수 있을 것 같고, 그 우측 공간에는 최대 16명이 수용 가능한 긴 식탁이 있는 만찬장이, 좌측 공간에는 두 개의 소파 세트가 있어서 손님들이 앉아 대화를 나눌 수 있는 응접실 공간이 있었다. 그리고 바깥에는 250평 정도의 커다란 정원이 있어 우리의 국경일 리셉션을 비롯한 각종 행사를 바깥에서 치를 수 있게 되어 있었다. 이러한 공간을 갖춘 관저 1층은 우리의 외교 행사를 하는 데 안성맞춤인 '외교 무기'라고 할 수 있었다. 관저 전체가 국유재산이기도 하지만, 특히 1층 공간은 내 개인 공간이라고 생각하지 않았다. 국가의 이름으로 실시하는 각종 행사를 위해 마련하여 공공장소이기 때문이다.

한편 2층은 대사 내외가 실제로 사는 주거공간living quarter이다. 대사 내외의 침실, 서재, 작은 주방과 식당, 그리고 손님방 2개가 있다. 2층은 좀 낡고 부실한 면도 없지 않지만, 내가 대사로서 활동하는 데 불편은 없었고 감사한 마음으로 사용하였다. 약간 큰 공간의 관저 건물에 단 두 사람이 사는 것은 좀 적적하거나 무섭기도 할 것 같았는데 적응하니 괜찮아졌다.

과거에는 관저 요리사가 공관장의 평소 식사 즉, 일상식을 주로 만들어 공관장의 활동을 지원하고 때에 따라서 공관장이 관저에서 개최하는 오만찬 행사를 준비하는 역할을 맡아 왔다. 그런데 내가 34년 만에 공관장으로 나가려던 시점에 큰 변화가 생겼다. 소위 공관병 갑질 사건으로 알려진 박찬주 육군 대장 이야기가 사회적 논란이 된 것이다. 해외공관에서 공관장의 일상생활은 물론, 공관장 주최 각종 행사를 지원하는 관저 요리사에 대해서도 일부 갑질에 대한 보도가 나오고 관심이 집중되면서, 외교부는 관저 요리사의 임무를 공적인 행사에 국한시키고 개인 생활에 대한 지원, 즉 일상식은 하지 않기로 하였다. 공관 요리사들이 인터넷으로 연결되어 서로를 비교해 가면서 권익 향상을 도모하고 일부 특이한 공관장들에 대한 정보를 교환한다. 이러한 비리가 언론에 전달되면서 외교부의 명예를 실추시키는 현상이 야기되자, 외교부로서는 이러한 추문의 근본을 없애자는 취지에서 전례 없는 조치를 취한 것이다.

이에 '요리사는 평일에 우리 내외를 위한 음식을 만들 의무가 없으므로 행사가 없으면 그냥 월급이 지급되는, 즉 국고의 낭비가 초래되는 결과가 아닌가?' 그리고 '내가 34년 만에 처음 나온 공관장인데 나도 "활동"을 많이 해야 하는 것은 아닌가?' 하는 생각들이 들었다. 더구나 한국 대사관저는 그 나라에서 한식을 소개하고 접대hospitality를 베풀어 친한 세력을 만드는 데 가장 효과적인 장소이기도 하였다. 그리하여 나는 적극적으로 관저 행사를 개최하기로 결심하였다. 이집트의 정계·관계·민간 분야의 다양한 사람들과 외교단을 초청하여 친분을 쌓고 정보를 교환하며, 한식을 뽐내면서 한국 문화를 사랑하는 이들로 만드는 것이 그 목표였다. 아울러 대사관저는 우리 동포사회의 집이었다. 우리 관저가 있고 많은 교민들이 사는 마아디 지역에는 한국 식당도 여러 개 있었지만, 관저의 문턱을 낮추고 우리 동포들이 대사의 집에 와서 편하게 한국 음식을 즐기고 가는 것, 대사 및 직원들과 음식을 함께 먹고 대화를 나누는 것이 우리를 더욱 단합시켜 줄 것이었다.

그리하여 우리 백승호 셰프의 즐거운 고생길이 시작되었다. 처음부터 그렇게 계획한 것은 아니었지만, 남들은 한 달에 한 번 한다는, 아니 어떤 공관장은 1년에 열 번도 하지 않는다는 관저 행사를 이런저런 계기로 일주일에 한두 번 이상 하게 되었다. 백승호 셰프는 요리학교를 갓 나온 젊은이로서 서양 음식을 만들거나 자신의 아이디어를 짜내서 아름다운 퓨전 요리도 많이 만들려고 노력하였다. 그런데 한국 대사관저에서 내놓는 음식은 이집트나 외국인 손님들이 한국 요리를 접하는 기회가 되어야 할 것이며, 한국 손님의 경우에도 해외여행 중에 한국의 밥과 국, 얼큰한 맛으로 속을 풀고자 하는 욕구가 강함을 아는 나로서는 아쉬움이 없지 않았다. 그리하여 한동안의 토론 끝에 합의를 보았다. 관저에서 하는 정찬sit-down dinner은 코스로 나오는데, 앞의 두세 가지는 백 셰프가 개발한 서양식 취향의 비주얼도 화려한 퓨전 요리로 준비하고, 메인 코스는 밥과 국이 나오는 한식으로 하였다. "어,

왜 이렇게 많아?" 하면서도 시원하다, 내지는 참 배불리 먹었다는 반응이 많아서 주최자로서는 손님을 접대한 보람이 있었다.

부지런히 수많은 행사를 치른 결과, 2월 13일부터 12월 31일 사이 10개월 2주 동안 개최한 50회의 행사로 많은 사람이 '한국 대사의 대접을 받고 관저 밥을 먹고 가는' 경험을 하였다. 나는 그 덕분에 좋은 친구들을 많이 만들어나갔다. 나의 가장 가까운 친구인 프렘짓 싱가포르 대사는 어느 날 우리 관저 만찬을 또 즐긴 후 감사 서한을 보내면서 한국 대사의 '전설적인 접대legendary hospitality'는 언제 다시 와도 즐거움이라며 덕담을 해주었다. 정말이지 관저 만찬은 음식 준비도 힘들지만 어떤 주제로 사람을 모으고 얼마나 확보하느냐에서, 시작할 때 모임의 의미를 부여하는 만찬사와 참석자 각각의 배경과 관심에 맞는 대화를 진행하는 역할까지 잔신경이 많이 가는 일이다. 나는 되도록 이 과정을 즐기고자 노력하였다. 손님들의 즐거운 얼굴과 한국에 대한 우호적 감정, 그리고 고마운 평가는 힘든 준비과정의 보람을 느끼고 한식과 같은 문화자산을 활용할 수 있는 한국 외교의 힘에 대한 자부심이 일게 해주었다.

4. 대사의 개인 생활

옛날 유럽에서 유래한 외교의 관행은 철저하게 대사 중심이었다. '대사'라는 직함 자체가 관청의 의미가 되었고, 대사관embassy도 대사의 집무공간이다. 대사관의 직원들도 대사를 보좌하는 기능에서 참사관 counselor, 서기관secretary, 기타 부서에서 온 직원들을 이르는 attache[15]

---

15 영어의 attached에 해당하는 불어 표현이니 정식 외교관에 더하여 별도 기능을 위해 추가로 붙어있다는 의미가 되며, 우리는 주재관이라고 부른다.

등도 대사 중심의 이름이다. 그러므로 대사의 개인 공간과 공적 공간의 구별이 거의 없었고, 개인적인 수요도 공적으로 뒷받침되는 것이 과거 서구의 관행이었다. 한국이 못 살던 시절에 사람들이 '회사 밥' 먹기를 즐겼듯이 관리들에 대한 관청의 지원이 포괄적이고 이를 집행하는 과정에서도 많은 탄력성이 있었던 것으로 알려져 있다. 본부 감시의 손에서 멀리 떨어져 있는 해외공관은 더 느슨했을 것이다.

더 이상은 그렇지 않다.

우선 한국 대사들은 해외 근무 시 개인차량을 의무적으로 구입한다. 공식 업무시간 이외의 개인적인 활동에는 반드시 개인차량을 사용하게 되어있기 때문이다. 너무나 혼잡하고 운전행태도 위험한 이집트 교통 사정에 비추어 개인 이동에 기사를 써야 할 경우가 종종 있다. 일반 직원들도 각자 자기 출퇴근과 가족들을 위하여 개인 기사를 고용한다. 나는 이러한 소요가 가끔 생겨서, 그때마다 대사관 기사들 가운데 한 명에게 공무와 분리하여 일당을 개인 돈으로 지급하다가, 아예 대사관 기사와 분리하기로 하였다. 그래도 믿을 사람을 찾다 보니 대사관 기사 가운데 한 명의 아들을 일일 고용하기로 하였다. 운전이 미숙하기는 하지만 훨씬 마음이 편했다. 대사로서 국산차를 사는 것이 의무적이기도 하고 워낙 한국 차가 품질이 좋아서 우리가 서울에서 떠나올 때 주문해온 흰색 현대 산타페를 일용 기사가 운전하고 다녔다. 얼마 후 주말에 자주 다니는 길은 내가 스스로 운전하고 다니고, 후반기에는 아내도 종종 주말 운전을 하고 다녔다. 이집트에서 어울리는 다른 나라 대사들은 우리가 카이로에서 운전을 한다는 사실에 경악을 금치 못했다.

관저 요리사가 대사의 일상식을 제공하는 임무가 없어지자, 우리 내외는 60을 눈앞에 두고 30여 년 외교관 생활 끝에 막 공관장을 하려는데 제도가 바뀌어 당혹스럽기도 했다. 다행히 관저 2층 주거공간에 작은 주방과 냉장고가 있어서, 평소대로 우리 먹을거리는 우리가 사다가 해 먹자고 정리하였다. 그러나 기존에 공관장 생활을 하고 있던 분들, 그리고 이미 관저 요리사의 지원을 받던 경험이 있던 분들은 새로운 불편에 대한 불만이 매우 높았을 것이다.

내가 부임 이전에 카톡방을 통해서 직원들과 소통하던 시점에 총무서기관이 나에게 물었다. 현재 관저 지하에 방을 두고 있는 요리사가 관저 외부로 나가서 살고 싶어 한다는 것이었다. 나는 밖에서 사는 데 비용이 많이 들지는 않는지, 관저 밖에 거주하는 것이 본인에게 불편하거나 위험한 점은 없는지를 확인하고, 본인의 뜻대로 하라고 했다. 집사람은 오히려 집 안에 다른 사람이 살고 있으면 신경이 쓰여서 불편하고 요리사도 우리 눈치를 보게 되니 차라리 잘 되었다고 하였다. 나중에 알고 보니, 참 좋은 결정이었다. 우선 카이로 현지 임대료가 저렴하고 요리사에게도 주택수당이 지급되어 개인부담이 추가되는 상황은 아니었다. 본인은 그간 관저 지하실의 음습한 환경이 힘들었는데 관저에서 멀지 않은 곳에 아파트를 찾아 심신이 훨씬 나은 상태가 되었다. 더 재미있는 사실은 요리사 당사자는 얼굴도 보지 못한 새 대사가 자기의 희망에 대하여 어떠한 반응을 보일지 가슴 졸이고 있다가 자기 뜻대로 하라는 소식을 접하고 매우 놀랐다는 것이었다. 본인의 편의를 우선으로 하고 보내주기를 정말 잘했다는 생각이 들었다.

일부 공관장들의 갑질 사건이나 주방 음식 이야기 보도가 종종 나온다. 부끄러운 일이다. 다행히도 우리 관저에는 1층에 행사용 음식을 준비할 때 여러 사람이 일하기 위해서 사용하는 메인 주방이 있고, 우리가 사는 2층에 작은 개인 부엌이 냉장고, 마이크로웨이브와 함께 마련되어 있다. 개인적인 음식 재료를 별도 구입해서 공식 행사가 없는 날에는 우리끼리 2층 작은 공간에서 차려 먹는다. 나도 혼자 있을 때라면 정도는 끓여 먹을 줄 알지만, 아내가 집에 있을 때 음식은 아내가 해주고 설거지는 내가 담당한다.

　지인들이 나를 찾아 이집트까지 오는, 아니 이집트 관광을 오는 김에 나를 찾는 경우가 있는데 이들은 은근히 관저 음식을 먹기를 기대한다. 이때, 내가 카이로에 부임하기 전에 다른 분들에게 들은 방식을 적용하였다. 모든 음식 재료비를 개인 돈으로 미리 전달하고, 요리사에게는 그 음식을 차리는 데에 소요된 시간에 관하여 초과근무수당 이상의 액수로 수고비를 지급하는 것이다. 이 수고비 역시 나의 개인 돈이다. 요리사에게는 추가 수입이 생기는 기회이니 반가운 일이고 때로는 손님들 가운데, "맛있게 잘 먹었습니다!" 하면서 나가는 길에 요리사에게 추가 사례를 하는 경우도 있다. 그러나 이렇게 대접한 손님은 몇 명이 안 된다.

　다른 나라 대사들과 만찬을 하다가 이러한 분리, 그리고 우리 개인 음식 차려 먹는 이야기가 나왔다. 대부분은 우리나라의 철저한 공사 구분에 너무나 놀라는 눈치였다. 대사의 업무가 중요한데 그것을 보좌하기 위해서는 개인 생활에 부담이 없어야 하는 것 아니냐는 질문을 하길래, 엄격한 한국의 공직 문화, 공관병 사건을 비롯한 해외에서의 몇몇 사건, 우리 언론의 관심 등을 설명하였다. 그들의 여전히 놀란 얼굴 앞에 나는 '한국이 그렇게 간단한 나라가 아니란다.'라는 표정으로 빙긋이 웃고 있었다.

VI
한국기업을 지원하라

Rediscovery of Egypt

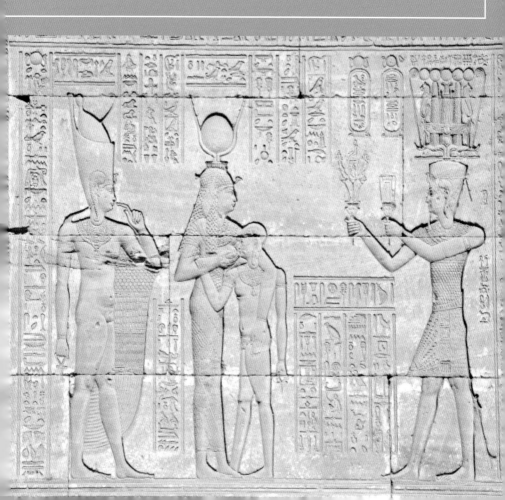

VI

한국기업을 지원하라

1. 경제외교 중요성과 대이집트 전략

　나는 이집트에 부임하기 전까지 경제업무를 해본 일이 없었다. 우리 외교에 있어 경제외교의 중요성은 어렴풋이 알고 있었지만, 현장에서 구체적으로 어떻게 이루어지는지 잘 몰랐고 이집트에 경제업무가 많으리라고 생각하지도 않았다. 이집트는 우리와의 교역이 2018년 기준 22억 불로, 우리의 총 교역액의 0.2%밖에 안 되어 주요 교역상대국이 아니며(그러나 아프리카 지역에서 최대 수출상대국) 세계 경제에서 차지하는 비중도 크지 않은 국가이기 때문이다.

　그런데 현지에 도착해서 이집트에 진출한 한국 기업인 한 분 한 분을 마주하면서, 문화적 이질감과 이집트 특유의 관료주의에 시달리면서도 이집트 땅에서 물건을 하나라도 더 생산하고 팔기 위하여 고민하는 이분들의 어려움을 해소하고 편안하게 영업을 할 수 있도록 해야 한다는 것을 깨달았다.

그간 대사관의 경제업무는 우리 업체의 민원을 수시 해소하는 수비적인 차원으로 이루어져 왔으나, 이집트의 한계를 잘 알고 있을 서방 국가들이 왜 이집트에 투자하고 협력을 계속 강화하려고 하는지 생각해 볼 필요가 있었다. 즉, 천혜의 위치 중동·아프리카를 이끄는 지도국의 역할을 하는, 상대적으로 우수한 인력을 가진 이집트에 자리를 잘 잡으면 중동·아프리카 전체로 뻗어 나갈 기반을 제공한다는 것이다. 우리가 그러한 최적의 파트너임을 이집트 측에 각인시켜 나가고 우리는 양측에 도움이 되는 최고의 성과를 올리는 노력을 해야 할 것이었다.

따라서 우리는 보다 공세적인 차원의 비전을 마련할 필요가 있었고 그것은 ① 한·이집트 사이의 경제교류와 애로사항 해소의 메커니즘이 될 수 있는 양국 간 경제협의회라는 구조 완성과 ② 이집트를 잘 설득해서 자유무역협정을 체결하는 두 가지 맥락으로 수렴되었다. 이것을 본격적으로 궤도에 올려놓는 작업은 ③ 양국 간 정상회담을 통하여 만드는 것이었다.

한편, 이집트에서는 우리가 자주 강조하는 '원조를 받던 나라에서 처음으로 원조를 주는 나라로 탈바꿈'한 한국의 개발협력 외교도 중요하였다. 우리의 공적개발원조(ODA)를 통하여, 이집트가 필요로 하지만 스스로 충분한 재원을 마련하지 못하는 각종 기반시설에 대한 투자를 무상원조나 유상원조(장기저리 양허성 차관)의 형태로 지원할 수 있다. 이러한 원조는 그들의 개발전략에 도움을 주어 우리의 위상도 격상시키는 효과가 있다. 또한, 우리의 원조로 진행되는 각종 프로젝트에 우리 기업이 참여하고 수주하여 우리 원조를 우리 기업의 수익으로 환류 받아 실익을 취하는 측면도 있었다. 따라서 개발협력은 단순한 원조 차원을 넘어서 우리가 지원하는 돈을 가지고 어떠한 사업을 통하여 어떠한 목표를 달성하느냐까지 전 과정을 챙겨야 하는 업무였다.

경제외교 업무 중 민원성 업무는 기존 방식으로 수시 처리하면 되고 개발협력은 우리 대사관 코이카 사무소장과 본부 개발협력과에서 근무하던 송지영 서기관에 의지하면 되었다. 이를 종합적으로 접근하여 이집트를 우리의 지역 파트너로 만들어서 양국관계를 격상하는 전략적인 작업을 추진하는 것이 나의 최대 관심사가 되었다. 바로 이때 귀인이 나타났으니, 임주성 참사관의 등장이다. 임 참사관은 의전실에서 함께한 의전 전문가이기도 하지만, 그전에 통상 전문가로서 통상교섭본부 소속이었고 주미대사관 경제팀에서도 일하였으며, 통상업무가 산업부로 이관되면서 통상의 장래를 접고 의전 일만 하다가 주싱가포르 대사관에 가서 근무하던 상황이었다.

전략적 접근과 전문적 이해를 위해 임 참사관 같은 직원이 필요했던 나로서는 가뭄 속에 단비를 맞는 심정이었다. 차근차근 그러나 끈질기게 접근하는 임 참사관과의 토론을 통해서 나 자신도 경제외교에서 성과를 내고자 하는 의욕이 불타고 있었다.

2. 한국 업체 지원방법을 찾아서

이집트는 전형적인 관료주의 국가이다. 나는 고대 이집트가 나일강 치수를 위하여 관료조직을 세계 최초로 만들었기 때문에 "모든 관료조직의 원조mother of all bureaucracies"라고 농을 하곤 했다. 수많은 규제가 예측 불가능하게 정해지고 변경되며 그 적용도 자의적인 경우가 많아, 그렇지 않아도 언어적 장벽과 문화적 차이로 어려움을 겪는 한국 기업들은 열심히 일하고도 그 과실을 취하는 과정에서 이집트 공무원들에게 자주 '갑질'을 당하는 것이다.

물론 우리 기업들도 현지 법규를 잘 파악하고 대응하여야 하는데, 이집트 정부 측이 엄격하게 파고들면 대항하지 못하고 당하는 상황이 자주 벌어졌던 것 같다. 여기에는 우리 대사관도 그동안 문제가 없지 않았으리라. 기업들의 애로사항에 대하여 그때그때 이집트 정부의 관련 부서에 들고 가서 호소하는 것까지는 정성을 쏟는데, 그것이 체계적인 형태의 지속적인 노력을 통하여 개선하는 데까지는 연결되지 않았다. 지상사 측에서도 공관의 해결능력에 대해서 큰 신뢰를 두지 않았다. 어느 업체는 그들을 돕고자 공관이 질문하는데 왜 그것을 알고 싶어 하느냐는 식의 태도를 보였다고 들었다. 공관에 대한 근본적인 불신의 시각이 드러나는 사례이다.

지상사협의회 현장

나는 지상사협의회에서 대사관이 적극적으로 돕고자 하니 기업의 애로사항을 허심탄회하게 털어놓아 달라고 하였다. 각 업체는 각자의 사업내용을 소개하고 도움이 필요한 사항을 조심스럽게 발표하였는데,

뒤에 가서 이러한 회의가 거듭되면서 이집트의 행정미비나 관료주의에 의한 문제점을 성토하다가 일부는 자신들이 해결할 문제마저 공관의 도움이 부족하다는 잘못된 시각을 드러내기도 하였다. 나는 경청하면서 공관의 도움이 효과가 있다는 인식을 주기 위해서는 과연 무엇을 어떻게 달성하여야 할 것인가를 고민하게 되었다.

가. 첫 시도와 좌절: LG전자 티브이 모듈 관세 문제

LG전자는 이집트 공장에서 티브이를 생산하기 위한 핵심부품으로 화면부에 해당하는 모듈을 본국으로부터 수입하고 있었다. 그런데 그간 모듈에 대한 관세가 생산에 들어가는 부품으로서 2%를 적용하다가, 2018년 초 갑자기 예고도 없이 관세를 완제품 수준인 40%로 인상하여 비용이 급증하였다고 공관의 도움을 호소해 왔다. LG전자는 삼성전자보다 이집트 내수에 많이 진출했다가 2016년 환율폭락 직전에 이집트 당국이 환전을 허가하지 않아 큰 피해를 본 경험이 있다. 그래서 더욱 도움을 주어야 하는 대상으로 인지하고 있었기에 모듈 관세인상건을 공관이 해결하는 첫 번째 사례로 만들고자 노력을 집중하였다.

나는 조치의 부당함을 지적하기보다는 '관세부과는 이집트 정부의 주권 사항이나, 사전 예고도 없이 조치가 취해진 점에 비추어, 인상 발표 이전에 선적되어 항구에 도착해 있는 9천 개의 모듈에 대해서는 이전의 관세를 적용해야 한다'는 골자로 호소하고자 정부 주요 부처를 접근하였다. 먼저 통상산업부 안터Ahmed Anter 차관을 면담(3월 6일)하여 이 문제를 제기하였더니, 그는 관세청에 문의한 결과, 완제품으로 간주한 세율이 정당하다고 한다는 말만 전하였다. 알고 보니 그는 직무상 국내산업 보호에 무게가 실린 인사여서 이 문제에 대한 도움을 기대한 것이 무리였다. 다음날 만난 아불나가 대통령 국가안보보좌관도 이 문제를 꼼꼼하게 기록하고 해결 노력을 하겠다고 했으나 후속 조치는 이루어지지 않았다. 파흐미 주한 이집트 대사와 소통하는 과정에서 그는 이집트 정부 내 부처의 업무감찰을 하는 행정감사청장 면담을 조언하였다. 에르판 청장은 화통하게 나를 반기고 설명을 듣고는 자리에서 당시 재무장관에게 직접 전화를 걸어 문의하였다. 아마도 장관은 자기네 조치에 아무런 문제가 없다고 답한 것 같은데, 모듈 관세 건은 LG전자가 선적 관련 서류를 제출하면 기도착 분에 관한 과거 관세율 적용을 검토하겠다고 하였다.

그러나 과거 관세율 적용 문제는 이집트 정부가 서류 보완을 몇 번 요구하면서 지지부진하더니 끝내 해결되지 않았다. 더구나 그들의 임의적인 관세 인상에 대한 우리의 지적에 대응하여 이집트가 정식으로 관세법을 개정하면서 다시 문제가 불거졌다. 내가 신임 재무장관과 이 문제의 해결을 노력하는 사이, LG전자가 이 사안을 중재재판에 걸었다. 나는 내심 대사관이 노력 중인데 왜 긁어 부스럼을 만드나 걱정하였는데, 놀랍게도 재판에서 LG전자에 유리한 판결이 나와 승소를 하였다. 그러나 더욱 놀랍게도 이집트 관세청은 재판 결과조차도 저항하면서 각종 이유를 들어가며 이행을 미루고 이를 해결하지 않았다. 곽도영 상무가 2019년 말에 이집트를 떠날 때까지도 이 문제는 해결되지 않았다. 이집트의 관 중심 행정을 극복하는 것이 얼마나 어려운지 알게 되었던 사례였다.

3. 새로운 전략을 통한 공략

가. 기본 전략 수립

관료적인 국가일수록 우리 쪽도 관료가 상대를 해주어야 한다. 즉, 국가권력을 휘두르는 이들에게는 이쪽에서도 국가의 권위로 대항하고 우리 기업들을 뒷받침하는 보호막의 역할을 해주어야 하는 것이다. 특히 자유시장 경제로서 경제 주체 간 상호작용으로 경제행위가 결정되는 선진국과는 달리, 권위주의적인 후진국일수록 지속적으로 항의하고 이의를 제기하는 국가를 신경 쓰게 되는 것이다. 그리고 대한민국의 국제적 위상을 바탕으로 당당하게 접근하고 우리가 당신들에게 줄 것도 많은데 이러면 곤란하다는 메시지도 주어야 하는 것이다.

사전에 그렇게 정한 것은 아니지만 임 참사관 부임 이후 일하는 과정에서 우리의 역할이 자연스럽게 나뉘었다. ① 먼저 우리가 특별한 민원이 발생하기 전에 우리 기업들이 직면한 문제점들을 종합적으로 검토하고 이를 해결할 부서를 지정하여 공략하기로 한다. ② 내가 우선 장관급 인사들을 면담하고 이집트 정부가 취할 조치를 적시하고 이러한 어려움 해소에 대한 지원 입장을 확보한다. ③ 면담에 함께 배석한 임 참사관과 송 서기관이 각 부처의 차관 이하 고위실무자들과 지속적인 접촉을 통하여 그들의 약속이행 준비상태를 확인하고 ④ 우리 기업들을 안내하여 애로사항 해소를 완결해 주는 체제를 만드는 것이다.

내가 장관급 인사들을 만나서 나누는 대화의 포인트는 다음과 같다.

- 알시시 대통령의 지도력 아래 각종 개혁 조치를 통하여 이집트 경제가 날로 좋아지고 있어 축하드린다.
- 특히 경제가 규제와 보조금에서 탈피하여 시장경제 중심으로 돌아가는 것은 매우 중요한 변화이며 외국 투자자들은 이를 주목하고 있다.
- 현재 우리 한국 기업들이 이집트 현지에서 투자와 생산 활동을 하면서 이집트 경제에 기여하고 있는데 이집트 정부가 당초 약속했던 사항을 지키지 않아 현장 애로사항이 적지 않다.
- 이는 해당 기업뿐이 아니라 이집트에 투자할 계획이 있던 다른

한국 기업은 물론, 외국 기업들에게도 나쁜 신호를 주고 그들의 투자계획을 재고하게 만든다.

- 이집트가 한국을 비롯한 주요국의 투자를 희망하는 것으로 아는데, 대이집트 투자에 대한 홍보는 다름 아닌 현지에서 이미 영업하고 있는 회사들이 해주는 것이 가장 효과적이다.
- 따라서 이집트 정부는 이미 이집트를 위하여 투자하고 현지에 들어와 있는 한국 기업들에게 합리적이고 정당한 처우를 해주는 것이 가장 중요하다.
- 잠재적 후속 투자자들이 누구보다도 기존 투자자들의 말을 가장 신뢰할 것이다. 왜냐하면, 바로 이들이 현장에서 자신들이 경험한 바를 평가하고 이집트의 투자환경이 우수하다고 입소문을 내줄 장본인이기 때문이다.

내가 이런 말을 하면 해당 장관은 약한 변명을 하거나 대개는 내 말에 동의하고 자신들이 개선해 나가겠다는 다짐을 한다. 다음은 그 자리에 배석한 그 부처의 간부를 임 참사관이 공략하여 그러한 다짐이 실제로 이행될 때까지 접촉하고 그것이 확인되면 우리 업체를 연결하여 문제 해결을 완성하는 수순을 따르는 것이었다.

나. 우리 기업의 애로사항 식별과 담당 부서 지정

이집트 정부는 다른 나라의 정책을 참고하여 가장 좋은 것들을 본받으려고 노력한다. 특히 이집트의 제조업이 부실하여 외환이 고질적으로 부족하고, 자력으로 제조업을 부흥시킬 능력은 부실한데 이에 대한 손쉬운 해답은 외국인 투자를 유인하는 것이라 결론짓고 투자유인책을 적극 실시하고 있다. 이집트 스스로를 가장 매력적인 투자대상이라고 홍보하면서 각종 특혜를 제공한다고 유혹하여 외국기업들이 들어와 생산하고 수출하면, 자신들은 손쉽게 외환을 벌어들이는 효과를 기대하는 것이다.

이러한 특혜로는 기업이 생산한 총액 가운데 이집트 밖으로 수출한 부분은 국내소비가 아니므로 이미 정부에 지불한 부가가치세를 환급VAT refund해주는 방안, 이집트 내 생산 및 수출을 장려하기 위하여 특정 기업의 전체 수출액의 일정 부분을 정부가 추가 지급해 주는 수출보조금Export incentive 제도를 유지하고 있다. 언뜻 봐서는 투자 대상국을 찾는 기업에게 매우 매력적인 제도인데, 문제는 정부가 이러한 약속을 지킬 의지와 능력이 있느냐 여부이다.

우선 이들 제도를 활용하여 약속된 이익을 누리기 위한 제출 서류나 조건이 매우 까다롭고 처리가 오래 걸린다. 많은 기업들이 이런 외형적 이점에 끌려서 투자했다가 이집트 관료주의의 쳇바퀴에 빠져서 시간만 오래 걸리고 이행이 지연되는 경우가 많았다. 초조한 우리 기업은 제품에 지쳐 결국 특혜를 포기하고 낮은 수익률을 수용하거나 손해를 보게 되는 것이다. 복잡한 절차와 오랜 시간은 정부의 약속이행 의지를 의심하게 만들었고, 여기에는 지불능력도 없이 특혜를 보장하며 우선 유인하고 보는 태도가 숨어있다고 보인다. 부가세 환급은 재무부의 지휘 아래 국세청이 집행 부서를 담당하고 있었고, 수출보조금은 내외국인의 수출산업을 진흥하는 임무를 맡은 통상산업부가 담당하고 있었다.

때로는 우리의 의심대로 이집트 측이 이러저러한 트집을 잡아 정당한 신청을 기각하는 경우도 많을 것이다. 또는 우리 기업이 규정을 정확히 숙지하지 못하고 필요 서류를 준비하지 못하여 부가세 환급이나 보조금 지급을 못 받는 경우도 있을 것이다. 어느 쪽이나 기업이 필요한 안내를 적시에 받기 어려운 입장이다. 대사관으로서는 우리 기업을 무시하는 이집트 당국에 주의를 환기하고 이들의 신청을 제대로 검토할 것을 요구하거나, 이들이 보완해야 할 사항이 정확히 무엇인지, 그것만 완성하면 자격을 갖추고 지급을 받도록 다짐을 받는 것이 우리의 가장 중요한 역할이라고 판단하였다.

한편 이집트는 고질적인 외환 부족에 대하여 수출 진흥으로 외환 유입을 확대하는 노력과 반대로, 외환이 나갈 길을 막기 위하여 각종 규제를 만들어 두었다. 이집트는 수출과 수입의 흐름을 통제하기 위한 부서를 두었는데 그것이 수출입통제청GOEIC, General Organization for Export and Import Control이었다. 특히 한국에는 이집트에 우수한 상품을 수출하고자 하는 기업들이 있었는데 이들 상품을 이집트에 들여오기 위해서는 다른 나라에는 보기 드문 각종 제어장치를 통과해야만 했다. 그중 가장 대표적인 것이 소비재를 이집트에 수출하려는 업체에게 의무화한 '공장등록제'이다. 절차도 복잡한데, 등록 신청 후 2~3년이 지나도 소식이 없자 대부분의 중소기업은 이집트 정부의 의도대로 지쳐서 수출허가 신청을 철회하고 말았다.

그리고 세계에서 가장 정부 부처가 많은 나라 중 하나인 이집트는 투자를 담당한 투자국제협력부 이외에 행정업무를 담당한 부서로서 투자관리청GAFI, General Authority for Investment and Free Zones을 두고 있었다. 투자국제협력부가 외국의 투자를 유치하는 교섭을 담당하고 투자를 위한 유리한 환경을 만들어가는 큰 틀의 임무가 있다면, 투자청은 투자를 위하여 들어오는 외국기업들을 안내하고 행정적으로 지원하는 임무를 가지고 있었다. 그런데 결국 '안내 및 지원' 업무가 결과적으로는 인허가의 권한을 지니면서 사실상 통제의 도구가 되고 각종 규정이 우리 기업의 활동과 정착에 걸림돌이 되어버렸다.

따라서 우리 대사관은 여러 개의 전선을 열고, 재무부, 통상산업부, 투자국제협력부, 수출입통제청, 투자관리청을 각각 상대하면서 그들의 권한 속에서 질식하고 있는 우리 기업의 숨통을 하나하나 풀어나가는 작업을 해나갔다.

나는 인포멀 그룹 등 다른 대사들과의 접촉 과정에서 이집트 장관들이 생각보다 만나기 수월하다는 인상을 받고 장관들에게 우리 문제를 직접 제기하기로 하였다. 경제 부처 장관들을 연달아 만나기 시작하면서 우리 기업의 문제 및 한국과의 협력에 대한 장관들의 주의를 촉구하고 협력의 기반을 만들어나가기 시작하였다. 어떤 이들은 내 말에 솔깃하거나 공감하였고 어떤 이들은 소위 립서비스만 하였는데 이는 부딪쳐 보기 전에는 알 수 없는 일이었다.

4. 장관들과 부딪히기

나의 장관 면담 시리즈는 5월 3일 엘 아싸르^{Mohamed El-Assar} 방산물자부 장관부터 시작되어 5월 21일 나스르^{Sahar Nasr} 투자국제협력부 장관 면담, 5월 23일 엘몰라 석유장관 비공식면담, 6월 4일 샤크르 전력부 장관 면담, 7월 10일 탈랏 정보통신부 장관 면담, 8월 13일은 에나스 문화부 장관 면담으로 이어졌다.

가. 한국 최대의 친구, 재무장관

그러나 가장 중요한 면담은 알시시 재선 이후 출범한 제2기 정권에 영입된 모하메드 마아잇^{Mohamed Maait} 재무장관과의 9월 12일 만남이었다. 나는 2018년 상반기까지 전임자 가니 장관과는 만날 기회가 없었다. 어느 나라나 그렇듯 워낙 강력한 재무부에 그가 도도한 성격이며 우리와 긴급한 현안이 없다고 생각해서 그간 면담이 이루어지지 않은 것으로 이해하고 꾹 참고 있었다.[16] 그런데 영국에서 보험설계학

---

16 나에게 이집트 정부 주요인사에 대한 정보를 알려주던 자동차 갑부, 가부르는 가니 재무장관과 통상산업부 장관이 거만하여 많은 사람이 싫어한다고 하면서 교체 대상이라고 하였다. 그들은 모두 가부르의 말대로 2018년 알시시 재선 이후 경질되었다.

Actuary을 공부하고 학자의 길을 걷다가 재무부 차관으로 들어와 보험 개혁을 완수한 뒤 보험협회 회장직을 맡았던 마아잇 장관의 이력서를 보면서, 경제 전문가가 아닌 이 장관이 과연 거시경제를 관리하는 재무장관직에 적절한 사람인가 하는 의문이 들었다.

마아잇 재무장관과의 첫 만남

작은 키에 통통한 몸과 동그란 얼굴에 머리가 벗겨진 그는 전형적인 마음씨 좋은 교수님이었다. 나는 머릿속에 준비한 요점을 풀기 시작했다. '이집트 경제가 알시시 대통령의 개혁 작업으로 순항을 하고 있는데 바로 당신의 손길이 닿았기 때문으로 안다.' 하면서 시작하고는, 약속을 지키지 않는 이집트 정부에 대한 한국 업체들의 실망을 지적하였다. 그러나 장관이 이를 시정해주면, 한국 기업들이 이집트의 투자환경에 대한 호평을 전파함으로써 한국을 비롯한 외국기업들이 더욱 투자를 늘려나가고 이집트 경제에 도움이 될 것이라고 강조하였다.

진지하게 듣고 있던 마아잇 장관은 '오늘은 어떤 변명을 듣고 나올까?' 하던 나의 예상을 깨고 '그럼 어떻게 해결해나가면 좋겠습니까?' 하면서 전향적 태도를 취하는 것이었다. 처음에는 그저 예의상의 빈말로 생각했으나 그는 달랐다. 다시 만날 때는 그전 미팅에서 내가 제기한 문제의 해결 진도를 적시한 자료를 들고 하나하나 체크해 나가면서 나에게 설명하였다. 거시경제를 모른다고? 경제에 대한 이해는 물론, 그의 업무 장악력과 문제의 핵심에 초점을 맞추고 해결방안을 찾아가는 실용적인 자세로 우리는 많은 현안을 해결해 나갈 수 있었다.

가장 대표적인 사례가 재무부가 국세청을 지휘하여 관리하는 부가세 환급 문제였다. 이집트 정부는 2016년 11월 IMF 체제 돌입 이후 재정 부족을 이유로 기약속한 부가세 환급을 진행하지 않고 대금 지급을 미루고 있었다. 우리 기업들은 2016년도 이후 이집트 정부로부터 부가세 환급 등을 한 차례도 받지 못하였다고 대사관에 호소해 왔다. 그 액수도 삼성전자는 5천 만 불, LG전자 1,700만 불, 성안섬유 120만 불, 을화섬유 70만 불 등 엄청난 규모였다.

나는 9월 12일 이후 마아잇 장관을 여러 번 만났고(2018.9.12, 10.4, 2019.1.21, 2.19, 3.20, 6.19) 부가세 환급 약속이행이 이집트 정부의 대외 신용도에 대하여 미치는 중요성을 계속 강조하면서 미환급 분에 대한 조기 집행을 요청하였다. 그는 나의 지적에 동감을 표명하고 나와의 다음 면담에는 LG전자 곽도영 법인장을 참석시키고 곽 법인장의 설명을 청취할 만큼 적극성을 보였다. 그 결과 LG전자는 우리 업체들 가운데 가장 먼저 2018년 12월에 부가세 환급 누적분 1,700만 불을 받았다.

당시 이집트 정부의 무반응에 포기상태에 있던 우리 기업들에게 이 첫 번째 사례는 한마디로 충격이었다. '대사관에서 나선다고는 하는데 솔직히 뭐가 되겠어?' 하는 것이 아마도 그들의 심정이었을 것이다. 특히 받아야 할 액수가 5천 만 불로 훨씬 컸던 삼성전자도 대사관의 도움을 요청해 왔다. 삼성전자는 삼성전자 측대로 국세청이 요구하는 수많은 서류제출 요건을 맞추지 못하는 문제가 있어 고생하다가 재무부 심의위원회를 통하여 해소하고 현재 마지막 절차를 진행 중이다. 상대적으로 중소기업인 성안 섬유는 2019년 9월에 70만 불을 환급받았는데 액수가 작아 보이지만 작은 기업 입장에서 자금회전에 큰 도움이 되었다고 백정현 대표가 두고두고 좋아했다. 성안은 서류 미비로 당장 받지는 못했던 잔여 65만 불 환급액에 대해서도 절차가 진행 중이고 조만간 지급이 기대되고 있다.

이를 계기로 이집트 정부는 2018년 10월 11일에 한국 기업 애로사항 전담창구를 신설하고, 이를 통하여 우리 기업 애로사항을 해소해줄 것을 약속하였다. 이러한 우리 대사관과 재무부의 찰떡궁합이 소문이 나면서 이집트 온라인 경제지 엔터프라이즈Enterprise에 이집트 재무부가 한국 기업을 지원하기 위한 전담창구를 만든다는 기사가 나와 어떻게 이런 일이 있냐는 동료 대사들의 부러움을 사기도 하였다.

마아잇 장관은 11월 8일에 우리 관저에도 초대하여 이집트 금융계 주요 인사들과 함께 좋은 토론을 가졌다. 내가 사귀어 놓은 바키르Reza Baqir IMF 이집트 상주 대표(파키스탄 국적), 재닛 헤크먼(미국) EBRD 부총재(이집트 상주대표 겸임), 피나스Pierre Finas 프랑스계 크레디 아그리콜Credit Agricole 은행 지점장(98년도 아시아 금융위기 당시 프랑스 투자은행 한국지점장)이 함께 했고 LG전자의 곽도영 법인장과 삼성전자의 박진하 재무담당도 참석하여 경제외교 현장을 목격하였다. 나는 이집트 근무 기간 중 현지인 가운데 단 두 사람만 문상을 갔는데, 마아잇 재무장관의 모친상과 뒤에 언급할 나스르 투자국제협력 장관의 부친상이었다. 마아잇 장관은 자신을 키워준 홀어머니에 대한 효심이 지극하였고 돌아가신 이후 자신의 왓츠앱(WhatsApp, 우리의 카톡) 프로필에 어머니 사진을 올려놓고 있을 정도로 어머니를 사랑하였다. 당시 문상 온 나를 재무장관이 맞이하는 장면은 이집트 국내 티브이 방송에 잠깐 나와서 나의 아웃리치 노력을 홍보해 주는 예기치 못한 부수 효과도 있었다.

재무장관과는 문제의 수출 장려금에 대한 논의도 심도 있게 가져 해결의 실마리를 찾았다. 이집트 정부는 수출품의 현지부가가치 비율에 따라 수출 기업에 수출 장려금을 차등 지급하기로 하였으나, 예산 부족 등을 이유로 지급을 계속 미루어 미지급 금액이 크게 누적되었다. 2018년 11월 기준 삼성전자가 5,600만 불, LG전자가 2,100만 불, 성안섬유가 130만 불, 을화섬유가 45만 불의 수출 장려금을 못 받고 있는 상태였다.

나와 우리 대사관 팀은 수차례에 걸친 재무장관, 통상산업장관, 국세청장과의 면담 및 관저 만찬 등을 통하여 부가세 환급 문제와 함께 이집트 정부가 수출 장려금으로 투자기업을 유인한 후, 약속을 지키지 않는 것은 이집트 정부의 신뢰도를 떨어뜨리는 행위라고 지적하고 미지급분에 대한 빠른 집행을 요청하였다. 아울러 임 참사관과 경제팀은 이집트 정부가 준비하는 수출 장려금 미지급분의 지급 방법 대안에 대한 동향을 우리 업체들에 실시간으로 전파하여 가급적 조기에 많은 금액을 지급받을 수 있도록 안내하였다.

그 결과, 재무부 장관과의 11월 만찬 이후 삼성전자에는 3차례에 걸쳐 총 500만 불이, LG전자에는 140만 불, 성안섬유 13만 불, 을화섬유 5천 불의 수출 장려금이 우선 지급되었다. 물론 이 액수는 받아야 할 총액에 비하면 일부에 불과하나 업계의 호소를 무시하던 이집트 정부가 지급을 개시했다는 사실이 중요했다.

과거 이집트 투자장관을 역임한 바 있는 월드뱅크World Bank의 모히엘딘Mahmood Mohieldin 부총재는 내가 유엔 사무국 근무시절에 사귄 친구인데, 그가 12월에 카이로를 방문하여 가진 친구들과의 만찬에 초청된 적이 있었다. 그때 이집트 수출업자인 그의 친구는 수출 장려금이 심각한 문제이고 이집트 업체들이 아무도 못 받고 있으며 정부가 특단의 조치를 취해야 할 것이라고 언급한 바 있었다. 결국 이집트 정부는 2019년 여름까지의 누적분을 단계적으로 지급하겠다고 약속하고는 투자기업들이 지급받을 금액을 재투자한다는 내용의 합의서를 서명하면 지급하겠다는 나름의 타협안을 들고 나왔다. 우리 대사관에서 적극 중계한 결과, 한국 기업들도 궁여지책으로 합의서에 서명하고 단계적으로 체납분을 지급받고 있다. 영원히 못 받을 줄 알았던 돈을 받는 것만도 다행이라는 심정으로.

재무장관과 우리 기업인들(삼성전자, 성안, LG전자, 을화)

나. 프리마 돈나, 투자국제협력 장관

재무장관 다음으로 자주 접한 장관은 사하르 나스르 투자국제협력 장관이다. 그는 이집트에 대한 모든 경제협력과 투자는 자신을 거쳐야 한다는 입장을 갖고 있어 모든 업무 연관자들이 잘 다루어야 하는 상대였다. 부가세나 수출 장려금 같은 제도를 직접 다루지는 않지만 알 시시 대통령의 2016년 방한 결과 우리 정부가 마련한 30억 불 패키지의 활용방안과 우리의 개발협력 원조로 이루어지는 사업을 우리와 협의하는 당사자였다. 그와의 첫 만남은 2018년 5월 21일 이루어졌다.

우리 정부는 장기저리로 차관을 제공하는 경제개발협력기금EDCF을 통해서 2억 4,300만 유로의 유상원조를 제공하여 카이로 지하철 3호선 전동차 256량을 한국의 현대로템이 공급하기로, 다른 256량을 프랑스의 알스톰사가 제공하게 되어 있었다. 면담 전 어느 날, 로마테 프랑스 대사가 알스톰사와 현대로템이 합작한다는 소식을 들었냐고 묻기에 나는 금시초문이라고 답하고, 뒤에 가서 현대로템에 사실을 확인하고 프랑스 측 의도를 분석한 일이 있었다. 이는 256량 제조로는 양이 차지 않거나 수익성이 맞지 않아서 알스톰이 현대로템과 수직분업을 하여 고부가가치 부분을 담당하거나 전체를 다 받아야 사업성이 있다고 판단하고, 마크롱 대통령의 10월 이집트 방문을 앞두고 이집트가 한국에 양보를 종용해 보라는 프랑스 측의 압력이 뒤에 자리 잡고 있는 것으로 의심되었다.

프랑스 출장에서 막 돌아온 나스르 장관은 나와의 면담에서 그야 말로 생뚱맞게 3호선 객차 512량을 한국과 프랑스가 공동으로 작업하거나, 512량 전체를 프랑스가 맡거나 한국이 맡는 방안이 논의되고 있는 것으로 안다고 하면서 우리 입장은 어떠냐고 묻는 것이었다. 나는 현대로템과 알스톰 간에 어떠한 협력도 논의되지 않고 있다고 단호하게 전제하고, 우리는 동건 진전을 위하여 이미 이집트 터널청Egyptian Tunnel Authroty, ETA과 계약을 2017년 6월에 체결하고 이집트 내부절차 완료만 기다리는 상황인데 새로운 계약을 검토할 이유가 없다고 강조하였다. 나아가, 동 작업은 분업 자체가 불가능한 구조인데 알스톰의 일방적인 수익성 확보를 위한 시도라는 의심이 든다고 따졌다.

나스르 장관은 당황하면서 수습 모드로 전환하여 우리와의 사업약정 서명과 국내절차가 신속하게 진행되도록 적극 협조하겠다고 하였다. 같은 자리에 있던 이집트 측 직원들은 부내에서 검토된 적이 없는 방안을 장관이 프랑스 사람들 말만 듣고 꺼냈다고 면담 후에 변명하였다. 현대로템의 지분은 확실히 방어되었고 카이로 지하철에서의 지위는 계속 확고해졌다.

카이로 전철 3호선을 위한 차관약정을 나스르 투자국제협력장관과 서명하고

다. 뚝심의 동맹: EBRD 상주대표

지하철 사업 관련 또 다른 사례가 있다. 현대로템은 이집트 터널청이 발주하고, EBRD가 재원을 지원하는 카이로 메트로 2호선 전동차(48량, 약 8천만 유로) 공급 입찰에 참여하여 우선협상대상자로 선정되었다. 그런데 이집트 터널청 측이 제안서 가격보다 낮은 가격으로 이면계약을 체결할 것을 요구하면서 요구를 수용하지 않을 경우 모든 입찰을 무효로 하고 입찰 절차를 처음부터 다시 시작하겠다고 협박을 해온 것

이다. 2018년 11월 12일, 현대로템은 우리 대사관에 이 상황을 긴급하소연하면서 도움을 요청해 왔다.

다행히도 나와 절친인 주이집트 EBRD 대표 재닛 헤크먼은 호탕하고 빈틈없는 사람이었다. 나는 현대로템의 호소를 들은 즉시 그에게 연락하고 EBRD가 재원을 지원하는 카이로 메트로 2호선 전동차 공급 사업과 관련하여 이집트 터널청이 EBRD 규정을 어기면서 현대로템에 무리한 요구를 하고 있음을 '고자질'하였다. 헤크먼 대표는 펄쩍 뛰면서 터널청 측의 이러한 태도는 매우 심각한 문제라며, EBRD 사무소 직원에게 지시하여 상황을 파악하도록 하고 이집트 터널청에 주의를 주겠다고 하였다.

돈줄을 쥐고 있는 EBRD는 즉시 경고조치를 취하였다. 터널청은 자신들의 요구를 EBRD가 어떻게 아느냐고 난리가 났고, 대사관을 통한 역공의 의심을 받은 현대로템에 매우 험악한 분위기를 연출하였다고 한다. 그래도 12월 12일, 2호선 입찰에 대한 터널청 이사회 회의에서 입찰제안서가 최종 통과되어 현대로템의 수주가 확정되고, 결국 2019년 8월 6일 이집트 터널청과 사업계약을 최종 체결하였다.

현대로템은 이 문제를 대사관에 알린 데 대하여 이집트 터널청 측으로부터 심한 불평을 듣기는 하였으나, 오랜 기간 공들여온 입찰 건이 물거품이 되려던 순간에 대사관의 지원으로 수주확보에 성공하게 되었다며 진심으로 고마워하였다. 우리 대사관과 EBRD와의 공조는 EBRD 함자 부대표와 임참사관 간의 긴밀한 연락을 포함하여 그 후에도 계속 이어져 나갔다. 재닛 헤크먼 대표는 2019년 말 은퇴하고 고향인 미국 오하이오로 돌아갔다. 우리는 계속 연락을 주고받고 오하이오로 놀러 오라는 헤크먼 부부의 초청을 언제 코로나가 물러가서 실현할 수 있을지 고민하고 있다.

헤크먼 EBRD 상주대표와 부군 더못

라. 한국의 사돈: 수출입통제청장

이집트는 제조업 부족으로 많은 공산품을 수입하면서 고질적인 무역적자 및 외환부족에 시달린 결과, 모든 수단을 동원해서 수입을 억제하여 외환 유출을 막는 데 역점을 두고 있다. 그중 대표적인 부서가 수출입통제청GOEIC, General Authority for Export and Import Control인데 수출입에 대한 인허가권을 가지고 가급적 수입의 길을 틀어막는 것이 조직의 목표가 아닌가 생각될 정도다. 한국 기업들도 예외 없이 그들의 밥이 되어 삼성전자, LG전자 같은 대기업으로부터 얼마 되지도 않는 소량의 제품을 이집트에 수출하고자 하는 한국 업체들까지 GOEIC 요구사항을 준비하느라 세월이 다 간다. 또한 제출하여도 승인이 나오지 않아 중도 포기하는 업체가 속출하였다.

특히 이들은 공장등록제라고 하여 이집트에 생산공장이 있는 29개의 생활용품을 수출하려면 본국에 있는 공장을 수출입통제청에 등록하여야 한다는 요건을 부과한다. 2019년까지 20여 한국 기업이 2년에서 4년 동안 이 제도에 묶여 수출을 못하고 있었다. 외견상으로는 해당 서류를 제출하면 되는 단순한 절차인데 문제는 접수를 하고 나서 소식이 없는 것이다. 한국 업체들은 하나 둘 수출을 포기하고 마는데 이는 바로 이러한 규제와 지연의 목표라고 하겠다.

나는 수출입통제청장을 직접 만나서 길을 뚫어보기로 하였다. 가베르 Ismail Gaber 청장은 육군 중장 출신으로 직전에 산업개발청장IDA도 역임한 분이었다. 최근 그의 아들이 한국 여성과 결혼하였다는 소식을 듣고 서둘러 축하화환을 먼저 보내서 분위기를 조성한 뒤 그의 사무실을 찾았다. 그는 한국 며느리를 맞이하여 한국 가족의 일원이 되었다며 나를 환대하였다. 수출입통제청의 목표가 솔직히 가급적 수입을 막는 것이 아니냐고 묻는 나의 질문에 그는 웃으면서 그런 면이 없지 않다고 시인하며 마음을 여는 것이었다. 나는 한국 기업들이 수출을 통하여 현지 시장을 테스트한 후 투자를 결정하고 현지 생산으로 전환하는데, 이러한 장벽으로 한국의 투자희망 기업의 진출에 어려움이 있음을 지적하였다. 이집트 정부가 공장등록제를 보다 유연하고 신속하게 운영하여 이를 해소하고, 나아가 이집트의 투자환경에 대한 긍정적 평가가 "입소문"으로 퍼져나가 더욱 많은 투자가 이루어질 수 있도록 하자고 제안하였다.

꼼꼼한 행정가답게 나와의 면담에 앞서 우리와의 현안 리스트를 챙긴 가베르 청장은 그 리스트를 손에 들고 일일이 체크해 가면서 나름 현실적으로 가능한 답변을 해주었다. 그는 17개 한국 기업의 신청이 계류 중에 있는 것으로 알고 있다면서 한 번에 전부 허가하기는 현실적으로 어렵지만, 한국 측이 보기에 시급성이 있고 이집트 국내산업에 대한 피해가 적은 기업 중심으로 허가를 검토해 나가겠다고 하였다. 그러므로 우리 대사관에서 우선순위를 두고자 하는 기업이 어느 것인지 알려달라고 하였다. 나는 가장 오래 기다리면서 우리에게 도움을 요청한 하나싱크와 한양에코텍 같은 기업들을 적시하였고, 우리의 전략대로 향후 청장과 나를 대신하는 우리 대사관의 임 참사관과 청장의 보좌진 간 소통채널을 통하여 이들의 진척상황을 점검하고 우리의 희망을 추가로 알려주기로 하였다.

한편, 같은 시기에 LG전자 세탁기 5천 대(약 177만불), 삼성전자 세탁기 8천 대(약 250만불)에 대하여 세탁기에 표시된 용량과 실제 용량이 차이가 있다는 이유로 이집트 관세청이 통관을 거부하고 수출입통제청에 용량규격 검증 판정을 의뢰하였다. LG전자 측은 대사관의 도움을 시급히 요청하였다. 통제청은 면담 직전에 판정 결과 이상이 없다는 결론을 내렸고 나는 가베르 청장에게 감사의 인사를 하였다. 동 청장은 LG전자와도 긴밀하게 협의해 왔다면서 관세청에서 수입재개를 위한 공문을 송부하겠다고 말하였다. 그런데 어찌된 영문인지 이번에는 한국산 세탁기의 수입을 막고자 엉뚱하게도 이들 기업의 밀수혐의에 대한 조사를 시작하였다. 이는 우수한 한국제품으로 인해 국내시장을 잠식당하는 이집트 국내업체들의 모략이라고 추측되었다.

나는 2월 19일, 재무장관 면담에서 국제규격을 적용한 용량 심사의 필요성과 LG전자 및 삼성전자와 같은 국제적인 기업의 정상적인 수입을 밀수로 취급하는 수사에 대한 부당성을 제기하였다. 재무장관은 면담 중 관세청과 수출입통제청에 직접 전화하여 관련 상황 보고를 지시하였다. 재무장관 면담 4일 뒤인 2월 23일에 LG전자 및 삼성전자는 이 물량이 모두 통관조치가 완료되었다며 대사관의 지원에 고맙다는 인사를 해왔다.

우리 '한국인 가족' 가베르 청장은 그 이후에도 친교를 유지하였는데, 특히 4월 28일에는 한국 며느리를 포함한 전 가족을 관저에 초대하여 한국 음식을 대접하면서 화기애애한 대화를 나누었다. 온순한 인상의 아들은 민항기 조종사의 길을 걷고 있고 활동적인 딸이 아버지를 이어 군에 투신, 장교로 복무하고 있었다. 한국에서 간호학을 공부한 며느리에게 더 공부해서 의사가 되라고 하는 시아버지였으며, 부인은 전통의상을 입은 전형적인 가정주부로서 남편과 자식들에 대한 사랑이 넘치면서도 그동안의 희생을 통한 발언권으로 집안의 중심 역할을 하는 것이 역력하였다. 한마디로 한국 가정과 별반 다를 바 없는 따뜻한 가족이었다. 나는 기회가 되는대로 우리 국경일 행사, 카이로선언 기념일, 한국영화 시사회 등에는 꼭 이들을 초청하고 특히 며느리의 쓸쓸함을 달래려고 노력하였으며, 우리 송 서기관이 며느리와 카톡으로 연락을 유지하면서 필요한 것이 없는지 챙겨주기도 하였다. 물론 업무상으로도 공장등록제 관련 하나싱크 사가 2년 7개월 만에 등록허가가 난 데 감사를 표하고 앞으로 이집트 진출을 희망하는 업체를 위한 그의 협조를 요청하였다. 가베르 청장은 현재 공장등록 대기 중인 기업이 총 1,200개에 한국 기업이 30개 수준이라고 하면서 우선적 고려가 필요한 기업 3~4개를 알려달라고 하였다. 그 후 한국 업체는 단계적으로 공장등록 허가를 받아 이집트 수출이 가능하게 되었다. 특히 우리에게 도움을 요청한 하나싱크는 공장등록 후 2019년에 5만 불을 이집

이스마일 가베르 수출입청장의 한국인 며느리와 가족들

트 시장에 수출하였고 2020년에는 10만 불 수출을 목표로 하고 있다고 한다. 액수와 관계없이 이러한 중소기업의 피땀 어린 노력이 이집트 시장에서 결실을 맺는 데 옆에서 일조하는 것만으로도 큰 보람을 느꼈다.

마. 투자협력부와 투자청: 한국 기업의 연락사무소 지위 문제

이집트에 진출한 한국 업체의 사무소들은 '지사'로서의 등록 절차가 복잡함을 이유로 다들 '연락사무소' 지위로 활동하고 있었다. 그런데 이들 가운데 판매 상품을 진열한 일부 업체가 연락사무소의 허가 범위를 벗어난 상품 판매 관련 영업활동을 한다는 이유로 폐쇄 명령을 받게 된 것이다. 이집트 투자청GAFI은 마케팅 조사 목적의 연락사무소 운영을 최대 3년까지만 허용하기로 하고, 3년이 지난 연락사무소는 모두 법인 또는 지사로 전환하도록 결정하였다. 이로 인하여 이집트 내 법인 또는 지사 설립요건을 충족하기 어려운 삼성전자물산, 현대종합상사, 포스코인터내셔널 등 종합상사의 이집트 내 활동 유지가 어려워졌다.

나는 이집트 장관들의 방한 관련 협의를 위하여 나스르 투자국제협력부 장관을 2019년 2월 12일 면담한 기회에 종합상사의 활동범위 및 투자계획을 설명하고, 이들 상사에 대해 예외를 인정해줄 것을 요청하였다. 우리 대사관 경제팀은 투자청과 종합상사 3사 간 합동회의를 주선하는 등 투자청 설득을 위한 협의를 계속해 나갔다. 종합상사의 특성상 여러 회사의 프로젝트 및 상품을 취급하기 때문에 마케팅 조사를 특정 기한으로 제한해서는 안 되며, 종합상사를 통해 모기업이 이집트에 투자를 하는 경우가 많음을 들어 종합상사에 대한 예외를 요청한 것이다.

대사관 임주성 참사관과 송지영 서기관의 투자청에 대한 끈질긴 설득 노력과 협의 끝에 우리 대사관은 3월 19일 삼성전자물산, 현대종합상사, 포스코인터내셔널에 대하여 투자청의 결정을 면제한다는 소식을 접수하였다. 우리 기업에 대한 면제는 이러한 투자청의 결정에 대하여 최초로 예외를 인정한 사례였다. 즉, 집요한 설득으로 전례가 없는 판정을 이끌어 냄으로써 종합상사들의 악몽을 제거해 준 쾌거였다. 이를 통하여 우리 종합상사들은 정당한 법적 지위를 갖게 되어 고용허가 및 체류비자를 취득함으로써 제반 기업 활동에 안정성을 확보하는 계기가 되었다.

5. 한국 기업의 진출을 위한 노력과 좌절의 경험

가. 의료보건 사업: SK플라즈마

우리 대사관의 문병준 공사는 중동지역 다른 공관에서 근무하면서 한국의 의료산업이 중동지역에 강점을 가지고 있음을 깨닫고 이집트 부임 이래 보건·의료계 진출분야 발굴 노력을 계속해 왔다. 알시시 대통령이 이집트를 아프리카 대륙의 보건의료 허브로 만들고자 하며 그중 백신 생산에 필요한 대규모 플라즈마(혈장) 생산 공장을 건설하기를 희망하여 우리는 한국의 SK플라즈마를 지원하는 작업에 착수하였다.

2019년 11월 3일, 나는 자예드Hala Zayed 보건부 장관을 면담하고 우리나라의 보건의료 분야가 세계 수준으로 도약하였음을 들어 이집트를 중동아프리카 지역의 보건의료 허브로 만들기를 희망한다고 하였다. 특히 이집트가 추진하는 플라즈마 프로젝트에 우리 SK플라즈마가 참여하고 양국 간 의료협력의 기초를 위하여 이집트 정부의 의료품 수출 우대국 리스트Reference Countries에 한국이 포함되어야 할 것을 강조하였다. 자예드 장관은 우리 보건부 장관 및 의료대표단의 이집트 방문을 통한 의료협력 MoU 체결을 희망하고 조속히 플라즈마 생산 관련 협상을 마치자며 이 사업도 '정부 대 정부G2G' 형태로 추진하자면서 우리 정부의 지원과 보장을 희망하였다. 이어서 SK플라즈마 측의 보고회에서 이집트 측은 플라즈마 임가공 등 관련 구체적인 질문을 던져 그들의 관심이 얼마나 깊은지를 보여주었다.

이집트 측은 2020년 1월 초 알시시 대통령이 플라즈마 프로젝트 (총 4.2억불 규모)를 한국의 SK플라즈마가 수행하도록 결정하였다고 알려왔다. 이집트 측은 SK플라즈마와 사업을 수행할 이집트 국영기업을 통하여 SK 측에 별도로 연락하였다. 그들은 계속 G2G 성격을 강조하여 우리 정부의 지원이 실린 사업 추진을 희망해왔고, 우리는 다가오는 정상행사에서 이러한 실타래를 풀어주면서 정상행사의 성과사업으로 만들고자 하였다.

코로나 사태가 장기화되고 백신 개발의 중요성이 강조되면서, 플라즈마 생산의 중요성 또한 상기되고 있다. 다시 정상 행사가 추진되면 SK플라즈마는 가장 대표적인 성과로 평가받을 것이다.

나. 지하철 객차: 현대로템

현대로템의 우유철 부회장과 와지르 교통장관

2019년 8월 현대로템의 우유철 부회장이 메트로 2호선 객차 공급 계약 서명을 위하여 카이로를 방문하였다. 나는 그와 함께 히샴 장관 후임인 군 장성 출신의 엘와지르Kamel El Wazir 교통부 장관을 면담하였다. 우유철 부회장은 현대로템이 메트로 사업 이외에도 철도업 참여가 가능한지 묻는 엘와지르 장관의 질문에 대해 현대로템이 한국 코레일 사업 이외에도 필리핀, 호주 인도 등지에서 철도사업을 수행한 경력이 있다고 하고 이집트에서 한국의 고속전철 기술을 실현하고자 하는 의욕을 보였다. 아울러 현대 자매사들을 통하여 교통인프라 분야 모든 사업 참여가 가능하다고 강조하였다. 현재 그는 부회장직에서 물러나 있지만 현대로템이 그의 비전을 이집트에서 실현하는 날이 오기를 기대한다.

다. 군부의 경제 개입과 태블릿 PC 생산 사업

이집트 정부는 국내 제조업이 부족함을 아프게 인식하고는 있는 것 같은데, 그들이 추구하는 해법은 좀 투박해 보이기도 한다. 그들이 목표로 삼는 사업이 자신들의 능력을 벗어나는 경우가 많고 이를 손쉬운 방법으로 해결 가능하다고 믿는 경우가 많기 때문이다. 우리가 관련된 대표적인 사례가 이집트 정부의 태블릿 PC 생산 사업이다.

이집트는 한국 업체로부터 교육용 태블릿을 대량 구입하고자 하면서, 1차 구매에 이어 한국 업체가 태블릿 생산시설을 이집트에 설치하고 현지 생산하는 것을 구매조건으로 제시하였다. 그들은 자신들의 입장을 최대한 관철시키고 가격을 인하시키고자 삼성전자와 LG전자를 모두 접촉해서 경쟁시켰다.

태블릿 도입은 학생들의 효과적인 학습과 부정행위 방지를 위한 교육개혁이 목적이어서 당초 협상을 교육부에서 맡아서 시작했으나 군부는 이 사안을 직접 다루기로 하였다. 이집트 정부가 자국의 산업

발전에 기폭제가 될 것으로 기대되는 이 사업에 얼마나 큰 중요성을 부여하는지를 보여준 것이다. 민간에 맡기면 시간만 걸리고 해결이 안 되어 군부가 맡아서 밀어붙여 신속하게 해결한다는 사고방식 같았는데, 그것을 외국기업이나 외국 대사관에게도 강요하는 것이 참으로 신기했다.

　태블릿은 고급 정보통신 기술이 들어가는 제품이다 보니 이집트 정보통신부도 걸리는 사안이었다. 탈랏^{Amr Talaat} 정보통신부 장관이 나를 보자고 연락하였다. 2018년 7월 10일 면담에서 만난 탈랏 장관은 태블릿 사업에 정부 전체가 관심을 기울이고 있다면서 대사관이 개입하여 삼성전자 측 제시 단가를 내려주기를 희망하였다. 나는 국방부와 삼성전자 간에 협의가 상당히 진전된 것으로 알고 있는데 우리의 개입이 적절한지 모르겠다고 제동을 걸었다. 나는 이집트 정부가 시장경제 원리에 입각하여 경제개혁을 성공적으로 수행하고 있음을 지적하면서, 대사관이 사기업에 대하여 손해를 감내하면서 계약에 임하라고 강요할 수는 없다고 단언하였다.

　탈랏 장관은 이집트 내 태블릿 생산공장 설립 관련 협력도 부탁하였는데, 나는 삼성전자 측이 자체 판단으로 채산성 있는 투자를 결정할 것으로 기대한다면서 나의 개입을 거부하였다. 그것은 단순히 삼성전자의 이윤을 보호해 주는 정도가 아니라 대사가 그들의 압력이나 주문사항을 우리 업체에 전달하는 경로가 되는 나쁜 선례를 만들지 않은, 참으로 잘한 일이었다. 탈랏 장관도 갑자기 그들의 연락을 받고 어쩔 수 없이 급하게 나를 만나 일단 타진해 보는 시도를 한 것이 아닌가 생각된다.

탈랏 정보통신부 장관

삼성전자는 생산의 현지화를 위하여 노력한다는 원칙에 동의해주고 결국 태블릿 1백만 대 판매 계약을 수주하여 우선 70만 대를 공급하였다. 문제는 생산의 현지화 약속에서 다시 시작되었다. 이집트 정부는 각종 무기나 군수 물품을 생산하는 방산 기업들을 모아놓은 아랍산업기구Arab Organization for Industralization, AOI라는 공기업이 있는데, 이들이 각종 용도로 설립해놓은 공장들이 있다. 요는 태블릿 현지 생산시설을 자기네 AOI 공장 단지에 마련해 달라는 것이었다. 삼성전자는 이미 티브이를 조립·생산하는 공장 단지가 베니수에프 지역에 있어 인근에 유사한 공장을 마련하는 것이 효율적 생산은 물론 관리도 훨씬 쉽다는 것이었다. 이집트인들은 다른 사람들의 아이디어나 지적재산권 보호에 대한 개념이 약하다는 인상을 받았는데 이 경우도 일단 생산시설을 만들고 기술을 터득하면 완전히 국내생산 체제를 군부에서 만들겠다는 계산이 보였다. 그리고 이러한 계획을 누군가 입안하여 최고위층에 보고한 상태여서, 이를 성사시키지 못하면 많은 이들이 곤란해지는 구조가 엿보였다.

더욱 놀라운 것은 뒤에 가서 방산 협력을 협의하기 위하여 만난 방산물자 장관이나 국방부 전력담당 차관보의 반응이었다. 그들은 내가 꺼낸 우리 무기 구매에 대해서는 적정 가격이 문제라는 정도의 원론적 반응을 보이고는 즉시 말을 돌려서 협의 대상도 아닌 태블릿 이야기를 꺼내는 것이었다. 삼성전자는 왜 태블릿 공장을 AOI 것을 안 쓰느냐, 대사가 삼성전자를 설득해달라는 식의 분위기를 연출하는 것이었다. 다시 한번 나는 삼성전자가 자기네가 가장 효율적으로 생산하는 방식을 판단할 테니, 그들의 판단을 존중해 주는 것이 좋겠다고 마무리하였다.

외교단이 모여서 이집트 경제를 논할 때 군부 이야기가 많이 나온다. 군부가 특권적 위치에서 수익성 높은 프로젝트들을 독식하고 민간업자들을 따돌리고, 때로는 사업성 없는 투자를 하여 국고를 낭비한다고 비난받았다. 물론 민간 분야의 부처가 추진력이나 충성심이 모자라 최고위층의 의지를 구현하기에 부족함이 있다는 생각에서 나온 고육지책인지 모르지만, 그 접근이 너무나 전근대적이고 시장친화적이지 못하다. 일부 긍정적 효과가 있을지 몰라도 이러한 강압적인 방식은 이집트 자신의 대외이미지를 위해서도 바람직하지 않다.

삼성전자는 이집트에 2019년 1차 70만 대와 2차 60만 대를 포함, 총 130만 대의 태블릿 PC를 수출하였고 2020년 중에는 70만 대를 추가로 수출하여 총 200만 대를 수출할 예정이다. 그리고 생산시설 문제도 우리의 기존 입장을 관철하여 베니수에프 소재 삼성전자 공장에 추가시설을 만드는 방향으로 타결되었다. 이집트 정부는 삼성전자의 수출분 및 이집트 공장에서의 국내생산분을 합쳐 총 550만 대를 구매하겠다는 의향을 밝혔다.

라. 두산/남부발전의 전력인프라 사업 진출 노력

샤크르 전력부 장관에 대한 두산중공업 세일즈

이러한 성과들에 비교할 때 6월 4일 전력부 장관 면담은 실망스러웠다. 이집트 정부는 개발전략 중 하나가 자국 내 열악한 인프라를 확충하기 위한 대규모 공사(소위 메가 프로젝트^{Mega project})를 추진하는 것인데, 그 자금은 국제금융기구나 양자 ODA를 통해 확보하고 공개입찰로 선진국 일류업체들 간 경쟁을 붙이는 방식이었다. 이집트 내각에는 전력부가 따로 있고 그 산하에 우리 한국전력공사와 같은 전력공사가 있어서 이러한 관급공사를 추진하였다.

당시 베니 수에프, 알 부룰루스, 신행정수도 등 3개 지역에 독일 지이멘스사가 건설하는 복합화력 발전소의 12월 완공을 앞두고 있었는데, 이들 발전소를 운영하고 정비할 업체를 선정하는 입찰에 우리의 남부발전과 두산중공업의 컨소시엄이 참여하였다. 샤크르^{Mohamed Shaker} 전력부 장관은 나를 반갑게 맞이하였고 전력공사 사장 및 차관들과 국장들 여러 명을 배석시켜 예상보다 큰 미팅이 되었다. 샤크르 장관은 한국 업체들이 이집트 발전사업에 활발히 참여하고 있다면서 우리 두산/남부 발전 컨소시엄이 좋은 평가를 받아 1차 심사를 통과하였고 최종심사도 공정하게 처리하겠다고 운을 띄웠다. 나는 두산과 준비한 대로 ① 우리 업체가 최저가격을 제시했을 뿐 아니라 ② 남부발전의 풍부한 운영 경험과 두산의 정비 경험이 결합하여 최상의 시너지 효과를 낼 것이며 ③ 이들은 이번에 시공된 H Class 가스 터빈을 2개 발전소에서 2014년부터 실제 운영한 경험이 있고 여러 해외발전소 운영 경험이 있어 최적의 업체로 확신한다고 하였다. 또한, ④ 두산은 한국에서 유일하게 발전 주기기 원천기술을 가진 업체로서 발전설비 제작 및 정비에 전문성을 갖고 있음을 강조하고 ⑤ 마지막으로, 지이멘스가 비록 3개 발전소의 시공은 담당하였으나 자신이 시공한 H Class 가스 터빈을 운영한 경험은 없음을 지적하였다. 그런데 이 대목에서 이집트 전력공사 사장은 지이멘스가 상당한 운영 경험을 축적하였다고 토를 달고 나왔다. 조짐이 이상했다. 샤크르 장관은 '이번 공사가 아니더라도' 이집트가 추진하는 각종 사업에 참여해 줄 것을 기대한다면서 이번 심사가 공정하게 이루어질 것을 약속하며 마무리하는 것이었다. 나는 한국 업체를 선택하면 절대 실망시키는 일이 없을 것이라고 덧붙이며 간청했지만, 뒷맛이 안 좋았다.

몇 주 후 조철호 두산중공업 법인장은 결국 지이멘스로 낙찰되었다고 알려왔다. 나는 이집트 사람들이 근대사를 통하여 유럽과 수많은 접촉을 가져 자신들을 유럽의 일부로 간주하고, 같은 가격과 품질이라도 유럽회사를 선호하는 편향성이 있다고 봤다. 열심히 노력해서 경쟁력 있는 저렴한 가격을 제시하는 아시아 업체에는 가격을 더 깎으라는 요구만 하는 것이다. 지이멘스의 지명도에 도취하여 우리 기업의 객관적인 실적과 기록을 무시하고 독일 기업을 선택하는 결과를 보면서 이집트의 편향성에 대한 나의 좌절감은 더욱 깊어졌다.

마. 방산 외교

나는 이집트 부임 이후 국방협력 강화와 방산협력 증진을 주요 목표로 삼고 김재경 무관과 함께 많은 노력을 기울였다. 세계에 수많은 우수 공산품을 수출하는 한국이 방산 분야에서도 품질과 가격 면에 경쟁력을 가지고 있어 우리가 조금만 노력하면 좋은 성과를 이룰 수 있으리라 확신하였기 때문이다. 이집트는 경제 수준은 낮을지 모르나, 1억이 넘는 인구에 중동아프리카 지역에서 역내에 군사력을 투사할 능력이 있는 유일한 나라로 여겨졌고 국력에 비해서 지나치게 많은 무기를 획득하려는 노력을 전개하였다. 그 결과, 중동지역에서 사우디에 이어 두 번째로 많은 무기를 구입하였고 세계적으로는 5위에 올라 있었다. 2017년에는 이집트 국방장관과 방산물자 장관이 9월과 10월에 차례로 한국을 다녀갔고 한국은 해군에서 퇴역하는 전함 진주함을 이집트에 기증하였다. 진주함은 이집트에서 머스르샤밥으로 새로 명명되었고 지난 3년간 고장 한 번 없이 임무를 수행하고 있어 이집트 해군을 놀라게 하고 있었다.

김재경 국방무관과 케시키 국방차관보

우리가 가장 자신 있게 생각하는 제품은 K-9 자주포였다. 이집트 육군과 해군의 소요는 각각 16개 대대 및 1개 대대였고 성사될 경우, 총 17개 대대 350문의 자주포로 10억 불의 월척을 잡는 성과가 될 것이었다. 이집트 측은 각종 시험 결과에서 K-9의 우수함이 입증되었고 대안이 없음에도 이런저런 이유를 붙여가면서 정식 계약을 미루고 있었다. 이집트 장관들 중 최초의 면담은 2018년 5월 3일 엘아사르 Mohamed El Assar 방산물자부 장관과 가졌다. 그는 당시 K9 자주포에 대해서 언급하면서도 방산물자부가 무기뿐 아니라 다양한 민수용 물품도 생산하고 있다고 하면서 태블릿 쪽으로 이야기를 꺼냈었다(그때는 이해가 안 갔으나 이제는 배경을 이해한다).

한편 우리 현대중공업은 이집트 해군이 발주하고자 하는 총 5억 불 상당 4척의 프리깃함을 공급하고자 많은 공을 들였으며, 해군 제독 출신 박문영 상무가 출장을 와서 나와 전략을 협의하기도 하였다. 나는 2018년 7월 및 2019년 4월 알렉산드리아에 출장 갈 때마다 칼레드 Ahmed Khaled 해군사령관을 만나서 프리깃함 계약을 성사시키기 위하여 많은 대화를 나누었다. 그는 쉬운 이야기도 복잡하게 표현해 가면서, 충족하기 힘든 조건을 제시하고 우리가 최선을 다해 충족시키면 다른 이유를 대면서 지연시켜 나갔다.

우리 기업 세트렉아이가 자랑하는 고해상도의 정찰위성도 2억 불 상당의 유망한 사업이었다. 이 상담도 우리가 고급기술을 제공하면서 통상적으로 요구하는 최종사용자 증명(end user certificate, 이 제품과 기술이 제삼자의 손으로 넘어가지 않음을 보장하는 문서)에 대하여 우리의 수출허가를 먼저 달라는 이집트의 태도로 교착상태에 빠지게 된다.

2018년 12월 왕정홍 방위사업청장이 이집트방산전시회EDEX에 참가하기 위하여 카이로를 방문하였을 때에 그가 국방장관과 방산물자 장관과 회담을 했음에도 큰 돌파구를 만들지는 못하였다. 한국 정부도 이집트의 상식을 넘어서는 요구를 수용할 마음은 없었다고 하겠다.

내가 있던 2년 4개월 동안 방산협력 분야의 성과는 결국 이루지 못하였다. 여기에는 두 가지 근본적인 문제가 있다고 보인다.

첫째는 이집트 정부의 유럽 제품에 대한 선호와 유럽 국가가 이집트에 부여하는 중요성이다. 그것은 유럽 국가들과 이집트 간의 우리보다 긴밀한 양자관계에도 기인하고 오랜 상호작용을 가진 역사적인 유대감에도 기인하며 결국 같은 가격이면 한국산보다는 유럽산을 구매하게 되는 구조였다. 상황을 더욱 어렵게 하는 것은 유럽 국가들도 이집트의 지정학적 중요성 때문에 가격을 유리하게 제공하면서 전략적 투자를 하는 것이다. 즉, 이집트는 우리보다 유럽 국가들에게 훨씬 더 중요한 국가여서 유럽 국가들이 더욱 공격적인 세일즈를 펼친다. 게다가 유럽 국내적으로 방산기업들이 사양산업이고 경쟁력이 떨어지고 있어 정부가 전폭적으로 지원해준다. 가격은 물론, 기술이전이나 재원 조달 면에서 각종 혜택을 제공하여 이집트를 유혹하였다. 이 과정에서 한국과 상담하는 것은 정말 관심이 아니라, 유럽 국가들에 대안이 있다는 모습을 보임으로써 그들과의 협상에서 유리한 고지를 점하기 위한 책략의 측면이 강하다. 우리와의 협상 과정에서는 모든 장점과 우위를 인정하면서도 최종타결을 향한 적극성을 보이지 않고 버티는 것이다. 이집트 해군의 프리깃함 계약은 결국 독일에 넘어갔다.

두 번째 문제는 이집트 군부가 순수한 군사용 무기 생산 및 획득에만 관여하는 것이 아니라, 각종 민수용 물품의 생산에도 손을 뻗치면서 파트너들에게 역할을 나누는 것이다. 고급무기는 더 민감한 유럽을 압박하여 저가로 획득하고, 한국과는 타국을 압도하는 기술을 지닌 태블릿을 협상하는 식이다. 1단계에서는 태블릿을 이집트 내 생산시설 구축 및 기술이전을 조건으로 한국으로부터 최대한 저가로 매입하고, 2단계에서는 관련 시설과 기술을 달성하여 자국산 태블릿을 아프리카

전 지역에 수출하는 꿈을 이루는 것이다.

과연 우리 방산 물자의 이집트 수출은 소위 '넘사벽'일까? 결국은 이집트가 우리 제품의 우수성과 가격경쟁력을 깨닫고 한국제품을 선택하는 날이 오지 않을까? 그날이 오기까지 우리의 노력을 멈출 수 없을 것이다.

6. 한·이집트 경제위원회

가. 경제위원회의 의미

나는 3월에 노세이르Khaled Nosseir 알칸그룹 회장을 기아자동차 조립 생산(CKD, Completely Knocked-Down, 전면 조립) 공장 출범 행사장에서 만났다. 얼마 후 5월 이집트 통상산업부 장관이 그를 이집트·한국 경제위원회Business Council 회장으로 임명한 후 접하면서 그가 매우 진지한 인물로서 실력도 있고 인품도 있는 기업인임을 알게 되었다.

노세이르 회장은 이집트 – 영국 경제위원회도 맡고 있어 관련 활동이 언론에 보도되기도 하였다. 이집트는 이러한 경제협의회를 국가에서 지정하여 상설 단체로 운영하는 반면, 우리나라는 정부 없이 경제단체 자체적으로 이러한 단체를 수시로 구성하여 사절단을 보내고는 다시 해산하는 방식을 운용하고 있어 서로 소통할 상시 조직의 부재가 문제였다. 내가 부임하기 직전 2017년 12월에도 한국 경제사절단이 이집트를 방문하였는데 당시에도 이집트 기업과 별다른 접촉이 없었다. 한국과 이집트의 기업 간 상설화된 교류 채널이 없어, 이집트가 연간 5%를 상회하는 경제성장을 하고 있는데도 본국의 우리 기업들은 그간 이집트에서 겪은 고충이나 경제 위기라는 이전 기억 속에만 머물러 있었다.

나는 우리도 이러한 상설 단체가 있어서 이집트의 잠재력을 평가하고 이집트 진출에 관심 있거나 이미 진출해서 확장을 계획하는 일단의 기업들이 모여 자신들의 관심사를 국내적으로 이집트에 대한 담론으로 발전시킬 수 있어야 한다고 생각하였다. 한편, 이집트 기업과 정부에 자신들의 희망이나 요구사항을 전달하는 역할도 할 수 있을 것이다.

우리 정상의 해외순방 행사에 가장 중요한 요소 가운데 하나는 비즈니스 포럼이라는 행사였다. 이는 양국의 재계가 참여하여 양국 경제 간 공통분모를 극대화하여 협력 강화의 기반을 마련하는 행사인데, 이 행사를 양국 간의 경제위원회가 주도하였다. 따라서 한국과 이집트 간에도 이것이 반드시 구성될 필요가 있었다. 이집트처럼 주재국 정부의 입김에 우리 기업의 활동이 영향을 받는 환경에서는 우리 애로사항에 대한 업계의 목소리를 정리하는 작업이 선행되면, 정상회담을 앞두고 이집트 정부가 해소할 목표로 이를 제시할 수가 있었다.

따라서 한·이집트 양측을 망라한 경제위원회의 결성 문제는 우리 국민이 이집트를 피라미드를 넘어선 현대 이집트인들의 모습으로 이해하여야 한다는 공공외교 관련 과제와 함께 나의 최우선 관심 사항이 되었다. 우리 경제사절단의 구성과 이집트 방문에 이르기까지의 과정에서 임주성 경제참사관과 송지영 서기관의 각고의 노력이 없었으면 불가능했을 것이다.

나. 한·이집트 경제위원회 구성의 어려움

이집트 통상산업부는 2012년부터 각국과의 경제계 간 교류를 활성화하기 위하여 장관이 각국별 경제위원회Business Council를 설립하고, 회장과 회원을 3년 임기로 임명하고 있다. 이집트·한국 경제위원회는 폴리서브 그룹의 엘가발리 회장(연임), 가부르오토의 가부르 회장에 이어 2018년 칼레드 노세이르 회장이 4대 회장으로 취임하였다. 노세이르 회장의 알칸 그룹은 이집트 재계 순위 10위권의 기업으로서 기아자동차 및 현대상용차를 수입하여 한국과 인연이 깊으며, 회장 취임 후 양국 경제계 간 교류를 적극 추진하였다. 우리 대사관은 2018년 10월 노세이르 회장의 방한 기회에 대한상의 간부와 의견교환 기회를 주선하여 양국 경제계 간 직접 방안을 만들도록 하였다.

이집트에 있는 우리 기업들을 대상으로 양국 경제계 간 상설조직 설치 방안에 대한 의견을 문의했더니, 지상사 대표들은 한결같이 미온적이었다. 이집트에 대한 본사의 인식이 좋지 않고, 이집트 경제의 발전 가능성이 불확실하며, 양국 경제계 간 교류는 본사 고위 인사의 출장을 의미하며 이는 지사에서는 부담스럽다는 것이다.

기존에 교류가 있던 전국경제인연합회(전경련)과 대한상공회의소(대한상의)에도 상설조직 설지 가능성을 타진히였다. 가장 최근 2017년 12월에 경제대표단을 이끌고 이집트를 방문했던 전경련은 회장직만 둘 뿐 조직 자체를 상설화할 의지는 없다고 하였다. 대한상의도 초기에는 별다른 관심을 보이지 않다가 우리의 지속적인 설득 끝에 상설조직으로 한·이집트 기업 간 교류를 추진해 보겠다는 의지를 2019년 초부터 보이기 시작했다. 신남방정책의 성공을 계기로 미래 시장과 협력국 발굴 필요성에 대한 우리 정부와 기업의 인식이 달라졌고, 우리 정부 고위급 인사의 이집트 방문과 연계하여 민간 경제외교를 추진해 보겠다는 의지를 비쳤다. 우리는 민간 경제외교를 통한 양국 간 교류의 활성화는 정상외교를 위한 중요한 기반을 제공하기 때문에 더욱 중요함을 강조하였다.

나는 이 과정에서 과거 의전행사를 통해서 알게 된 박용만 대한상의 회장과 그의 보좌진들의 큰 도움을 받았다. 수많은 나라를 상대해야 하는 대한상의라는 조직 자체의 생리로는 멀리 떨어져 있고 우리에게 큰 매력으로 다가오지 않는 이집트 같은 나라에 정성을 기울일 이유가 별로 없었기 때문이다.

마침 2019년 2월에 마아잇 재무장관, 나스르 투자국제협력부장관, 마미쉬 수에즈경제특구 청장 등 이집트 경제 각료급 3명이 노세이르 회장을 비롯한 업계 대표들과 함께 방한하였는데 이때 대한상의에서는 주한 이집트대사관과 함께 경제포럼을 주최하였다. 이 장관급 대표단의 방문은 우리 경제계에 이집트와의 교류가 진행되고 있음을 보여주는 계기가 되었고, 우리 대사관이 대표단의 방문을 측면에서 세심하게 지원한 보람이 있었다.

다. 본격적인 경제위원회 구성 시도

한·이집트 경제위원회 출범 세션

대한상의 측은 2019년 6월 한국 경제사절단의 이집트 방문을 목표로 한·이집트 경제위원회 구성을 추진한다는 계획을 세우고 4월 초부터 사절단 신청을 받기 시작하였다. 외교부에서는 6월 중순 경제외교 조정관 이집트 방문을 사절단 방문에 맞추어 6월 중순으로 추진하여 창립총회를 축하하고 격려하는 계획으로 지원하기로 하였다.

그러나 1차 모집 결과, 신청업체가 10개에도 미치지 못하였다. 심지어 이집트에 주재한 기업들도 참가 의사를 표명하지 않았다. 2차 신청을 받았으나 크게 늘지 않았다. 나는 2019년 5월 지상사 협의회에서 한·이집트 경제위원회 설립은 우리 기업의 진출 확대와 바로 당신들의 애로사항 해결을 목표로 하고 있다고 하면서 적극 참여를 촉구하였으나 다들 본사의 소극적 태도를 핑계 대면서 빠지는 태도를 보였다.

대한상의는 20개 업체는 되어야 사절단을 추진해 볼 수 있다며, 후일을 기약하기로 하고 일단 상반기 사절단 파견을 포기하였다. 한편, 대한상의는 우선 한·이집트 경제위원회 우리 측 회장이 선임되어야 회원사 가입 유도에 도움이 될 것으로 판단하고, 회장을 맡을 기업을 찾아 국내 대기업을 접촉하였으나 다들 여러 가지 이유로 모두 고사하였다. 이집트의 낮은 지명도와 불필요한 추가 업무를 싫어하는 타성이 동시에 작용한 것이다. 그러던 중 이집트에 지사를 두고 인프라공사 및 종합상사 활동을 하고 있던 포스코인터내셔널도 회장직 제의 대상에 올라가게 되었다는 소식을 접한 나는 대우인터내셔널 출신의 지인에게 도움을 요청하였다. 이윽고 대한상의 측에서 포스코인터내셔널 김영상 회장이 회장직을 맡기로 하였다는 소식을 전해 왔다.

2019년 6월 윤강현 외교부 경제외교조정관이 이집트를 방문하여 우리에게 힘을 실어주는 각종 노력을 전개하였다. 윤 조정관은 나와 함께 재무장관과 외교부 차관보를 만나 양국 간 협력현황을 점검하면서 특히 양국 간 FTA의 중요성을 각인시켰다. 윤 조정관은 또한 중소기업청 주최 세미나에서 중소기업 차원에서의 협력 의지도 강조하고, 베니수에프주를 방문하여 삼성전자 공장을 시찰하고 주지사도 예방하여 지역발전에 대한 우리 정부의 관심을 전달하였다. 윤 조정관의 방문은 양국 경제계 간 교류, 한·이집트 FTA에 대한 이집트 정부의 관심을 확보하는 계기가 되었을 뿐 아니라, 우리 기업들도 이집트 시장 접근에 대한 우리 정부의 관심을 확인하고 동참해 보겠다는 의사를 보이기 시작하였다. 우리 대사관은 이집트 언론이 경제외교조정관의 방문을 많이 다루게 하여 한국 정부의 관심을 이집트에 알렸다.

7월 말 들어 대한상의측이 갑자기 10월 사절단 파견에 적극성을 띠기 시작했다. 박용만 대한상의 회장이 사절단 방문을 계기로 자신도 이집트를 방문하기로 한 것이다. 박 회장은 한·이집트 경제위원회 회원도 아니었고 이 방문이 대한상의 전체 차원의 행사도 아니었다. 박 회장은 카이로에 도착해서는 '내가 순전히 윤 대사 때문에 온 거야! 30여 년 전 왔던 기억도 더듬고 말이야'라고 하여 나를 크게 감동시켰다.

라. 한·이집트 경제위원회 설립 결정과 우리의 전략

비즈니스포럼 단상

경제사절단의 이집트 방문 일정으로, 10월 8일 이집트 경제인협회 EBA와 우리 대한상의가 공동 주최하는 한·이집트 경제포럼과 코트라가 이집트를 방문하는 중소기업들을 위하여 상담회를 열기로 하였다. 동시에 이집트 측이 요청하여 포럼 개최 직전에 공식적으로 상설조직인 한·이집트 경제위원회Business Council의 창립총회를 열어 발족을 선언하기로 하였다. 대한상의와 우리 대사관의 전 방위적인 설득 노력 끝에 이집트에 주재하는 주재원과 기관까지 포함해서 20개 기업이 참석 신청을 하였다. 평소 정상급 행사 정도가 되어야 억지로 움직이던 우리 재계 대표들이라 장관급 고위 인사도 없이 이들을 동원한 사절단 구성은 참으로 어려웠다. 일부 사장이 포함되었으나 많은 참여자가 부사장 수준이거나 현지 지사장이어서 그 내용을 들여다보는 이집트 측에 설명하기가 복잡하였다.

행사의 효과를 극대화하기 위하여 우선 창립총회 및 포럼에 최대한 많은 수의 장관급 인사들을 참석시키고자 노력하였다. 정부 인사의 참석 수준 및 규모가 언론 관심의 대상이자 행사 성공의 기준으로 작용하는 이집트의 현실을 감안한 방안이었다. 나는 재무장관, 통상산업장관, 투자국제협력장관을 일일이 만나 참석과 지원을 당부하였다. 그 결과 이들과 수에즈경제특구 청장 등 4명의 장관급 인사가 참석하여 경쟁적으로 자신을 부각하는 장면이 연출되었다. 우선 사하르 나스르 투자국제협력 장관이 주도권을 잡았고 마아잇 재무장관도 꼼꼼하게 이집트 경제안정화 정책의 성과를 과시하였다. 나사르 통상산업부 장관도 양국 간 산업협력에 대한 기대감을 표시하고 야히야 수에즈특구 청장은 경제특구에 한국기업이 진출해주기를 희망하였다.

나는 아침의 창립총회에서 그리고 경제포럼 개회식에서 마지막으로 오찬장에서 3회의 연설을 할 기회가 있었다. 창립총회에서는 오늘 마침내 경제위원회가 발족하게 된 데 노세이르 회장의 노고에 감사하고, 경제포럼에서는 한국 기업들이 이집트의 잠재력에 대한 믿음을 가지고 어려운 시기를 이겨내고 이집트에 뿌리를 굳게 내리려 노력해 왔으며 이제 자유무역협정을 타결하여 한국과 이집트의 본격적인 산업 협력의 장을 열자고 하였다. 상대적으로 자연스러운 분위기의 오찬장에서는 올해가 수에즈운하 개통 150주년임을 언급하면서 이제 한·이집트 경제위원회의 발족으로 두 나라를 이어주는 운하가 개통되었으니 양국 간 투자와 교역, 양국 경제 지도자의 아이디어와 비전을 주고받는 통로가 마련되었다고 비유하였다.

외형상으로는 경제사절단의 이집트 방문 공식 일정이 창립총회, 경제포럼과 오찬, 그리고 개별상담회로 되어 있었지만, 정작 방점은 이집트 대통령 면담에 있었다. 이집트는 투자처로서 장점을 보유하고 있으나 고질적인 관료주의가 좋은 장점들을 가로막고 있다. 그래서 우리 대사관이 나서서 총리부터 실무진까지 만나서 문제를 해결하기 위하여 노력해 온 것이다. 우리 대사관의 노력과 함께 한국 재계 전체의 무게를 실어서 우리의 어려움을 전달하면 이집트 정부도 이를 무시할 수 없을 것이므로, 직접 우리 기업의 의견을 이집트 정부에 개진할 기회를 만드는 것이 바로 한·이집트 경제위원회의 설립 목적이었다. 특히 가장 좋은 방법은 이집트 대통령에게 직접 우리 기업의 애로사항을 전달하고 경제위원회의 존재를 알리는 것이었다.

장관급 정부 인사나 기업 총수들이 포함된 것도 아니고 부사장들이 즐비한 우리 사절단을 가지고 대통령 면담을 만들어 내는 것은 만만치 않은 도전이었다. 주무 부처인 외교부와 통상산업부를 통하여 대통령 면담을 신청하기는 하였으나 외교부는 자신이 없는 기색이 역력하였고, 통상산업부는 자유무역협정 추진에 워낙 소극적이었다. 나는 대통령의 최측근임을 과시하는 사하르 나스르 투자국제협력 장관에 초점을 맞추었다. 투자국제협력이라는 업무를 이유로 대외 경제업무를 주도하고자 하는 나스르 장관에게, 나는 이번 행사는 최측근인 당신만 믿겠다느니 하면서 그의 역할을 부각하며 유도했다. 당초 나의 전략은 그의 공명심을 자극하는 것이었지만 사실 훌륭한 결과를 가져온 그의 적극적인 노력은 정말로 고마웠다.

문제는 투자국제협력 장관이나 외교부 공히 우리 경제사절단의 면면이 약하다는 것을 알고 과연 정상에게 어떻게 보고할지를 고민하고 있었다.

나는 박용만 회장의 참여를 강조하였다. '박 회장은 한국에서 단순한 기업인 이상의 위상을 가진 한국 경제의 얼굴로 두루 존경받는 인물이다. 정부에 대해서 적극적인 조언도 제공하여 우리 정상이 귀를 기울이는 경제계의 거물이다. 그는 한·이집트 경제위원회 회원도 아닌데 박 회장 본인의 깊은 관심에서 이집트가 어떻게 발전해 나가는지를 직접 현장에서 보고, 특히 알시시 이집트 대통령의 비전을 직접 듣고 오겠다고 했다. 박 회장의 참여야 말로 한국 업계가 이집트에 얼마나 큰 기대를 거는지 알려주는 증거다.' 나는 이 말을 이집트 정부 인사와 업계 대표들에게 수없이 반복하였다. 특히 대통령 측근인 국가안보보좌관과 의전수석에게도 동일한 메시지를 지속적으로 발신하였다. 그들은 내 말을 액면대로 믿고 면담 접수를 건의하는 수밖에 없었다. 우리는 알시시 대통령이 자랑하고 싶어 하는 수에즈 경제특구를 우리 대표단이 방문하는 일정을 추가하는 마지막 성의도 기울였다. 천신만고 끝에 우리 경제사절단의 알시시 대통령 면담은 성사되었다.

본래 경제사절단과는 별도의 이집트 방문일정을 갖고자 하였던 박용만 회장은 나의 '흉계'대로 대통령 면담에 참여하기로 하였다. 김영상 한·이집트 경제위원회 위원장이 출국 일정 때문에 불가피하게 대통령 면담에 빠진 가운데 오히려 격상된 대한상의 회장의 참석은 우리 사절단의 위상을 보강해 주었다.

나스르 장관과의 사전협의 회의

나스르 장관은 자신이 배석하여 진행하기로 되어있는 대통령 면담에 앞서, 자신의 투자국제협력부 회의실에서 우리 대표들과 전략회의를 가졌다. 우리가 제기할 사항을 사전 확인하고 면담 진행방식을 조율하였다. 그가 회의 모두발언에서 한국의 대이집트 투자액(약 6억 불)이 투자국가들 가운데 40위라면서 더 잘해야 한다는 발언을 하길래, 나는 웃는 얼굴로 그녀의 인식을 바로잡아 주었다. '우리가 물건을 구입할 때 한국에서는 가성비cost-to-performance ratio라는 말을 쓴다. 삼성전자와 LG전자처럼 한 번에 2억 불을 투자해서 매년 7억 불의 외환을 이집트에 벌어주는 기업이, GS건설처럼 정유공장을 만들어주어 이집트 전체의 경유 수입을 반으로 줄여 주는 기업이 다른 나라에 있는지 모르겠다. 한국은 앞으로 이러한 기업을 이집트에 진출시킬 것이다. 이번에 대통령과 면담에서 이러한 우리의 의지를 전달하고 한국 기업이 더욱 기여할 수 있는 환경을 만드는 계기가 되기를 바란다'는 당당한 포인트를 제기하였다. 우리 업계 대표들의 기가 살아나고 박수가 터져 나왔다. 우리 업체들의 발언 희망 사항이 제기되는 동안, 나는 나스르 장관과 면담의 세부 시나리오를 맞추어 나갔다. 나는 박용만 회장을 최상석에 앉힐 것부터 우리 대표들 발언에 관하여 어떤 순서로 누구를 시킬지를 조언하였고 나스르 장관은 열심히 받아 적었다.

알시시 대통령과 우리 경제사절단과의 면담은 매우 내실 있게 진행되었다. 박용만 회장은 근사한 인사말로 대통령을 만족시켰고 우리 기업들은 각자의 애로사항들을 상세하게 대통령에게 설명하였으며 대통령도 자신이 역점을 두고 있는 분야를 두루 설명하여 우리 기업들도 이집트 측의 우선순위에 대한 이해가 넓어졌다. 나는 내가 대사로 재직중에 경험한 이집트 경제의 안정과 발전을 평가하고 대통령의 지도력을 칭찬하면서 이 면담에 참여하지 못한 기업들의 희망 사항을 전달하였다. 한편 아랍어가 유창한 중동전문가인 우리 대사관의 문병준 공

PRESIDENT MEETS KOREAN BUSINESS DELEGA-TION: President Abdel Fattah El Sisi received yesterday a high-level business delegation from South Korea led by the chairman of Korean Chamber of Commerce and Industry. The meeting was attended by the South Korean ambassador in Cairo and Minister of Investment and International Co-operation Sahar Nasr.

The president said the Egyptian-Korean Investment Forum, which was recently held in Cairo, would give a good chance for Korean companies to expand their activities in the Egyptian market.

Korean industries, he said, are held in high esteem in Egypt in view of their high quality.

알시시 대통령 면담 관련 신문기사

사는 이 중요한 세션의 동시통역을 자원하여, 보다 정확한 우리 기업의 애로사항 전달에 기여하였다. 이로써 우리는 정상회담 전 단계까지 진도를 뽑았다. 양국 정상이 양국 업계 간 경제 협력을 논의할 토대를 만드는 작업에 성공한 것이다.

우리 대사관은 외교부, 통상산업부, 투자국제협력부 등 정부 부처를 동원한 행사 준비 외에도, 현지 언론에 대한 적극 홍보를 통해 사절단 방문에 대한 보도가 일주일 전부터 계속 나오게 하였다. 대통령 면담 다음날 10월 10일은 마침 우리 국경일 행사 날이었다. 영자신문 데일리 뉴스는 국경일을 기념하여 나와의 전면 인터뷰 기사와 함께 이집트에 진출한 한국 기업 6개사에 대한 특집 기획기사를 우리 대사관과 함께 미리 준비하고 있었다. 따라서 10월 10일 아침 판에서 전날 우리 사절단의 대통령 면담 기사가 1면에 나오고 2면에는 내 인터뷰 전면 기사 그리고 분야별 한국 기업과의 인터뷰를 추가하여 총 8면 중 5면을 우리 관련 기사로 장식하는 진기록을 세웠다. 다른 나라 대사들의 부러움을 사는 또 다른 날이 된 것이다.

사. 자유무역협정: 불가능을 가능하게 하자

자유무역협정에 대한 이집트의 입장

이집트는 해외에 팔 물건을 만들 제조업이 부실한 한편, 늘어나는 인구를 위한 식량에서 공산품에 이르기까지의 수입수요는 상당하여 고질적인 무역적자(2018년 443.8억 불)에 시달리고 있다. 앞서 언급한 바, 이집트 정부는 ① 해외취업 이집트 국민의 송금 ② 관광 산업 ③ 수에즈운하 통행료라는 3종 세트에서 상당 부분을 메꾸고 나머지는 선진국의 원조를 받거나 빚을 얻어 수지를 맞추고 있다.

역사적인 경험으로도 1876년 대외지불정지로 경제주권을 잃었던 기억과, 20세기 후반에도 주기적으로 반복되는 '외환부족 → 경제위기

→ IMF 구제금융'의 경험은 트라우마로 남아 있다. 이집트 정부가 외환 유출을 막기 위하여 모든 수단을 동원해서 수입을 억제하고 있음은 앞에서 수출입통제청과 투자청의 각종 규제를 통해서 이미 소개한 바 있다. 따라서 이집트는 자유무역협정을 체결하는 문제에 대하여 복잡한 심정을 가지고 있다. 유럽이나 지중해연안 국가들과 자유무역협정 네트워크를 가지고 있다고 자랑하면서 '투자'를 유치하려고 세일즈하는데, 정작 우리와 자유무역협정을 맺는 것은 소극적이다. 우리의 비교우위를 당해낼 자신이 없고 결국 이집트의 무역적자를 심화시킬 것이 자명하기 때문이다. 인근국과의 자유무역협정을 통해서는 이집트의 농산물이나 다른 자원을 수출하고 있다.

EU와의 자유무역협정은 유예기간을 주어서 이집트 제품은 관세인하의 혜택을 즉각적으로 보게 하되, 유럽 제품에는 관세인하를 단계적으로 적용하게 하였다. 이로써 이집트가 준비할 시간을 주었다. 그 결과 그간 단계적으로 관세를 내려오던 유럽산 자동차는 2019년부터 무관세로 이집트에 수입되기 시작하였다. 국내 자동차 산업을 육성한다고 하던 이집트 정부는 별다른 진전을 이루지 못한 가운데, 140%에 육박하는 관세를 피하고자 현지에서 현대차나 기아차를 조립해서 국내 시판하는 업자들이 자기네들은 수입부품에 대한 관세를 내고 유럽산 차들은 무관세로 들여온다고 아우성이 났다.

한국의 자유무역협정 정책과 이집트

우리나라는 2020년 5월까지 전 세계 55개국과 16건의 FTA를 체결하여 교역을 지속 확대할 수 있는 법적인 기반을 마련하였으나, 중동 및 아프리카와는 이스라엘을 제외하고 어느 국가와도 FTA 논의를 진전시키지 못하고 있었다. GCC와는 2009년 협상이 중단된 이래 실마리를 잡지 못하고 있고, 남아공을 중심으로 한 남아프리카관세동맹 SACU과는 검토 단계에서 남아공 측의 소극적인 자세로 진전을 보지 못하였다.

우리 정부는 2011년 윤증현 기획재정부 장관이 이집트의 부트로스-갈리 재무장관에게 FTA 체결을 제안한 바 있으나, 이집트 혁명 발생 등 정치적 혼란으로 논의가 이어지지 못하였다. 2017년 3월, 임성남 외교부 1차관의 이집트 방문 시 아불나가 대통령 국가안보좌관 및 로자 외교부 차관에게 FTA 추진에 대한 의사를 타진하고 우리 정부 내부적으로도 경제적 영향 검토 등 움직임이 있었으나 이집트의 호응이 없어 구체적인 조치로 이어지지 못하였다. 내가 앞에서 언급한 무역역조와 외환부족에 대한 공포가 그들을 사로잡았을 것으로 익히 짐작되는 대목이다.

이집트는 아프리카, 중동, EU, 터키 등과 FTA를 체결하여 역내에서는 적극적인 FTA 추진국으로 자신을 내세우면서도, 연간 20억 불에 달하는 한국과의 무역적자가 더욱 확대될 것이라는 두려움에 우리와의 FTA 체결에 전혀 반응을 보이지 않아온 것이다. 우리 기업들도 2011년 이집트의 혁명, 2016년 이집트의 IMF 사태로 인하여 이집트의 안정과 발전 가능성에 확신이 없었던 상황에서 이집트 시장 신규 진출 및 시장 확대에 대한 기대가 그다지 크지 않아 FTA에 대한 욕구가 별로 조성되지 않았다.

2018년 8월, 서울에서 비공식 연락이 왔다. 당시 김현종 통상교섭본부장이 이집트와 몇몇 북아프리카 국가들과의 FTA 체결 가능성 모색을 위하여 가을 출장을 검토 중이라는 것이다. 내가 관찰한 이집트 사람들의 트라우마에 비추어 자유무역협정은 요원한 목표라는 생각이 들어 기대치를 조절해야 하겠다는 생각에 당시 통상교섭본부의 유명희 통상교섭실장에 연락하였다. 이집트라는 나라는 고질적인 무역 역조로 인해서 자유무역협정을 맺을 가능성이 희박하다는 것이 내 메시지였다. 김 본부장도 자리를 옮기게 되었으나 자유무역협정 체결 문제는 계속 우리 대사관의 우선 사업으로 남아 있었다. '이집트와 FTA를 체결하는 것은 어려운 일이지만, 그래도 시도는 해보아야 하는 것 아닐까? 그렇다면 FTA를 어떻게 이집트가 수용하도록 포장하여야 할까?' 하는 것이 나의 새로운 과제였다.

이집트는 외국기업의 투자를 무조건 희망한다. 기업이 들어오면 생산시설을 투자하고 이집트 국민을 고용하며 훈련하고 기술도 이전해 줄 것으로 기대하면서, 결국에는 그러한 시설마저 자기네들 손에 떨어지는 날을 기다린다. 자본과 기술이 부족하고 방법을 모르는 부분을 선진국 기업들이 와서 다 처리해주기를 바라는 것이다. 그런데 이집트에서 가장 모범적인 한국의 투자 사례는 삼성전자와 LG전자의 경우이다. 이들 두 기업이 'Made in Egypt'로 만든 우수한 제품을 인근 지역에 수출하여 1년에 7억 불의 외환을 벌어다 주니 이런 효자가 없다 하겠다. 나는 한국과 이집트가 자유무역협정을 맺으면 그러한 한국 기업들이 더욱 많이 들어올 것이라는 점을 강조하였다. 즉, FTA를 통하여 상품을 수출하여 시장을 확인한 후 현지에 새로운 생산시설을 투자하거나, 한국으로부터 생산시설을 옮겨와 이집트에서 생산한 것을 수출하여 한국과 이집트가 상호 혜택을 누리는 윈－윈 구조를 만들어야 한다. 특히 생산시설을 위한 자재들의 수입, 그리고 계속 생산을 위한 한국으로부터의 원료나 부품의 수입을 위해서도 FTA가 필요한 것이다.

나는 이 논리를 우선 우리에게 우호적인 노세이르 이집트·한국 경제위원회 회장에게 제시하였다. 그는 FTA 가능성에 대해서 처음에는 회의적이었다가 '생산시설 이전' 부분에 가서는 자신도 기아차를 현지에서 생산하는 사람으로서 관심이 급증하였다. 그는 이집트 경제부처 장관들에게 우리의 구상을 띄워보는 역할을 맡게 되었다.

이집트 경제의 약진과 범아프리카 관문으로서의 효용성

한편, 이집트의 가치에 조금씩 변화가 생기기 시작하였다. 2018년과 2019년 연속으로 5% 이상 경제성장을 이루고, 외환시장이 안정되었으며, 무디스^{Moody's}나 피치^{Fitch} 등 신용평가사의 장기 전망도 긍정적으로 제시되는 등 이집트 경제가 빠르게 회복되기 시작한 것이다. 더 중요한 변화는 2019년 7월, 아프리카 모든 국가가 참여하는 범아프리카대륙 자유무역지대^{AfCFTA}가 공식 출범한 것이다. 출범 선언만 하였고 관세율 조정이나 많은 작업이 기다리는 상황이지만, 아프리카 대륙이 미래 투자지역과 시장으로서 부각되기 시작한 것이다. 그런데 문제는 이집트의 EU 및 터키와의 FTA로 인하여 우리 기업 제품이 이집트 시장에서 급속하게 경쟁력을 잃어가고, 중국산 제품과의 경쟁까지 겹치는 바람에 평소 '잠재력'이 높다고 평가하는 인구 1억의 이집트 시장을 제대로 공략하지 못하고 밀리고 있다는 것이었다. 특히 우리 자동차 업계는 2017년까지 승용차 부문에서 시장 점유율 1위를 기록하고 있었으나, 이집트-EU FTA, 이집트-터키 FTA를 활용한 유럽·일본 업체(터키에 공장 소재)에 밀려 2020년 1/4분기에는 4위까지 내려가게 된다.

2019년 한 해 동안 이집트의 아프리카연맹^{AU} 의장국 수임 기간 중 AfCFTA의 출범 예정일을 계기로 우리 대사관은 이집트 통상산업부 FTA국과의 관계를 강화하기 시작하였다. 우리 통상교섭본부에서 FTA 추진 경험이 많은 임주성 참사관은 2018년 12월, 이집트 FTA 국장과의 협의에서 이집트가 생각보다 FTA 추진에 적극적이며 협상 경험이 많다는 점을 확인하였다.

다시 FTA의 불길을

임 참사관이 2019년 2월, 알와살 FTA 담당 부차관보와의 협의에서 한국과 FTA 추진 검토를 위한 공동연구 의사를 확인하고, 이집트 시장에서 이집트가 우리의 경쟁국들과 체결한 FTA로 인하여 우리 기업이 시장을 잃어가고 있다는 점을 우리 외교부와 산업부에 지속 보고하였다. 다시 한국·이집트 FTA의 불씨를 살리기 시작한 것이다.

나는 2019년 5월 18일, 이집트 진출 우리 기업의 각종 현안 해결을 위한 마아잇 재무장관과의 면담에서 한·이집트 FTA 추진 필요성에 대한 나의 논리를 제시하였고 내 친구 마아잇 장관은 적극 지지 입장이었다.

2019년 6월 19일, 윤강현 경제조정관의 이집트 방문기간 중 윤 조정관의 강력한 발언으로 셀림 외교부 차관보, 마아잇 재무장관으로부터 FTA 추진에 대한 긍정적인 반응을 다시 확보하였다. 윤 조정관의 귀국 후 노력으로 8월에 산업부 자유무역협정교섭국장이 알와살 부차관보에게 서한으로 공동연구 공식 추진을 제안하였다.

2019년 9월, 나는 우리 경제사절단의 이집트 방문 준비 과정에서, 노세이르 이집트·한국 경제위원회 회장과 유세프 이집트경제인협회 EBA 사무총장에게 금번 양국 경제위원회의 주요 논의사항 중 하나가 FTA 추진이 될 것이며 이는 한국의 대이집트 투자증대의 핵심 요소임을 설명하고 두 사람의 도움을 요청하였다. 노세이르 회장은 당시 나사르 통상산업장관이 무역적자 확대 우려로 한국과의 FTA 추진에 대하여 부정적이라면서 이를 위해서 한국의 투자증대라는 막연한 약속보다는, 우리 정부가 이집트에 약속한 30억 불의 금융 패키지를 이집트 산업발전에 사용한다는 일종의 약속이 필요하다는 메시지를 전달해왔다. 나는 노세이르 회장에게 이집트 측의 창의적인 접근을 일단 평가하고, 경협자금의 사용 여부와 관계없이 우리 FTA 추진의 핵심은 한국의 생산시설을 이집트로 이전하고 현지에서 우리 제품을 생산함으로써 이집트 경제에도 기여하며 우리도 현지 수출을 하는 방식임을 재강조하였다. 다만, 개도국의 경제발전을 위한 인프라 구축 등에 사용되는 동 경협자금이 그러한 상업적인 목적으로도 사용 가능한지는 우리 국내 부서와 확인해보아야 할 것이라고 단서를 달았다.

이집트 통상산업부의 저항

노세이르 회장이 나의 답변을 어떻게 전달했는지 알 수 없으나, 얼마 후 이 문제를 직접 논의하기 위하여 나사르 장관을 면담하였다. FTA 추진으로 교역이 증가하고 이집트 시장에 대한 관심이 높아지면, 투자도 동반하게 된다는 점을 강조하면서 우선 이를 검토하기 위한 첫 단계로서 FTA 공동연구를 추진할 필요성을 설명하였다. 그러나 항상 방어적인 나사르 장관은 FTA에 대해서는 신중하게 접근하겠다는 말만 하였다. 이집트 통상산업부의 FTA 관련 부서에서는 공동연구가 반드시 FTA 협상으로 이어지는 것을 전제로 하지 않는다고 윗선을 설득하여 실무선에서의 논의는 계속 진전되었다. 2020년 1월, 김기준 산업부 자유무역협정 교섭관은 이집트를 방문하여 알와살 통상산업부 부차관보와 진지한 협의를 하고 공동연구 추진을 위한 MOU 안에 합의하였다. 이집트 측이 MoU 안에 합의하였다는 사실도 놀랍지만, 더욱 놀라운 것은 우리 대표단이 토의 과정에서 보여준 유연성이었다. 우리 팀

가메아 통상산업장관 면담

은 그간 많은 경험도 있었고 당시 무르익던 정상방문 움직임에 부응하여 이 문제에 성과를 내야 한다는 사명감도 있었을 것이다. 대표단은 자유무역을 넘어 산업협력 등 그들이 원하는 내용을 얼마든지 반영할 수 있다는 개방적인 태도를 보임으로써 그들의 경계심을 완화하는 노력을 병행하였다.

2020년 1월, 나는 정상방문 준비를 위한 셀림 외교부 차관보와의 협의에서 3월로 예정된 대통령 방문을 계기로 FTA 공동연구 추진을 대외에 발표하는 방안을 제시하였다. 이에 셀림 차관보도 호응하여 FTA 공동연구 추진에 한 걸음 다가가는 듯 보였다. 그러나 며칠 후, 셀림 차관보는 통상산업부 내부적으로 공동연구 추진에 대하여 찬반 양론이 갈려 진전을 보지 못하고 있으나, 총리실과 함께 추진 방향으로 유도해 가고 있다고 설명하여 그들의 저항을 전달해 주었다.

2019년 말 개각으로 나사르 장관을 교체한 가메아^{Nevine Gamea} 장관은 중소기업청장 출신으로 청장 직을 겸임하고 있어 성향이 국내산업 보호로 기울 것이 우려되었다. 나는 신임 축하 인사차 2020년 1월, 그를 예방하고 한·이집트 한국 대이집트 투자증대를 위한 FTA 추진의 중요성을 재강조하면서 장관의 협조를 당부하였다. 히잡을 둘러쓴 중년 여성 가메아 장관은 미소지으며 자신 취임 이후 이집트가 체결한 그간의 FTA 전반을 검토하는 작업에 들어갔으니 한·이집트 FTA 건도 함께 검토될 것이라고 하였다. 기본적으로 이집트는 한국과의 FTA에 우려가 있다고 지적하면서도 이는 공동연구를 통하여 철저히 점검할 계획이라는 입장을 제시하였다. 장기전의 냄새가 났다.

2020년 2월 6일, 우리 정상행사를 앞두고 제반 경제 현안을 토의하기 위한 멘샤위^{Randa Menshawi} 이집트 총리실 국무조정실장과의 회의에서 이집트 측은 통상산업부 내부적으로 입장이 정리되어 공동연구 추진으로 의견을 모을 것이라고 언급하였다. 2020년 2월 24일, 유명희 통상교섭본부장이 이집트를 방문하여 마드불리 총리와 가메아 통상산업부 장관과 각각 면담하고 4월 공동연구 출범에 가까스로 합의하였다. 총리 면담에서는 총리의 전향적인 자세를 직접 보았으면서, 가메아는 정작 장관 별도 회담에서 언질을 주지 않고 FTA라는 용어에 대한 거부감으로 FTA 대신 '포괄적 경제동반자관계comprehensive economic partnership'라는 표현을 사용하자고 제의해 왔다. 유명희 본부장은 귀국 후에도 가메아 장관에게 서한을 보내 이집트 측이 제안한 형태의 연구를 하기로 한 합의를 상기시켰다.

유명희 본부장과 가메아 통상산업장관

2020년 3월, 이집트 통상산업부는 그간 우리와 협조해온 알와쌀 부차관보를 FTA 업무에서 배제하고, 샬라비 신임 장관보좌관에게 FTA 추진 관련 업무를 맡긴다고 알려왔다. 샬라비는 경제협력에 초점을 맞춘 새로운 MOU 안을 제시하겠다고 한 후, 양측은 코로나 사태로 인하여 후속 협의가 중단된 상태가 계속되고 있다.

우리의 정상방문은 거의 모든 준비가 완료된 상태였기에 시기만 정하면 다시 그대로 기본 요소들을 재점검하여 추진할 수 있다. 특히 자유무역협정의 경우 양측 정상 간 만남의 최대 성과가 될 수 있다. 당시 추진하던 2020년 3월 중순에는 공동연구 발족을 발표하는 것이 목표였다면, 이번에는 공동연구도 사전에 조속히 실시한 후 양 정상이 만나서는 협정체결로 생길 상호이익을 확인하는 선언을 하거나 협정 교섭 개시를 선언하는 선으로 속도를 낼 수 있을 것이다. 이와 관련, 우리도 이집트에서 구매해줄 무엇이 있어야 할 것이다. 이집트가 우리에게 딱히 내놓을 공산품은 없으나 풍부하고 싱싱한 농산품, 특히 과일을 일본에도 수출하고 있다고 한다. 일본도 검역이 우리 못지않을텐데 열어준 것을 참고하여 우리도 검토해 볼 만한 분야가 아닌가 생각된다. 아울러 자유무역협정이지만, 예를 들어 이집트 측이 관심이 있는 자동차 산업 관련 협력을 강화한다든지 특정 산업시설을 이집트로 이전하는 방안을 검토한다든지 하는 산업협력 내용이 명시적으로 들어가면, 일방적으로 우리의 수출품에 문을 열어준다는 이집트 측의 우려를 덜어줄 것으로 기대된다.

여러 가지 이득을 가져올 이집트와의 자유무역협정을 치밀하고 끈덕지게 준비하여 우리의 미래 먹거리의 기반을 마련하고, 이집트를 중동아프리카 전 지역 진출을 위한 전초기지로 만들어야 할 것이다.

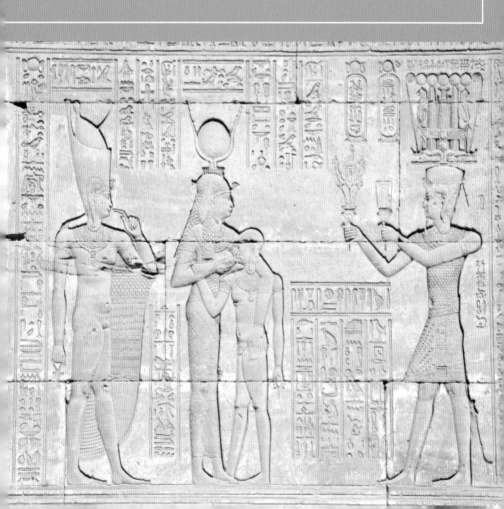

VII

더불어 잘 살자 : 개발협력
그리고 우리 봉사단원과 청년들

Rediscovery of Egypt

VII

더불어 잘 살자: 개발 협력 그리고 우리 봉사단원과 청년들

1. 개발 협력과 대사관의 기능

개발협력은 우리가 도움이 필요한 국가들의 개발 과정을 도와주는 협력 사업을 말한다. 여기에는 특정 프로젝트에 소요되는 재원을 우리 자금으로 지원하는 무상원조와 그 자금을 장기저리로 빌려주는 유상원조가 있다. 한국 정부에서 무상원조 사업은 한국국제협력단(또는 코이카, KOICA)이 중심적인 역할을 하고 있고 유상원조는 기획재정부의 지휘를 받아 수출입은행에서 담당한다. 두 가지 원조사업 모두 그 사업을 실행하는 과정에서 사업의 결과는 수원국이 누리지만 그 시공은 우리 업체가 맡아 결국 우리가 지원하는 자금이 우리 기업에 환류되도록 하는 것이 가장 이상적이다. 대사관은 자금의 확보, 사업의 선정, 계약의 체결, 시공 업체의 지정, 시공결과 평가에 이르기까지 전 과정에 관여하여 이러한 목표가 제대로 달성되도록 감독할 필요가 있다.

그간 정부의 각 부처가 각자 대외협력부서를 두고 부처별 무상원조 사업을 시행하면서 아무런 조정기능이 없었다. 이 경우 수원국에 어떠한 사업이 시급한지 또는 가장 효과가 클지에 대한 판단도 부족하고 때로는 중첩되는 사업이 나오거나 수원국 편의대로 끌려갈 가능성도 없지 않다. 우리 교육부, 해양수산부, 국토부도 각자 예산을 이용한 무상원조 사업을 이집트 정부와 시행하면서 진행 과정을 대사관에 알리지 않고 사업 현황 확인이나 사후 평가도 이루어지지 않아 국민의 세금이 얼마나 효율적으로 쓰이는지 알 수가 없었다. 한편 유상원조를 제공하는 수출입은행도 기재부의 지침만 받고 이집트의 투자국제협력부와 직접 협의하고 공관에는 도움이 필요할 때만 연락하여 공관 측은 전후 사정을 알지 못한 상태에서 투입되는 행태가 반복되고 있었다. 공관은 이집트 경제 실태나 정부 내 우선순위에 대한 상세한 정보를 가지고 우리의 교섭력을 강화할 수 있는데 협업이 안 이루어진 것이다.

이러한 상황은 본부에서 개발협력 업무를 하던 송지영 서기관이 우리 대사관에 부임하면서 달라졌다. 송 서기관은 이집트에서 진행중인 사업들을 찾아내 현장 실사를 하고 해당 부처와 연락하여 우리와의 연계를 구축하였다. 다행히도 우리 정부가 총리실에서 개발협력을 총괄하게 되면서 현장에서 협력사업을 총괄하는 역할을 공관에 맡기고 모든 개발협력 사업을 평가하여 성과와 연계하도록 하는 체제가 갖추어졌다.

2. 이집트의 개발 협력 사업

가. 무상원조: 베니수에프 한·이집트 기술 대학의 사례

베니수에프 주는 나일강 상류 지역의 대표적인 지역으로 삼성전자와 을화섬유의 공장이 위치한 곳이다. 한국과 이집트 양국 정부는 2016년 3월 알시시 대통령 방한 시 이곳에 한·이집트 기술대학을 만들기로 합의하였다. 한국 측은 무상원조 583만 불을 들여 기존의 대학에 새로운 과정을 만들고 자재를 들여와 완전히 개조하여 이 지역의 학생들을 산업 수요에 부응할 역량 있는 기술 인력으로 양성해 나가기로 하였다.

필자와 가파르 고등교육 장관

이를 위하여 한국의 기술교육대와 이집트의 고등교육과학연구부가 사업 주체가 되어 ① 전공과정(메카트로닉스학과, ICT학과)과 취업 실무(영어, 한국어, 창업, 컴퓨터) 교육과정을 개발하고 ② 전공 학과, 취업실무 교육, 교수·행정지원 시설 및 기자재와 실업실습 소모품을 제공하고 ③ 교원 역량을 강화하고 교육품질 인증체제를 구축하기로 하였다. 여기에는 또 하나의 전략이 들어가는데 바로 이 학교 인근에 위치한 삼성전자와 을화섬유와 기술학교 졸업생들을 연계하여 산학협력을 이루는 것이다. 즉 학교는 이들 회사가 필요로 하는 기술 인력을 양성하고 그 중에서 선발하여 삼성전자나 을화 같은 한국 기업에서 일하는 경험을 쌓게 하거나 고용되도록 하자는 것이다.

한·이집트 기술대학은 2019년 9월 학기 개강에 맞추어 10명의 교사진과 120명의 학생을 선발하였는데 경쟁률이 치열하여 대학의 인기를 엿볼 수 있었다. 기술대학의 개강 준비가 갖추어지자 이집트 마드불리 총리와 가파르 고등교육과학부 장관은 나와 함께 9월 22일 학교를 방문하고 교실과 시설들을 시찰하였다. 깨끗한 교실과 세련된 시설, 실용적 커리큘럼에 산학협력 구상까지 듣고 깊은 인상을 받은 마드불리 총리는 나에게 '이런 학교가 바로 이집트가 필요로 하는 학교입니다. 다른 지역에도 이런 학교들이 세워지기replicated를 기대합니다.'라고 언급하였다. 나는 총리의 말씀에 감사하며 총리의 희망이 이루어지도록 최선을 다하겠다고 답하였다. 나는 이미 영자지 데일리 뉴스와의 6월 16일 인터뷰에서 한·이집트 기술대학 설립사업의 의미를 강조한 바 있으나, 국무총리 및 고등교육부 장관과 기술대학 방문 관련 현지 보도는 방문 후에 쏟아져 나왔다.

교육을 신분상승의 도구로 생각하는 이집트 부모들은 교육에 관심이 깊다. 그들도 우리와 똑같은 교육문제를 앓고 있는데, 문과생이 너무 많고 실제로 필요한 과학을 연구하는 사람이나 산업현장에서 필요한 기술을 보유한 사람이 부족한 상황이었다. 또한, 어려서는 외국인 학교British School, Deutsche Schule에 보내고 이집트의 SKY 대학에 전공은 의대와 법대로 사람이 몰리는 현상이 거의 비슷했다. 실용적인 산업기술 습득에 청년실업 해소, 상대적으로 낙후된 상부 이집트 개발까지 해주니 이집트로서는 더욱 고마웠을 것이었다.

우리나라는 기술대학 이외에 2019년에서 22년까지 총 290만 불을 들여 이집트 특허청의 특허출원 행정업무 전자화와 특허정보에 대한 대국민 접근성의 향상을 목표로 하는 '이집트 지식재산권 자동화시스템 개선사업'을 추진 중이다. 또한, 수원국 인사들을 초청하여 교육과정에 참여시키고 그들의 역량을 강화하며 친한인사를 양성할 수도 있는 가성비 높은 사업으로 각종 '연수 프로그램'을 진행 중이다.

나. 유상원조

2016년 알시시 대통령의 방한을 계기로 양국은 이집트의 주요 프로젝트를 지원할 30억 불 금융협력 패키지(EDCF 7억 불, 수출금융 23억 불)에 합의하였다. 우리는 이 자금을 활용한 이집트 정부의 프로젝트에 한국 기업의 수주를 지원하는데, 현재 이를 통하여 교통 분야 2개 사업에 대한 약 4억불의 EDCF(경제개발협력자금, 장기저리의 양허성 차관)를 지원하고 있다. 1850년대부터 건설된 이집트 철도는 수도 카이로를 중심으로 북으로는 카이로 – 알렉산드리아, 남으로는 카이로 – 아스완으로 이어진다. 오랜 기간 이집트 교통의 중추역할을 해 왔으나, 보수공사와 개선이 되지 않아 교통부 장관의 경질을 가져온 람세스역 사고 같은 사고가 발생하곤 했다. 이러한 점에서 우리의 이집트 교통인프라 사업 참여는 큰 의미가 있다.

우리는 1억 1,500만 불의 EDCF 차관을 통하여 나그 하마디와 룩소르간 118km 구간에 '이집트 철도 전자연동시스템 구축 사업'을 추진하여 철도시스템 현대화를 통한 철도 안전성 확보 및 수송효율 증대를 목표로 하고 있다. 내가 부임한 직후 투자개발협력장관과 약정서를 서명한 '카이로 메트로 3호선 전동차 구매사업'은 카이로 메트로 3호선에 사용할 전동차량 256량을 공급하기 위한 2억 4,300만 유로 규모의 사업으로, 첫 번째 열차는 2020년 5월에 선적되어 지난 6월 16일 알렉산드리아 항구에 도착하였으며 매월 8량씩 이집트에 납품 예정이다. 이집트는 2012년에 자체 예산 3.5억 불로 메트로 1호선에 사용할 냉방시설이 달린 전동차 160량을 현대로템으로부터 구매하여, 현대로템은 이미 카이로 시민들의 교통편의에 기여해왔으며 EBRD 자금 1억 유로로 추진하는 메트로 2호선의 전동차 48량 공급 사업에도 참여하고 있다.

3. 코이카 봉사단

개발협력은 자금 지원을 넘어서 우리 한국 국민의 손길이 직접 닿으면서 이루어지기도 한다. 바로 코이카 봉사단원들이다. 코이카 봉사단은 현재 세계 39개 나라에 총 2,700명을 파견하여 활발하게 일하고 있다.

그런데 이집트가 아무래도 생소하고 문화적으로나 언어적으로 어려운 환경이기 때문에 봉사단원들에 대한 나의 걱정이 적지 않았다. 젊은 사람은 경험이 부족한 상태에서 새로운 상황에 어떻게 적응할지 걱정되고, 반대로 은퇴 출신 봉사자들은 얼마나 불편이 많을까 걱정되었다. 놀랍게도 이들은 자신이 파견된 지역을 금방 파악하고 현지어, 즉 아랍어를 포함하여 그곳 여건에 맞게 사는 방법을 금방 터득한다. 한 지역에 파견된 이들이 서로 똘똘 뭉쳐서 정보도 교환하고 외로움을 이겨내는 것이다. 나에게 이들은 각각 파견된 기관이나 지역에 있어서 한국의 얼굴이고 우리 대사관의 연장선이다. 나는 특히 수도에서 멀리 떨어진 지역에서 일하는 봉사단원들에게는 여러분이 현지 한국 대사관 역할을 해주고 있다고 역설해 왔다.

봉사단원들에 대한 나의 관심은 지방출장 과정에서 생겨났다. 11월 26일에서 29일간 룩소르와 아스완에서의 한국의 날 행사를 위하여 현지를 방문한 기회에 우리 봉사단원들과 식사를 하였다. 아스완에 있는 이유식, 송윤주, 김지영 단원들, 이들을 도우러 카이로와 룩소르에서 내려온 임환수, 윤현철, 남상태 단원들이었다. 반가운 대화 속에서도 그들이 얼마나 외로운지가 느껴졌다. 나도 웃으면서 그들을 위로했지만, 내심 지난 9개월 동안 이들의 존재를 잘 느끼지 못했음을 자책하였다. 다음날 아스완 한국의 날 행사를 하는데, 장소는 아스완대지만 행사 대부분이 한국어학과 학생들과 그들을 지도하는 봉사단원들이 세심하게 준비한 자취가 체감되었다. 나는 아스완 행사를 마치고 돌아오면서 봉사단원들을 좀 더 지원하고 위로하기로 하였다. 우리 봉사단원들이 한국 식당이 많은 마아디 지역에 살지 않아서 먹는 것도 변변치 못할 것 같았고, 특히 원격지인 룩소르와 아스완에 있는 봉사단원들은 카이로에 올 기회가 있으면 우리 관저에서 백 셰프의 맛있는 한식으로 기운을 북돋아 주기로 하였다.

2018년을 마무리하는 12월 27일, 카이로 지역의 윤현철, 임한수, 새로 카이로에 온 이재선, 최상복 그리고 아스완으로 가는 홍경희 단원과 저녁을 마련하였다. 추운 날씨 속[17]에 관저 옥외 테라스에서 삼겹살의 열기로 온기를 찾으며 즐거운 대화를 나누었다. 과거 다른 지역 근무 경험이 있는 봉사단원들은 대사관에서 이런 대접을 받아보지 못하였다고 하면서 고마워했다. 윤현철 단원은 만찬 며칠 전에 어느 식당에서 갑자기 졸도하여 큰일이 날뻔하였는데 마침 이유식 단원이

---

17 이집트도 겨울에는 기온이 영상 10℃로 떨어져 매우 썰렁한 느낌을 준다.

옆에 있다가 병원으로 후송하는 비상조치를 취하여 위기를 피하였다. 나는 그 이후 윤 단원의 건강상태를 정기적으로 확인하면서 위험을 막으려고 노력하였다.

3월 29일은 지방에 있는 단원들도 함께 모였다. 최상복, 임한수, 이유식, 이재선, 홍경희, 남상태, 김지영, 송윤주, 강영현 등 일반단원에 UNV 출신으로 IOM 채용되어 있던 전현정, 김희연 직원까지 합류하였다. 이재선 단원은 이집트국립도서관의 한국 관련 자료를 완전히 새로 정리하는 역할을 잘 하고 있었고, 12월 말 모임 당시 아스완에 대하여 불안해하던 아스완의 홍경희 단원은 자리를 잘 잡고 있었다. 아스완 근무 후 카이로에서 수고해주고 떠날 예정인 강연현 단원의 송별도 겸하였다.

감동의 행사: 고아들과 코이카, IOM, 태권도

2019년 9월 10일 이집트태권도연맹, 국제이주기구IOM 이집트 사무소와 우리 코이카 사무소가 공동으로 주최한 난민 자녀들을 위한 태권도 행사가 있었다. 인근 수단/에티오피아에서부터, 먼 예멘의 난민 자녀들, 그중 고아원에 있는 아이들이 모여 앉아 태권도에 대한 설명을 듣고, 우리가 준비한 한국 음식을 먹으며 윷놀이도 하고 한복도 입어보는 순으로 진행되었다. 힘든 환경인데도 어린이들이 천진난만하게 웃는 얼굴로 우리 놀이와 음식을 즐기는 모습을 보고, 나도 끼어들어 윷을 높이 던져 보고 작은 꼬마를 품에 안고 다니기도 하였다. 행사 현장에도 우리 나이 많은 봉사단원들이 투입되어 분주하게 행사를 진행하고 어린이들을 안내하며 놀아주었다. 한국어 교육만이 아닌 또 다른 사랑의 봉사 현장이었다.

나는 연설에서 IOM, 이집트 태권도연맹, 한국 대사관의 코이카가 3각 협력을 통해서 어린이들을 위한 좋은 행사를 마련한 것을 기쁘게 생각한다며 태권도가 어린이들에게 자제력과 집중력을 향상시켜 도움이 될 것이라 하였다. 아울러 이집트 사회가 외부 난민에 관대한 자세를 높이 평가하고 우리 봉사단원들에게도 감사하였다. 마지막으로 어린이들이 건강하고 즐겁게 커나가기를 기원하면서 '너희들이 정신을 집중해서 열심히 공부하면 너희들의 미래는 너희 손안에 있는 거야. 우리가 함께할 거야!'라며 나의 심정을 전달하였다. 그날 본 불쌍한 아이들의 얼굴이 한동안 내 뇌리를 떠나지 않았다. 우리를 비롯한 국제사회가 이러한 역할을 더욱 많이 담당해야 한다는 생각이 들었다.

IOM - 코이카 주최 난민아동을 위한 행사에서 로랑 소장과

코이카 출애급기

그런데 모든 계획이 뒤바뀐 일이 발생한다. 2020년 2월 이후 이집트 내 코로나바이러스의 확산으로 인하여 단원들의 근무여건이 급속히 악화된 것이다. 봉사단원들은 서로 돕기는 한다지만, 기본적으로

이집트인 가운데 살아가야 하는 상황이었다. 이들이 사는 지역사회의 위생과 방역 수준을 장담할 수 없을뿐더러, 코로나 확산 초기에는 중국 및 아시아인들에 대한 차별이 참을 수 없는 수준이 돼 버렸다. 아스완에 있는 봉사단원들은 이집트 꼬마들이 뒤를 쫓아오며 지르는 "코로나! 코로나!" 소리를 들어야만 했다.

오연금 코이카 사무소장은 본부와 긴급히 협의하여 봉사단원 전원을 귀국시키기로 하였다. 나는 떠나는 단원들과의 마지막 모임을 3월 17일에 가졌다. 이때 석별의 정을 나누고 건강하게 이집트 땅에 귀환하기를 빌면서 잠시 목이 메기도 하였다. 단원 14명 가운데 2명은 그날 밤 비행기로 먼저 떠나기 위해 식사 도중에 이동하고, 나머지는 다음날 아침 일찍 출발할 예정이었다. 이집트는 3월 19일부터 공항을 폐쇄할 예정이었기 때문이다. 불행하게도 아부다비와 두바이에서 갈아타기로 한 항공편들이 취소되어 먼저 떠난 두 명은 아부다비에서 돌아와야 했고, 나머지 사람들은 카이로를 떠나지도 못하였다. 그들은 모두 코이카가 마련한 숙소에서 지내며 전세기가 마련되거나 공항 폐쇄가 종료되어 하늘길이 열리기만 기다리는 신세가 되었다.

고민 속의 한 달 여가 지나가다가 우리 대사관과 영국 대사관의 협조하 4월 29일에 떠나는 카이로-런던 항공편에 우리 동포들을 태울 기회가 마련되었다(XIII. 코로나바이러스 참조). 코이카 봉사단원 14명 전원은 그 편에 탑승하였고, 런던을 통하여 다음날 한국에 도착하였다. 그토록 이집트를 사랑하고 정성을 다하여 봉사하던 이들의 '출애급기'가 완결된 것이다. 이들의 동태는 마침 열심히 페이스북에 시시각각 상황을 올리던 윤현철 단원의 포스팅으로 파악되었다. 천만다행이었다. 나도 댓글을 달아 안도의 마음을 전하였고 윤 단원의 감사 표시가 있었다. 뒤에 이재선 단원이 한국에 잘 도착하여 올린 포스팅에 이집트 학생들이 그리워하며 댓글을 달았고, 나도 수고 많으셨다는 글을 달았다. 이

재선 단원의 답글은 나에게 신선한 충격을 주었다.

'우리 봉사단원들을 친정아버지처럼 챙겨주신 대사님, 정말 감사합니다.'라는 글이었다. 나보다 연배가 위신 누님이 나보고 친정아버지 같다니 웃기도 했지만, 그 글의 의미는 한국 사람이라면 누구나 잘 아는 것이리라. 봉사단원이라고 나가서 이집트인 틈에서 희로애락을 함께한다지만, 누군가가 나를 늘 생각하고 보호해 준다는 확신이 없으면 내심 불안할 수밖에 없을 것이다. 언제든지 돌아갈 수 있고 기댈 수 있는 친정집, 우리 대사관이 그런 든든함을 주었다면 정말 고마운 일이다. 내 마음도 뭉클하지 않을 수가 없었다.

4. KSP: 우리의 지식을 나누어 주는 가성비 높은 사업

전자상거래에 대한 KSP 사업을 위하여 모인 한국 대표단과 이집트 중앙은행 대표단

옛날 한국에서는 품질보증의 상징으로 'KS'라는 말을 사용했다. Korean Standard라는 의미였다. 물론 KSP의 K는 Korea가 아니다. Knowledge라는 단어를 이용하여 우리의 지식과 경험을 공유하는 사업, Knowledge Sharing Program의 약자이다. 그런데 나는 왠지 모르게 KSP라는 단어에 한국이 포함되었다는 착각을 한다.

왜 그럴까? 우리만이 이룰 수 있었던 압축된 경제발전 경험 자체가 우리 고유의 지적재산권 같은 생각이 들었다. 내가 볼 때 KSP는 개발국들이 한국이 어떻게 그렇게 발전할 수 있었는지 묻는 일반적인 질문에 답하는, 인적자원 양성, 수출주도 발전, 인프라에 대한 과감한 투자 같은 개괄적이고 피상적인 개념이 아니다.

KSP 사업은 수원국과 특정 분야를 지정하여 우리는 이 분야를 발전시키기 위해서 어디를 고쳐야 한다고 판단하고 그것을 어떠한 방식과 수단으로 접근하였고, 거기 나타난 문제점을 이렇게 해소했다고 구체적으로 제시하여, 우리의 정책 입안 및 집행 과정의 생생한 경험이 배어 나오는 진정한 지식의 전수이다. 게다가 이를 전수하기 위해서 나오는 대표단을 보면 정책 입안 부서뿐이 아니라 특정 정책이나 제도를 시행할 때 어떻게 관리해야 하는지에 대한 지식이 축적된 산하기관 직원까지 포함되어 있어, 원론을 넘어서 각론으로 들어갈 준비가 되어 있는 것이다.

한·이집트 간 KSP 사업은 2013년 초청 연수로 시작되어 2014년부터 ICT를 이용한 지식기반 경제 구현, Green ICT 촉진, 부가가치세 정책 개선 등의 자문을 실시하였다. 2018/19년에는 금융서비스 개선 사업, 농업정책, 수에즈 경제자유구역 개발지원, 민간-공공 파트너십 부서 역량 강화 등의 주제를 신청하는 이집트 측의 열의를 통하여 그들이 체감하는 이 사업의 효용성이 입증되었다.

내가 부임한 이후 경험한 첫 KSP 협력 사업은 2018년 4월 3일 투자국제협력부에서 있었던 2017/18년도 KSP 주제로, 이집트 조세행정 제도 개선에 관한 최종보고회였다. 이 사업은 2016/17년도 사업으로 시행된 이집트 부가가치세 정책 개선을 통한 세수 증진방안에 관한 후속사업으로, 이집트 측이 부가가치세 제도에 이어서 과세제도 전반에 대한 한국의 경험 공유를 요청하여 선정되었다. 우리 측에서는 정부와 학계 경험을 고루 가진 안양호 KDI 수석고문 및 고영선 국제개발협력 센터 소장을 주축으로 세무법인 대표와 대학교수가 포함되었고, 이집트 측은 국제협력부 차관과 국세청 부청장이 참여하였다. 나는 우리가 '애프터서비스'가 유명한 나라이므로 사후관리도 철저히 해나가겠다고 농담을 섞어 다짐하였다. 사실 KSP 사업도 그간 대사관과 소통이 부족한 상태에서 진행되어왔으나, 이때부터 대사관이 사업 현황을 체계적으로 파악하고 지원해 나가기로 하였다.

4월 17일에는 알렉산드리아 대중교통 통합요금징수체계 구축에 관한 최종보고회가 한국 수출입은행, 한국지능형교통체계협회와 한국기업 (주)에스트래픽으로 구성된 한국대표단, 이집트 교통규제국 및 알렉산드리아 교통청, 그리고 EBRD 측이 참석하여 이집트 교통부 산하 카이로 교통규제청에서 개최되었다. EBRD는 이 주제에 대한 컨설팅을 제공하던 중, 한국의 선진화된 ICT 기반 통합징수 시스템을 카이로와 알렉산드리아에 도입하고자 우리 KSP 사업을 요청하였다. 우리는 카이로와 알렉산드리아의 현행 요금징수 시스템을 분석하고 한국 사례를 기반으로 효율적인 시스템 도입을 위한 제안을 하였다.

2018년 8월 말에는 이집트 전자금융서비스 개선을 위한 KSP 사업을 착수하는 행사가 있었다. 우리 한국은행 국장을 역임한 임호열 교수와 이집트 중앙은행의 아이만 후세인 총재보가 주축이 되어 소액결제 시스템 개선, 새로운 지급수단 및 시스템 개발, 지급결제 규정 및 가이드라인 개발, 리스크 관리 및 감시방안 마련 등의 소주제를 설정하고 협의를 개시하였다. 우리 측은 특히 2014년 캄보디아 중앙은행과의 협력을 통하여 66억 원 규모의 캄보디아 지급결제 인프라 구축 사업을 지원하고, 그 이후 한국형 핀테크를 이용한 한국 기업들의 캄보디아 진출이 가속화되었음을 들어 우리 기업의 대이집트 진출 가능성을 확대하는 계기가 될 것으로 기대하였다. 나는 2019년 5월 30일, 이 사업의 최종보고회에도 참석할 수 있었다.

나는 우리의 자문이 구체사업으로 연결되기를 바라고 대사관에서도 후속조치를 취해 나가겠다고 하였다. 이집트 중앙은행 부총재는 전자결제 시스템이 이집트 경제개혁의 핵심이며 알시시 대통령이 가장 중요시하는 사업이라면서 핀테크 분야 협력 강화를 희망하였다. KSP 협력이 조세행정개혁에서 전자결제 시스템으로 이어지면서 우리 대사관은 e-invoice 시스템을 위한 LG-CNS나 통관단일창구single window 구축을 위한 삼성전자 SDS 같은 우리 업체들을 소개하고 이들의 개혁을 뒷받침하는 동시에 우리 기업의 진출을 도모하고자 노력을 기울였다. 그러나 구체적인 계약으로 연결되지는 않았다.

우리의 구체적 경험 공유 과정을 보면 우수한 엘리트층을 확보한 이집트 측은 이러한 지식을 잘 흡수하고 있다. 다만, 이집트 측에 우리의 전수 결과 도입하는 제도나 시스템 관련 우리의 기여를 밝히지 acknowledge 않고, 필요한 제품과 시설 조달업체 선정에 있어 우리 측에 호의적인 고려를 하지 않고 있는 점은 좀 아쉽다. 물론 우리의 제안을 얼마나 따를지는 이집트측 재량으로 결정할 일이다. 어떠한 방식이든 우리 제안이 이집트 정부의 정책에 얼마나 반영되었는지 확인하는 과정이 설정되고, 우리 제안의 정책에 대한 기여도를 측정하여 이러한 자문 과정을 보다 효율적으로 개선할 수 있도록 활용할 수 있어야 할 것이다. 이집트도 우리의 기여를 대외적으로 확인하는 행위가 있어야 한다고 본다.

이러한 아쉬움에도 불구하고, 인적 교류만으로 지식과 경험을 교환하고 수원국 정책 수립에 큰 영향을 미치는 면에서 가성비가 높은 사업인 만큼 KSP 사업은 앞으로 이집트에서 각종 분야에 계속 추진하는 것이 좋을 것으로 보인다. 그런데 기재부는 2020/21년 이집트의 KSP 사업 신청을 하나도 승인하지 않았다. 아마도 많은 협력대상국에서의 수요 증가로 인하여 이집트만 계속 주요 사업이 할당되기는 어려운 것인지 모르겠다. 그러나 이집트의 계속적 제도 개선 수요에 부응하고 우리 기업의 진출 가능성을 살리는 차원에서 이집트를 KSP 사업 주요 파트너로 계속 활용해 나가기 바란다.

카바그 사회연대 장관과의 회의

KDI는 2014/15년 1년간 KSP 사업으로 '이집트 연금보험제도에 대한 정책자문'을 진행한 바 있다. 그런데 그 사업의 효과가 5년이 지나서 발견되는 사례가 최근에 있었다. 우리 대사관의 송지영 서기관이 이 사업에 대한 모니터링 차원에서 KSP 과정에 참여했던 사브린 Marvat

Sabreen 사회연대부 선임경제담당관을 2019년 6월 면담하였더니, KSP 사업 진행 후 2015년부터 이집트 사회연대부가 연금을 포함한 사회보험제도의 전면적인 개편 작업을 시작하는 과정에서 우리가 KSP를 통하여 제시한 제안을 많이 포함했다는 것이다. 실제로 이집트 정부는 2020년 1월부터 전면 개편된 사회보험제도를 시행하기 위하여 2019년 관련 사회보장법 개정을 완료하였다.

마침 2019년 10월 우리 대사관은 이집트에 진출한 기업이 이중으로 사회보험을 납부하지 않도록 하고자 이집트와의 사회보장협정 체결을 추진하였고 2020년 1월 한국 외교부, 보건복지부, 국민연금공단 등으로 구성된 사회보장협정 협상단이 이집트를 방문해 협상을 개시하였다. 나는 협상이 개시되는 날, 네빈 알카바그Neveen Al Kabbag 신임 사회연대부Social Solidarity 장관과 면담을 갖고 사회보장협정을 체결하면 우리 기업의 이집트 진출이 용이해지고 우리 기업의 투자확대에 도움이 될 것이라고 강조하였다. 카바그 장관은 협상이 조기에 타결되도록 지원하겠다고 다짐하고, 나와 함께 양측 대표단의 협상장을 방문하여 이집트 측 대표단에게 적극적으로 협상에 임하도록 당부하였다. 이집트가 타국과의 사회보장협정 체결 경험이 적어 협상 타결까지 상당한 시일이 걸릴 것으로 우려했으나 3일에 걸친 협상으로 협정 문안에 합의하였고, 현재 양측 국내절차가 진행 중이다.

2020년 전까지 우리 기업은 법인장만 사회보험에 의무 가입대상이었다가 개편된 보험제도가 적용될 경우 한국인 직원 모두가 의무 가입을 하여야 했으나, 사회보장협정이 발효하면 이미 한국에서 사회보장세를 내고 있음이 인정되어 우리 투자기업들은 연간 10~20만 불에 달하는 비용을 절감할 수 있다. 이는 KSP 사업이 이집트 정책수립에 직접 기여함은 물론, 관련 협정체결로 우리 기업의 진출환경 개선에도 기여한 사례이다. KSP 사업으로 뿌린 씨를 결국은 우리가 거두게 된 것이다.

5. 청년 취업: 대사관이 어떻게 도울 수 있나?

우리 대사관의 송지영 서기관은 91년생으로 가장 젊은 직원이고 우리 대사관 외교관 중에서 청년층에 속하는 유일한 직원이었다. 송 서기관은 본인 특유의 명료한 이해력과 적극성으로 경제과 업무와 본부 대표단들의 의전을 완벽하게 처리하여 선배들의 찬사를 받았다. 그러한 가운데 우리 정부에서 청년실업 문제 해결에 도움이 되도록 해외 공관에서도 다루자고 한 청년 취업 문제는 그 자신이 청년인 송 서기관 스스로 적극적으로 일하여 그의 고유 업무가 되었다.

송 서기관은 이집트 현지에 나와 있는 청년들이 주로 아랍어 및 아랍지역학을 전공하거나 아랍어 단기연수를 나온 유학생들임을 파악하고, 이들의 전공과 연결하여 이집트 현지에서 어떠한 취업기회가 있는지를 알려주기 위한 제1차 재이집트 한인청년 해외취업지원 설명회를 2019년 5월 26일 한인회 사무실에서 개최하였다.

나는 축사에서 청년들의 해외취업에 대한 관심도 넓어지고 인턴, 봉사단, 국제기구 진출 등 정부 지원경로가 다양해진 만큼, 유용한 정보를 교환하며 멘토들의 설명도 도움이 되기 바란다고 하였다. 곽도영 LG전자 상무가 자사의 아랍 지역 전문가 채용 경로 및 근무환경을 안내하는 강연을 하고, 김지혜 코트라 과장은 코트라 취업 및 카이로 무역관 업무를 소개하였다. 송 서기관은 정부의 해외취업 지원제도와 월드잡플러스 웹사이트 및 해외취업 정착지원금 제도를 설명하고 외교부의 UNV 청년 봉사단제도를 소개하는 등 다양한 옵션을 제시하였다. 멘토링 세션에서는 분야별로 나누어 기업 분야는 LG전자 곽도영 상무가 현지에서 요구되는 아랍어 수준, 인턴경험 활용, 면접에 임하는 방법에 대하여 지도해 주었다. 국제기구 분야는 UNV 파견으로 국제이주기구IOM에서 근무 중인 정현정, 김희연 단원이 UNV 지원 절차,

요구되는 영어 수준, 계약종료 이후 진로 문제를 설명하였다. 공공기관 분야는 대사관의 김호진 연구원과 코트라 김영천 부관장이 양 기관 취직을 위한 아랍어 수준, 부전공 선택 문제, 이집트의 발전 가능성 관련 대화를 가졌다. 한마디로 젊은이들이 궁금해 할 사항들에 대한 정보를 편한 분위기 속에서 주고받는 보람 있는 세션이 되었다.

송 서기관은 1차 청년 해외취업 행사에 대한 후속조치로 국제기구 진출 간담회를 7월 16일에 열고, 이집트 내 국제기구에 근무하는 한국 직원 6명을 초청하여 청년들의 국제기구 진출 정보를 교환하며 한인 네트워크 구축 작업을 벌였다. 송 서기관은 한 걸음 더 나아가 본국의 한국산업인력공단을 접촉, 7월 29일 공단의 박동준 해외취업국장을 초청하여 한인청년들의 이집트 진출 지원 간담회를 개최하였다. 이어서 송 서기관은 11월 27일, 2019년 마지막 한인청년 취업행사 개최를 건의하여 아랍어 및 아랍지역학 전공자 등 20명의 삼성전자 베니수에프 공장 견학 및 간담회를 주선하고, 성안실업과 코트라의 아랍어 전공자, 삼성전자 현지법인 인사담당 및 한인회장을 멘토로 초청하여 관저에서 만찬을 나누면서 토론하였다.

이 모든 취업 행사가 이집트에 유학이나 단기연수를 나와 있는 50여 명의 청년들을 위하여 준비된 것이었다. 멘토들의 설명이나 학생들의 질문이 정말 실제 경험과 현장의 상황에서 나오는 것들이어서 다들 도움이 많이 되었으리라 생각되었다. 관저 만찬도 우리 자식들 나이의 소위 '배고픈' 유학생들을 잘 먹여 보내자는 생각에서 추진된 것이었는데 정말 많이들 먹었다. 백승호 셰프가 젊은 학생들의 양을 생각해서 넉넉하게 만들었는데, 마음껏 먹으라고 뷔페 형식으로 만들어 놓았더니 앞사람들이 음식을 너무나 많이 가져가서 뒷사람의 음식이 모자란 초유의 상황도 발생하였다.

R e d i s c o v e r y o f E g y p t

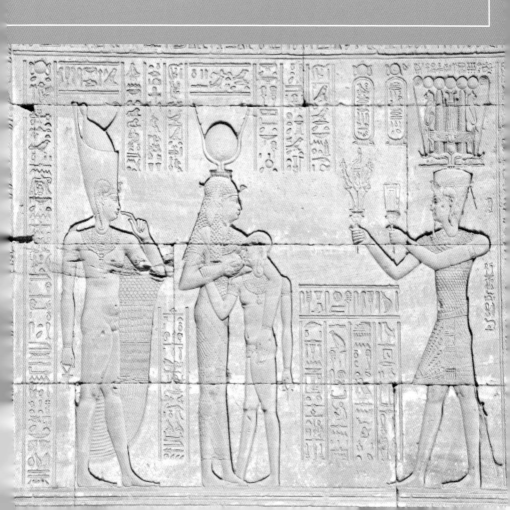

VIII

한국을 알려라! 공공외교

1. 공공외교의 시대

공공외교Public Diplomacy의 중요성은 나이Joseph Nye 하버드 교수가 소프트파워라는 개념을 제시하면서 대두하기 시작했다. 외교에 있어서 자국 홍보의 기능은 그전부터 있었는데 미국이 군사력도 강하고 부유하기도 하여 하드파워가 강하지만, 무엇보다도 자신의 문화적 매력 즉 소프트파워로 세계를 이끈다는 명제는 많은 사람이 공감하고 각자 시도하게 하였다. 한국 외교부 본부에서는 몇 년 전부터 공공외교 대사라는 직책을 만들어 한국의 문화를 널리 알리고 한국의 이미지를 개선하는 노력을 기울이고 있었다. 본부에서 주로 의전업무를 하다가 공관에 나온 나로서는 공공외교가 이렇게 중요하고 대사의 업무의 많은 부분을 차지할 줄은 몰랐다.

현지에 도착해 보니, 고문희 참사관이 정무도 아니고 경제도 아니고 공공외교를 전담해서 일하고 있었다. 처음에는 다른 사람들이 정무와 경제를 맡아서 유능한 인재의 낭비가 초래된 것이 아닌가 싶었는데, 지금 와서 보니 적재적소라는 말이 이런 것이로구나 하는 생각이 든다. 공공외교는 문자 그대로 공공의 눈앞에 자신을 드러내야 한다. 나는 상대적으로 남에게 자신을 드러내는 데 소극적이지는 않은 성격이다. 다른 한편으로는 다른 사람의 권고를 거부하기에 조심스러워하는데, 천성이 게으른 내가 귀찮아서 그런 것으로 알까 두려워서이다. 특히 공관장으로 부임하고 나서는 직원들의 건의를 적극 받아들였다. 직원들이 잘 생각해서 올리는 건의인데 일단 착수해 보고 고칠 것은 고치자는 생각이었다.

그랬더니 직원들도 몇 번 나의 수용도를 보고는 계속 행사를 들고 오는 것이었다. 나는 덕분에 새로운 경험을 많이 하게 되었고 자신감도 빨리 붙게 되었다. 결국은 공공외교의 과제는 외교관이 아닌 언론이나 일반인들을 대하면서 나의 메시지를 어떻게 알기 쉽게 효과적으로 전달하고 그들의 마음을 사느냐의 문제로 압축된다. 나 스스로 자주 노출할수록 나의 메시지 전달 정도를 언론이나 청중들의 반응에서 엿볼 수 있었다. 이와 함께 일반 행사에서의 장면들을 대사관 홈페이지와 나의 개인 페이스북에 올리면서 받아보는 피드백도 많은 도움이 되었다.

2. 이집트에서 만난 언론

재외공관 공공외교의 1차 전선은 주재국 언론이다. 고문희 참사관은 내가 업무를 개시한 지 열흘 만에 이집트 주요언론 기자들을 모아놓고 기자회견을 하자고 건의하였다. 34년 외교관 생활에 처음 갖는 기자회견이었지만 한번은 부딪혀 보아야 한다 생각하고 수락하였다.

첫 기자회견

마침 그날은 내 생일이기도 해서 오늘 내 생일을 축하하러 와주신 이집트 언론인 여러분께 감사를 드린다며 기자회견을 시작하자 다들 빵 터지는 반응을 보였다. 이어서 이집트라는 중동의 대국에서 일하게 된 것을 기쁘게 생각한다고 하고, 이집트는 피라미드와 스핑크스로 유명한 나라로 한국인들에게 알려져 있지만, 또한 현대의 이집트가 중동 지역 평화유지에 중요한 역할을 하고 있으며 내부적으로는 이슬람과 기독교가 공존하는 포용적인 전통으로 지역의 모범이 되는 사회를 보여주고 있어 높이 평가한다고 했다. 기자들의 눈에 빛이 나기 시작했고, 이어서 한국은 이집트가 젊은이가 60%를 이루는 인구 1억의 큰 잠재력을 가진 국가로 한국과 긴밀한 협력을 통하여 상호 이익을 극대화할 파트너로 보고 있다고 하니 더욱 흥분하는 얼굴들이 되었다.

그 후 질의/응답 과정에서 내가 깨달은 것은 이들이 자신들이 문화적으로나 투자용으로 매력 있는 국가라는 생각에 빠져서, 다른 나라들이 이 장점을 활용하여 돈을 벌기 위하여 이집트로 달려와 협력하고자 한다는 인식을 가지고 있다는 점이었다. 따라서 선진국이 이집트와 협력한다고 하면, 당연히 그들이 이집트에 도움을 주어야 한다고 생각하는 경향이 있어 과연 한국은 무엇을 내놓을 수 있느냐는 식의 질문이 나오는 것이었다. 나는 질문의 전제를 따지기보다는 일단 이집트에 나와 있는 한국 기업들, 우리가 진행 중인 무상·유상 원조사업을 나열하면서 우리의 의지를 설명하였다.

한편, 한반도 상황에 관심이 많은 것은 좋은데 이집트 사람들이 역사의 대부분을 강대국의 지배를 받으면서 살아와서 그런지 제삼자의 대치국면에서 막연히 약자underdog 편을 드는 성향이 있었다. 게다가 이집트는 73년 중동전쟁에서 북한이 도움을 주었기에 진정한 친구로 여기는 마음이 남아 있다. 남북한이 아직도 분단되어 있는 근본적인 이유와 무관하게 양측 간의 화해를 위하여 이집트가 할 수 있는 역할을 묻는 기자도 종종 있었다. 여기서도 이집트가 오랜 숙적인 이스라엘과 평화를 일구어낸 경험을 북한과 공유하여 한반도의 항구적인 평화를 구축하도록 좋은 조언을 해주어야 할 것이라고 답변하였다. 어떤 기자는 미국이 지나친 요구를 하는 것 아니냐, 트럼프 때문에 북한만 고생한다는 식의 코멘트를 하여, 적절한 어조로 북한은 국제사회에 반하여 핵과 미사일 실험을 해왔으며 국제사회가 법적구속력 있는 유엔 안보리 결의로 합의한 사항은 모두 준수할 의무가 있음을 상기시켰다.

대체로 이집트 기자들은 순박한 사람들이라는 인상을 받았다. 근세사의 아픔 속에서 남들에게 인정받기를 바라는 마음이 역력하였고, 그들을 배려하는 자세를 보이면 금방 기뻐하는 사람들이었다. 내가 이집트에 오기 전부터 강조한 점이, 이집트를 피라미드와 스핑크스의 나라로만 보면 현대 이집트인의 모습, 그들의 정체성은 무시하거나 무관심한 것이 되므로 한국 국민이 현대 이집트인들의 사는 모습도 잘 이해하여야 할 것이라는 점이었다. 우리가 케이팝과 케이드라마, 한식으로 한류 바람을 불러일으키는 것이 의무이기는 하지만, 그들이 내세울 것은 5천 년 전의 피라미드뿐이라고 하는 것은 현재의 이집트를 무시하는 결과가 된다. 특히 이러한 아픔이 있을수록 현재의 그들에게 관심을 기울이는 것이 그들에 대한 존중의 의미가 있어, 그들도 우리의 문화와 협력의 손길을 보다 반기게 될 것이었다.

나의 첫 기자회견은 대성공이었고 기자들은 나의 친근하면서도 성의 있는 답변에 만족하였다. 그들은 우리 대사관의 후한 인심이 담긴 뷔페 오찬도 즐기면서 일일이 나에게 다가와 악수하고 명함을 주고받으며 개별 사진과 단체 사진을 찍고 갔다. 그날 참석한 기자 중 한 명은 외교가 동정에 대한 디플로머시Diplomacy라는 잡지사 소속인데, 몇 주 후 기자회견 장면과 기자들과의 단체 사진을 컬러로 실어서 발간하여 보내왔다. 내 사진이 표지 4분의 1 정도 크기로 실려 있어 나를 놀라게 했다. 그 후에도 이집트 기자들은 대사관이 주최하는 문화행사에 참석하여 행사 전후 사전 약속도 없이 불쑥 나타나 인터뷰를 하자면서, 행사의 의의를 묻고 한국이 이집트에 무엇을 해줄 수 있냐는 질문을 하였다. 나는 개의치 않고 사전에 생각해 둔 답변을 반복하면서 성의 있게 답변하고자 노력하였다.

다시 한번 이집트 언론을 모아두고 대화를 나눌 필요가 있었으니, 역사적인 남북정상회담 개최가 합의되고 세간의 관심이 고조되던 시점인 회담 개최일로부터 11일 전 4월 17일에 기자단을 모았다. 새로운 자료가 없는 상황에서 주로 그날 오전 임종석 비서실장이 브리핑한 내용을 중심으로 정상회담 전망을 설명해 주었다. 이러한 종류의 기자회견은 본부의 입장을 정확히 전달해야 하므로 기존에 사용된 표현과 내용을 바탕으로 진행하는 것이 오해의 여지가 가장 적었다. 이집트 기자들은 우선 자기들을 불러서 설명해주는 성의에 감사하는 표정이었고, 남북한 간에 진정한 평화를 일구기를 바라는 선의가 많이 보였다. 한편 이집트인들이 약자의 편을 드는 성향이나 반제국주의적인 것을 옳다고 생각하는 타성에서 주한미군의 문제에 대한 질문도 나왔고 북한의 핵무기 포기 가능성에 대한 날카로운 질문도 나왔다. 나는 동맹 관계는 논의의 대상이 아니라는 점, 한반도의 진정한 평화와 북한의 개방을 위해서는 비핵화가 필수적이라는 원칙을 표명하는 선에서 마무리하였다.

특히 이집트의 유수 영자지인 데일리뉴스의 여기자 하가르 옴란 Hagar Omran은 적극적인 취재 태도를 보였다. 4월 24일, 나와 별도 인터뷰를 갖고 이틀 후 1면 기사로 남북정상회담 전망과 한·이집트 관계 발전에 대한 내 생각을 실어 주었으며, 다시 4일 후에는 나와의 인터뷰에 녹음한 내용 전체를 풀어서 신문 제5면 전면 기사를 한국특집으로 내주는 것이었다. 그 이후 나는 이집트 언론의 단골손님이 되었다. 수시로 개최한 기자회견은 물론, 앞으로 소개할 각종 문화행사에 참석하는 기자들, 지방 출장에서 간담회에 초청하는 기자들, 친목을 위한 만찬에서도, 펜 기자들의 질문은 물론이요, 방송사들은 사전 예약도 없이 카메라를 설치해 놓고 그 자리에서 인터뷰 요청을 하였다. 사전 약속 없는 인터뷰는 응당 거절해야 마땅하나, 이런 기회를 자꾸 만들어야 한다는 생각에 흔쾌히 인터뷰에 응하였다. 대부분은 까다로운 질문이 아닌, 오히려 이해 부족에서 오는 질문이 많아서 차근차근 기초부터 설명해 주는 자세로 인터뷰에 임했다. 인터뷰도 하면 할수록 늘었고, 내가 하고자 하는 이야기도 내 머릿속에서 정리가 되었다. 그래서 기초적인 질문이 나오면 아, 이 사람은 어디서부터 '교육을' 시켜야 하겠구나, 하는 생각이 들면서 전후 배경을 비롯하여 이해를 돕는 방향으로 설명하게 되었으며 기자들도 이를 무척 고맙게 생각하고 열심히 받아 적었다.

이러한 적극적인 노력을 펼치는 사이, 우리 공공외교팀이 직접 수집한 통계는 나의 카이로 부임 후 첫 10개월여 동안 언론인들과의 간

담화나 강연회가 40여 회, 일간지, TV, 라디오 등 개별 인터뷰 횟수가 60여 회, 그 결과 중앙 및 지방, 신문 및 방송 등 각종 언론에 보도된 횟수가 500회가 넘게 집계되었다. 2019년에는 이러한 간담회가 34회, 총 보도 건수가 415회로 집계되었다.

내가 아시아대사그룹에서 어울리던 대사 중 한 사람은 한·이집트 경제 관계를 묻기에 평소 인용하던 몇 가지 통계를 제시하였더니 원래 경제학자 출신이냐고 되물었다. 한술 더 떠서 하는 말이 어떻게 해서 그렇게 신문에 많이 나올 수 있느냐, 돈을 주면 기자들이 잘해주느냐는 놀라운 질문을 하였다. 아마도 기자들의 화폐는 '관심과 배려'가 아니었나 싶다. 나는 기자들과 대화를 많이 갖고 기삿거리를 제공하고, 그들을 한국 행사에 초청하여 한국에 대한 이해를 높여주었으며 기자회견 등 행사장에서 식사를 간간이 내주면 고마워하고 다시 찾더라고 설명을 해주었다. 그가 나의 조언을 실천에 옮겼는지는 미지수다.

한국 신문에 이집트 관련 기사가 나오는 경우는 흔치 않았지만, 이곳 카이로에서는 한국 특파원들이 3개사에서 나와 있었다. 연합통신, 동아일보, 그리고 SBS 방송사가 나와 있었는데 그들이 이집트 자체에 관심이 있기보다는 이집트 생활비가 저렴하여 이곳에서 중동 전체를 커버하여 경비를 절감하자는 것이었다. 그러나 내가 보기에 한국에서 이곳에 나와 고생하는 처지는 마찬가지라는 생각이 들었고, 현지에 정착한 교민이나 이곳에서 생산활동을 하는 지상사들과는 달리, 기댈 조직도 없어 더욱 대사관의 도움이 필요할 것이라는 생각이 들었다. 그래서 정기적으로 얼굴을 보고 식사하면서 그들이 접한 이집트에 대한 인상, 동포사회의 동향을 듣고 각자의 애로사항을 청취하는 기회를 만들었다. 특히 상대적으로 젊은 가족들이고 아이들도 어려서, 처음에는 부부동반 초청을 했더니, 아이들 봐줄 사람을 구하느라 고생을 하였다. 이에 가족 모두를 초청하여 관저 마당에서 아이들을 놀게 하니 즐거워하는 모습이 보기 좋았다. 대사관의 문화행사에는 이들을 꼭 초청하였으며, 이집트 안에서 뻗어 나가는 한류의 현장을 담아 보도해주어 많은 도움이 되었다.

2018년에는 이들과 회합을 15회, 2019년에는 18회를 갖고 대화를 나누면서 정보를 교환하고 대사관 활동도 소개하였다. 그 결과 우리 대사관 활동에 대한 국내 보도가 이들 특파원 또는 국내 언론사를 통하여 2018년에는 44건, 2019년에는 94건이 있었다. 한편 이들은 동포 사회 내지는 대사관 행정직원을 통하여 대사관 분위기를 알아보기도 하였고, 대사의 평판도 가늠해 보는 민정시찰 역할도 하는 것 같았다. 다행히도 나에 대한 험담을 많이 한 사람은 없었던 것 같다. 그렇게 접하면서 1년이 지나고 2년을 함께하니 어느새 가족과 같은 정이 들었다. SBS 이대욱 특파원과 연합뉴스의 노재현 기자는 내 임기 동안 계속 같이 있었는데, 동아일보의 경우 1년마다 바뀌었지만, 그 기간에도 들 정은 충분히 들어 박민우 기자, 서동일 기자가 떠날 때마다 아쉬움이 적지 않았다. 내가 떠나고 나서 얼마 후 귀국한 SBS 이대욱 기자는 후임이 없을 예정이고, 동아일보 이세형 기자도 지난 8월 말 귀국하였으며, 노재현 기자만 더 남아 있다가 2021년 초에 3년을 채우고 돌아올 예정이다. 모두 서울에서 다시 만나 카이로에서의 동고동락을 회고할 것이다.

3. 홍익인간을 알리는 대한민국 국경일 리셉션

가. 외교공관에 대한 국경일 리셉션의 의미

카이로에 도착하여 리투아니아 국경일을 시작으로 많은 국경일 리셉션에 참석하였다. 1년에 한 번 있는 국경일 리셉션은 외국에 나가 있는 대사에게 양국 정상 간 상호방문을 제외하면 가장 큰 행사이다. 특히 행사의 주체가 대사 자신이고 행사에서 주재국에서의 자국의 위상, 그리고 대사 개인의 역량과 그간 노력의 결과가 드러난다. 이 행사에 대한 평가는 우선 얼마나 많은 손님이 몰려오고 특히 얼마나 고위인사들이 참여하는지가 대사 자신의 인기를 보여주며, 행사가 얼마나 조직적으로 체계적으로 준비되고 멋진 문화 퍼포먼스를 선보이는지는 공관의 실력을, 그리고 호스트가 얼마나 맛있는 음식을 푸짐하고 화려하게 장만하여 손님들이 즐겁고 배불리 먹고 갔는지는 그 나라 음식의 매력과 호스트의 접대 솜씨hospitality를 보여준다. 그리고 나는 거기에 한 가지 요소를 추가한다. 바로 대사의 연설이다. 사실 나도 남의 국경일 리셉션에 가서 대사의 연설에 잘 귀를 기울이지 않았지만, 대사의 국경일 연설은 주재국 국민에게 자국을 소개하고 자국과 주재국 간 관계를 정리하여 설명할 수 있는 좋은 기회이다. 특히 언론에 보도되고 기록에 남는 중요한 메시지이기 때문에 많은 생각을 기울여 작성하고 실제 연설도 명료하게 할 필요가 있는 것이다.

우리나라 재외공관의 국경일 행사는 좀 특이한 면이 있다. 대부분의 나라는 건국일을 국경일로 삼는다. 그것은 자기네 민족 최초의 건국이 아니라, 현재 존재하고 있는 국가, 우리로 치자면 대한민국의 건국일인 8월 15일을 기념하는 것이다. 다른 나라들은 대부분 자기네 공화국 창건일 또는 식민지에서 풀려난 독립일(우리는 그것도 8월 15일이다)이고 군주국들은 자기네 군주의 생일을 국경일로 기념한다. 그런데 우리는 8월 15일을 국경일로 기념하지 않는다. 우리도 이제는 휴가 문화가 많이 자리 잡혔으나, 외국의 경우 8월 중순에 수도에 남아 있는 사람이 별로 없다. 아무리 초청해도 오지 않을뿐더러, 그런 시기에 초청하는 것은 실례에 가깝다. 그래도 미국과 프랑스는 꿋꿋하게 7월 4일과 7월 14일에 행사를 한다. 아직은 본격적인 휴가철이 아닌 것으로 보아야 할까?

그러한 연유에 우리나라는 해외에서 10월 3일 개천절을 국경일로 삼고 손님을 초청하며 이를 기념하는 행사를 연다. 남들이 "너희 국경일은 뭐냐, 건국일이냐 독립기념일이냐?" 하고 물으면, 둘 다 아니라고 하는 것이 정답이다. 나는 이 점을 역으로 내 연설에 살리기로 한다. 이 개천절을 국경일로 해외에서 사용하기에 더욱 곤혹스러운 것은 1990년 이후 독일 국경일이 겹치는 것이었다. 서독이 1990년 10월 3일에 동독을 흡수하여 독일 통일을 달성한 이후, 전 세계의 우리 공관은 항상 현지의 독일 대사관과 교섭하여 어느 나라가 그해 10월 3일을 국경일 행사에 사용할지를 정하게 되었다. 2018년은 10월 3일은 우리가 사용할 순서여서 독일은 10월 2일 화요일에 행사를 개최하였다.

우리 국경일 행사의 또 한 가지 불리한 점은 관저의 위치였다. 대부분의 대사관과 관저들은 서울 종로에 해당되는 자말렉에 모여 있는데 우리 사무실은 충무로인 도키, 그리고 관저는 강 건너 서남쪽으로 떨어진 마아디라는 강남 주택가 지역에 있었다. 시내에서 마아디 지역까지는 한 시간 이상이 걸린다. 늦게 오는 것은 그래도 괜찮은데, 아예 귀찮아서 오지 않기로, 그것도 마지막 순간에 결정하는 사람도 많은 것이다.

나. 첫 국경일 리셉션: 2018년 10월 3일

2018년 9월부터 나의 첫 리셉션 준비를 해나가기 시작하였다. 국경일 행사는 공관 전체의 작품인데, 행사 기획의 중심에는 공공외교팀의 고문희 참사관이 각종 아이디어를 내고 행사장을 어떻게 꾸밀지 고민했으며 총무팀의 권영민 서기관이 실제로 업체들을 동원하여 음향, 무대, 음식에 이르기까지 행사장 세팅을 맡고, 음식 부분은 백승호 셰프와 함께 준비해 주었다.

우선 초청명단을 확정해야 하는데, 과거 명단을 대폭 정리하였다. 이집트의 우편전달은 믿을 수 없어서 많은 초청장을 행정기사를 통하여 직접 전달하여야 했다. 엄청난 비효율적 방식이므로 더욱 명단을 간소화하고 그 사람들의 참석률은 높여야 하는 실정이었다. 결국, 약 1,300매의 초청장을 인쇄하여 배달하였다.

타국의 리셉션을 보면 대부분 대사 연설만 하고 말지만, 간혹 이집트 정부 요인이 나와서 축사를 해주는 모습이 양국의 긴밀한 모습을 재확인하는 상징성이 있어서 보기 좋았다. 그래서 나도 그러한 축사를 해줄 사람들을 물색하였다. 1순위는 정부 내에서 가장 활동적인 사하르 나스르 투자국제협력장관이었다. 그러나 그는 마지막 순간에 약속을 깨트리는 행태를 보여 왔기 때문에 예비후보가 필요했다. 엘아나니 고대유물장관과 모하메드 마아잇 재무장관에게도 초청장을 보내고 연설 요청을 하였는데, 둘 다 며칠 앞두고 못 온다는 연락이 왔다. '그럴 줄 알고' 가장 믿을 만한 사람을 최후의 후보로 마련해 놓았는데 바로 우리 한·이집트 친선협회 이사이고 전 공보장관이자 현 의회 공보문화위원장 오사마 하이켈 의원이었다. 아울러 국경일 기념 케이크를 커팅하는 순서가 있는데 나를 중심으로 좌3명, 우3명을 초청하여 우측에 하이켈 위원장, 파흐미 친선협회장, 노세이르 경제협의회 회장을, 좌측에 베니수에프 주지사, 사르왓 외교부 아태차관보, 그리고 조찬호 한인회장을 포함하였다.

우리 관저 건물 테라스에는 나와 하이켈 위원장이 연설할 연단이 태극기와 이집트 국기를 뒤에 놓고 준비되어 있고, 잔디밭 초입에는 우리 문화공연을 선보일 무대를 설치하였다. 양쪽에는 연설하는 나의 모습과 공연하는 젊은이들의 모습을 보여줄 대형 전광판 스크린이 세워졌다. 그리고 청중들은 대부분 서 있게 되나 귀빈들을 위한 의자가 양쪽으로 각각 8명씩 4줄 정도가 마련되었다. 우리 직원들이 귀빈석을 지키다 비켜주도록 지시해두었다. 우리 내외와 차석, 무관이 리시빙라인을 구성하여 도착하는 손님들을 맞이하다가 어느 정도 관중이 모였다고 판단되면 대사관 이집트 직원 베로니카의 영어·아랍어 사회로 행사 개시를 선언하고 양국 국가를 연주하였다. 이후 내가 연단에 올라가 연설하고 하이켈 위원장이 축사를 한 뒤 케이팝 공연에서 우승한 이집트 젊은이들이 무대에서 한바탕 댄스를 선보인 후, 북을 중심으로 우리 전통음악을 선사하는 한국에서 온 젊은 예술팀 '진명'이 서너 곡을 연주한 다음, 뷔페 식사를 시작하여 손님들이 한국 음식을 즐기게 하는 수순이었다.

그간 의전 행사 경험을 생각하면 호스트가 리시빙에서 너무 기운을 빼면 다음 순서에 지장이 있는 것을 알면서도 애써서 와준 손님들과 친구들을 반기는 말이 터져 나오는 것을 어찌할 수가 없었다. 악수에 포옹에, 악수에 포옹에, 내가 얼굴을 모르는 사람은 비서 사하르가 몇 발짝 앞에서 물어보고 나에게 소개를 해서 도와주었다. 그러나 금방 피로가 몰려 왔다. 7시 45분쯤에 행사 개시를 선언하고 이집트 국가와 애국가를 틀었는데 카메라가 내 얼굴을 클로즈업하여 대형 전광판에 나왔다. 큰 소리로 애국가를 부르는 내 마음이 왜 이리도 울컥하는지. 나라가 어디든 대사로서 우리나라를 대표하는 영광도 느끼고, 긴 역사를 통하여 많은 고난을 겪으면서도 오늘의 중흥에 이른 우리 민족의 저력에 대한 감격도 있고, 앞으로 나라를 위해서 더욱 열심히 일하겠다는 개인적인 결의도 용솟음치는 순간이었다.

수많은 인사말로 목이 아프고 애국가에 목이 멘 상태에서 단상에 올라갔다. 연단이 투명 플라스틱으로 제작된 깔끔한 디자인이기는 한데, 문제는 정면에서 오는 조명만 있고 머리 위 조명이 없어 원고를 보기에는 너무 어두웠다. 그 점을 사전에 내가 지적하여 직원들이 밧데리로 작동하는 작은 램프를 연단 옆에 부착해 두었으나, 아뿔싸! 연설을 시작하려니 방전이 되어 불이 나가버렸다. 나는 원고를 눈을 부릅뜨고 보면서 그간 스스로 작성한 내용을 기억을 더듬으며 천천히 전달하였다. 한편, 많은 이집트 사람들이 실제로는 영어를 못 알아듣는 경우가 많아 사전에 준비한 아랍어 자막을 대형 전광판에 띄워 주었다.

나는 유엔에서 사무총장실 연설문 팀과 일한 경험이 있어서 그런지, 그냥 평이한 말을 하기보다는 뭔가 임팩트가 들어가 기억에 남을 글을 선호하는 편이었다. 한·이집트 관계도 맨날 하는 이야기가 같을 텐데 하고 고민하였는데 대사관의 장현철 공사참사관이 건의한 초안에 홍익인간 이야기와 피라미드 이야기가 내 눈에 들어왔다. 그 요소를 살리면서 연설문 전체를 행사 직전 주말에 집에서 재작성하였다. 연설은 우리 국경일을 맞이하여 문재인 대통령과 대한민국 국민 앞으로 축전을 보내준 알시시 대통령에게 감사를 드리며 시작하였다.[18] 그리고는 청중의 궁금증을 자극하였다. '다른 나라는 국경일이라 하면 건국일이거나 독립일인데 한국은 도대체 무슨 날인가 하는 생각이 여러분에게 들 것이다. 우리는 기원전 2333년에 하늘나라 황제의 아들(환인, 환웅, 웅녀 이야기는 모두 생략하였다)이 한반도에 내려와서 우리나라 최초의 왕국을 창건한 날을 "하늘을 연 날"이라고 부르고 영어로 Foundation Day라고 하니, 그게 바로 오늘이다. 한국이 오래된 역사를 가지고 "반만 년 역사"를 자랑하지만, 오래된 역사로 말하자면 이집트를 당할 수가 없으니 기원전 2,300년에는 이미 기자에 있는 피라미드가 200여 년이 묵은 시점이었다. 우리 왕국의 창시자는 홍익인간, 즉 모든 인류에 이롭게 하라(Benefit the whole humanity라고 번역하였다)는 정신으로 인간세계에 내려온 것이다.'라고 하면서 우리의 긴 역사와 보편적 인본주의

---

18 이집트 의전 전통은 우호국의 국경일에 대통령 의전수석실의 비서관이 대사관을 방문하여 대통령의 축하 메시지를 전달하고 간다

사상을 과시하였다. 다음 일반적인 양국관계를 조망하고 협력을 더욱 강화하여야 함을 강조하였는데, 2018년 당시 이 시점의 하이라이트는 한반도 평화 프로세스 이야기였다. 한국 정부의 전략적 포석으로 평창 동계올림픽 초청과 북한대표단 파견, 그리고 3번의 남북정상회담과 최초 미북정상회담에 이르기까지의 과정을 설명해 주었다.

여기까지 열심히 영어로 전하던 연설이 갑자기 한국어로 변한다. 'Let me speak to my Korean compatriots in Korean. 사랑하는 대한민국 동포 여러분!'하고 시작하면 우리 동포들이 주인공이 되는 것이다. 어려운 이집트 땅에서 모범적으로 살아온 동포 여러분에게 감사의 인사를 드리자, 그들 사이에 작은 감동의 물결이 느껴졌다. 다시 영어로 돌아와 나는 바로 며칠 전인 9월 30일 뉴욕에서 있었던 문재인 대통령과 알시시 대통령의 정상회담을 언급하면서 양국이 얼마나 가까운 사이인지 상기시켰다. 이제 문화공연을 감상한 후 한국 음식을 즐기면서 한반도 최초의 왕국의 건국이념, 홍익인간이 이집트 땅에 어떻게 자리 잡는지를 생각해 보시기 바란다는 말로 초입에 내세운 홍익인간을 결구로 사용하는 소위 수미쌍관법으로 끝을 맺었다. 후에 많은 외교단 친구들과 이집트 사람들이 연설이 참 좋았다고 덕담을 해주었다. 그동안 남의 행사에 가서 연설에 귀 기울이지 않던 나의 모습에 부끄러운 생각도 들면서, 이들의 관심에 감사하였다.

오사마 하이켈 위원장은 사전에 원고를 주지 않아서 우리가 영문 내용을 띄우지는 못했는데, 그 요지는 자신이 한국을 방문하였더니 한국인들이 이집트를 참 가깝게 생각한다는 것, 그것이 이집트 고대문명 때문이기도 하지만 카이로선언을 가슴 깊이 간직하고 이집트를 기억한다는 것, 한국은 단기간에 크게 발전한 나라이고 이집트에 도움을 줄 수 있는 나라이며 양국이 협력할 분야가 많다는 내용이었다. 그의 우정과 적극성이 고마웠다. 그는 2019년 개각에서 다시 알시시 대통령의 공보장관으로 기용되고 코로나바이러스에 대한 정부의 대응 관련, 보건부 장관과 함께 정부 대책을 발표하는 얼굴 역할을 하기도 하였다.

케이크 커팅은 생각보다 흥겨운 순간이었다. 사회자가 사전에 지정한 귀빈들을 무대 위로 초청하니 그들은 자랑스런 얼굴로 올라와 내 손 위에 자기들 손을 겹쳐 주었다. 내가 함께 자르자고 "하나, 둘, 셋!" 하고 외치는 순간, 일곱 명이 하나 같이 활짝 웃는 얼굴로 폭소를 터트리는 모습이 잡힌 사진을 보면서 이들이 정말 고마운 친구들임을 깨달았다.

귀빈들과 함께한 케이크 커팅

문화공연 순서는 이집트 청년들의 케이팝 댄스로 시작하였다. 남의 노래인데 어쩌면 저렇게 즐겁게 입도 맞추고 춤사위도 좋은지! 우리 행사에서 공연하는 것이 그들에게는 영광이기도 하겠지만, 나는 그들이 고마웠다. 다음 한국에서 온 예술단 '진명'은 티셔츠에 청바지를 입은 젊은이들이 우리 고유의 북을 여러 개 놓고 강력한 사운드를 만들어 내서 아주 흥겨웠다. 이들은 일종의 브레이크 댄스 같은 묘기 안무를 선보이다가, 마지막에는 우리 전가의 보도, 농악 반주에 상모돌리기를 들고 나왔다. 모자에 연결된 긴 띠를 돌리는 것만으로도 아름다운데 온 몸을 던져서 무대를 뱅글뱅글 날아도는 묘기에 관객의 탄성을 불러일으켰다. 나도 흥겨웠다.

기다리고 기다리던 음식 시간. 관저 정원 양쪽에 만든 뷔페 줄에 사람들이 허겁지겁 한국 음식을 담아가서 즐기기 시작하였다. 그런데 나는 그러지 못하였다. 수많은 기자들이 인터뷰를 희망하고 기다리고 있었다. 양상근 문화원장은 평소 나의 태도에 비추어 모두 수락한 상태였다. 나도 이미 45분간의 리시빙과 인사, 힘 있게 전달한 연설 등으로 지친 상태였는데 다시 기운을 내서 인터뷰에 임했다. 티브이 카메라에 지친 모습으로 나오지 말아야지 하는 일념으로, 계속 틀어놓은 배경음악과 소음 때문에 나도 모르게 커진 목소리로 고래고래 소리를 지르며 마치 녹음해 놓은 로봇 같이 떠들면서 인터뷰를 마쳤다. 대부분이 이미 연설에서 전달한 내용의 반복이지만, 기자들은 즐거워하며 반겼다. 몇 개나 했을까? 수많은 인터뷰를 마치고 나니, 이집트 손님들, 특히 누군지 알 수도 없는 젊은이들이 사진을 찍자고 한다. 웃으면서 이 사람도 찍고 저 사람도 찍어주고, 우리 직원들과도 찍고. 남자들끼리 찍고, 부부가 다 같이 찍고, 이집트 직원들도 같이 찍고. 다 좋은데 몸은 녹초가 되고 허기가 몰려오면서 짜증이 나기 시작했다. 원래는 외부 손님들이 다 떠난 뒤 우리 직원들에게 수고했다고 치하하는 시간을 가질 생각도 내심 있었는데 그 마음이 싹 달아나 버렸다. 여러분, 수고 많았다고 하면서 사진을 찍자고 달려든 사람들 때문에 지친 이야기를 했더니, 직원들도 상황을 파악하고 물러갔다. 나는 허겁지겁 늦은 저녁을 하고 행사를 마무리하였다. 이날 이후 우리 직원들이 공공행사에서 대사가 얼마나 허기진 상태인지를 우선 가늠하는 눈치가 보여, 나의 인내심이 부족하였던 행태를 후회하였다.

나의 첫 국경일 리셉션은 대성공이었다. 2017년에는 내 전임자가 9월에 귀국한 후 대사대리가 주최를 해서 그랬는지 손님이 300여 명밖에 안 왔다고 하는데, 이날은 배가 넘는 700명 가까운 손님이 와주었다. 1,300매의 초청장을 보내서 반 이상의 손님들이 와주다니, 한국 음식이 그리도 인기가 높았던가? 그리고 나의 연설문 내용을 미리 이집트 국내 영자지 이집션 가제트에 전달하여 제4면을 거의 다 차지하는 위세를 보여주었다. 내 부임 초기부터 확고한 지원을 해주는 데일리뉴스의 옴란 기자도 특집 기사를 써주었다. 이집트 국내 최대일간지 알아흐람지에도 기고문을 실었다.

그리고 허기진 상태에서 억지로 웃는 얼굴로 마친 인터뷰는 대부분 기사화가 되었고 특히 나일 티비 메인 여성앵커 아라파Taghreed Arafa 박사는 나와의 인터뷰 내용을 중심으로 45분짜리 한국특집을 만들었다. 이집트식 '만만디'라고 할까 정성이 그만큼 들어갔다고 할까? 국경일 행사를 거의 잊어버릴 정도로 한 달이 지나서 나온 그의 작품은 우리 리셉션 장면보다도 그들이 준비한 한국에 대한 자료화면과 설명내용이 풍짐한, 사실상 한국 홍보물이 되어버린 '대박'이었다. 더구나 그의 남편은 주나이지리아 이집트 대사를 지내고 이집트 외교부 영사담당 부차관보를 맡아 나를 도와주던 살라마Ashraf Salama 대사(X. 우리 국민, 우리 동포 참조)였는데, 우리가 부탁하지도 않은 훌륭한 한국특집을 만들 줄은 꿈에도 생각 못 했다.

우리 대사관의 영사·사고 담당 박성준 실무관이 행사 도중 많은 아름다운 사진과 동영상을 찍었다. 그는 이를 모아서 배경음악과 함께 동영상을 만들어 유튜브에 올렸는데 호스트인 나도 정말 감동적인 순간을 볼 수 있어 좋았고 우리 직원들과 교민들도 즐기는 영상이 되었다.

다. 재탕의 성공: 2019년 10월 10일?

어느덧 1년이 흘러 2019년 국경일 행사를 열 시기가 다가왔다. 모든 히트 영화의 속편이 전편의 감흥을 불러일으키기 어려운 법(물론 대부 2편만은 1편에 버금가는 수작이다!)이라서 어떻게 하면 더욱 많은 친구들이 와 양국관계를 소중하게 여기며 신선하고 흥겨운 행사를 만들 수 있을지 슬슬 고민이 되기 시작하였다.

우선 날짜를 정해야 했다. 2019년은 독일이 10월 3일을 사용할 순서인데도 불구하고 선심 쓰듯이 그날을 우리에게 양보하였다. 이날이 하필 목요일이어서 금요일과 토요일을 쉬는 회교국가인 이집트에서는 우리의 '불금'에 해당할 뿐 아니라, 그 다음 주 첫 번째 근무일인 일요일 10월 6일은 73년 중동전쟁, 그들의 전승기념일이어서 황금의 3일 연휴였던 것이다. 그러니 우리도 3일 연휴 전야에 손님이 떨어지는 10월 3일이나 6일을 받을 수 없었는데, 그 다음 주가 나의 카이로 근무 중 가장 바쁜 주가 되어 결국 10월 10일 목요일을 선택하였다. 3일 연휴는 아니라는 점만 달랐다.

우선 7일 일요일에, 알렉산드리아를 방문하는 우리 해군 함정 문무대왕호 기항 행사를 원래 1박 2일로 할 것을 당일치기로 하고 카이로에 돌아와야 했다. 8일은 우리가 1년 이상을 공들여 준비한 한·이집트 경제위원회의 한·이집트 비즈니스 포럼, 9일은 그들의 투자협력 장관 면담 및 이집트 대통령 예방으로 인하여 다른 행사를 진행할 시간이나 여력이 도저히 없었다. 리셉션이야 저녁 시간에 벌어지지만, 종일 전력투구를 요하는 국경일 행사 준비를 정상적으로 하는 것이 우리의 제한된 인력이 분산된 상황에서는 불가능하였고, 경제사절단을 위한 별도 만찬도 가져야 했기 때문이다. 아울러 9일은 우리 관저와 같은 동네에 있는 스위스 대사관의 국경일 행사와 겹쳐 손님 분산을 피해야 하였다.

행사 준비과정은 전년도와 대동소이하였다. 하지만 그래도 전년도 경험에 따른 학습효과가 있어서 일부 새로운 접근이 시도되었다. 우선 단상의 조명을 개선하여 연설 직전에 불이 나가는 상황은 방지되었다. 음악은 지난번 같은 무용이 없는 색소폰 4중주이므로 별도 무대 설치 없이 그냥 연단 공간을 활용하기로 하였다. 이번 연설의 중점은, 대규모 경제사절단이 와서 이집트 대통령도 만나고 갔고 나로서는 수교 25주년인 2020년 정상방문을 내심 염두에 두고 있던 시점이라, 아직 1년이 남았음에도 25주년을 강조하면서 양국 간의 전략적 협력 잠재력을 강조하기로 하였다.

　그리고 몇 주 전에 한국의 국정방송 K−TV와 화상 인터뷰를 했는데 실제 방송을 보니 내 설명에 맞추어 우리 대사관에서 준비한 사진과 동영상이 이해에 큰 도움이 되었다. 그래서 국경일 연설 내용에 맞추어서 동영상들을 준비하여 한쪽 대형 전광판에서 나오게 하고, 연설문 아랍어 텍스트가 다른 한쪽에서 나오게 하였다. 구상은 쉬운데 실제로 이를 실행하는 공공외교 및 총무 팀의 수고가 이만저만이 아니었다.

　드디어 행사 날이 다가왔고 당일 가장 중요한 개혁을 단행하였다. 나의 인도적 상황. 지난번에 행사 내내 시달리면서 빈속으로 지치던 경험에 비추어 행사 전에 간단한 식사를 하였다. 왜 그리도 평범한 진리를 생각하지 못하였는지! 물밀 듯이 들어오는 손님들을 맞이하는 긴 시간 동안 이미 뱃속의 준비가 되어있는 나는 착한 자세로 그들을 맞이하였고 이어서 몰리는 인터뷰도 더욱 여유 있게 임할 수 있었다.

　손님들이 계속 입장하는데 2019년에는 우리 국경일 리셉션 축사를 해주기로 약속한 나의 절친, 재무부 장관이 대통령과의 회의 때문에 늦는다더니 예정 시간을 앞두고도 도착하지 않았다. 고문희 참사관이 묘안을 냈다. 우리 두 사람의 연설을 마치고 나서 있을 예정이던 우리 색소폰 4중주단 S−With의 연주를 먼저 하자는 것이었다. 그것은 '신의 한 수'가 다름 아니었다. 빨리 행사를 시작해서 음식 먹기를 고대하는 군중들에게 일단 음악을 연주하여 분위기를 띄우고, 바로 이어서 공식 순서를 갖는 것도 자연스럽게 보였다. 일단 국민의례와 나의 연설 그리고 케이크커팅으로 이어갔다.

나의 연설은 전년도보다 더욱 천천히 엄숙하게 진행되었다. 전년도 연설에서 강조한, 세상을 널리 이롭게 하자는 홍익인간 정신을 다시 상기하며 시작하면서도 양국 관계사에 초점을 맞추었다. 100년 전인 1919년 양국의 독립운동 당시부터 맺어진 인연이 1995년에서야 공식 수교를 이루고, 2016년 알시시 대통령의 역사적 방한과 포괄적·협력적 동반자 관계를 넘어 내년에 수교 25년을 맞이하게 되었음을 조망하였다. 특히 우리가 어떻게 이집트를 도울 수 있는지에 주안점을 두고, 수교 25주년을 기한 양국관계 강화 방안과 우리의 의지를 각인시키고자 하였다. 나는 이집트 정부에 약간의 자극을 시도하였다. 한국이 세계 7위 교역국에 11위 경제 규모인데, 한국과 이집트 간의 연 22억 불 교역은 대한민국의 연간 총 대외무역 1조 1,500억 불에 비하면 0.2% 밖에 안 되는 수준이라고 지적하고는 중동·아프리카 지역의 최고의 파트너 이집트는 '이것보다 더 잘할 수 있다! You can do better!'고 경종을 울렸다. 이를 위해서 양국 간 FTA를 체결하여 무역은 물론, 한국의 대이집트 투자를 대폭 늘리면서 한국 주요 산업의 생산시설을 이전하여 이집트를 역내 생산거점으로 삼아 수출해나감으로써 양국 간 상생의 결과를 가져오자고 하였다. 여기서 다시 우리 삼성전자, LG전자가 만든 '메이드 인 이집트' 제품의 7억 불 수출을 통한 외화 획득, GS건설의 정유공장 완성을 통하여 그간 한국이 1억 불씩 수출하던 이집트의 경유 수입 부담 절감 등 우리의 협력 현황을 과시하였다. 또한, 베니수에프 지역 젊은이들에게 실용적인 기술을 가르치는 코이카 기술대학 Technological University도 자랑하였다. 한국은 문화적인 측면에서 케이팝,

케이드라마, 케이푸드 등으로 이집트 친구들에게 친숙하게 다가갔지만, 한국인들이 현대 이집트인들의 사는 모습을 이해하는 것도 중요하기 때문에 우리 대사관이 '앗살람 알라이쿰, 카이로'라는 유튜브 작품을 만들어 한국어를 구사하는 이집트 젊은이들과 함께 노력하고 있다는 사실까지 소개하였다. 아울러 한반도 평화프로세스 현황을 언급하면서 중동 평화의 전기를 마련한 이집트의 용기에서도 영감을 받았음을 강조하였다. 결론에 이르기에 앞서 지난 25년간 이집트에서 터전을 잡고 수고하신 동포 여러분의 노고를 전년도와 같이 우리말로 위로해 드렸다. 마지막으로 사실상 100년 전에 인연을 맺은 한국과 이집트가 지난 25년에 함께 이룩한 바를 바탕으로, 앞으로의 100년의 비전을 함께 만들어나가자는 거창한 제안으로 마무리하였다.

좀 길었다. 전년도 연설의 주제가 일부 반복되었다. 그런데 무척 집중도가 높았다. 직원들 말에 의하면 천천히 하나하나 강조하면서 하는 나의 연설에 다들 귀를 기울였다고 한다. 연설 내용에 맞춘 시청각 자료의 효과는 정말 좋았다. 연설의 내용과 일치하는 한·이집트 정상회담 사진에서부터 우리 기업들의 현장, 이집트 젊은이들의 K-Pop 공연 장면, 앗살람 알라이쿰 출연진 모습, 남북정상회담 및 미북정상회담 사진 등이 청중의 이해도를 무척 높인 것이다.

케이크 커팅은 작년과 같이 숫자를 제한하기가 어려웠다. 내가 초대하면서 사귀기도 하고 이집트 정부의 문화 프로그램에서 인사를 나눈 사람도 많았지만, 2019년 초에 이집트를 방문한 우리 국회 우원식 회장과 한·이집트 의원친선협회의 활동 계기에 친해진 이집트 의원들이 다수 참석한 것이다. 마아잇 재무장관, 이스마일 가베르 수출입청장 GOEIC, 파흐미 한·이집트 친선협회장, 노세이르 한·이집트 경제협의회장, 해니 압델 가베르 베니수에프 주지사는 물론, 아버지가 태권도장을 했다는 다위시 Karim Darwish 의회 외교위원장을 비롯한 한국 연수를 다녀온 아제르Marianne Azer 의원, 라플라Suzy Rafla 의원, 파라그Sherine Farrag 의원 등 외교위원회 의원들과 마헤르Manal Maher 의회 인권위원장, 유세프Mohamed Aly Youssef 이집트·한국 의원친선협회 회장, 엘살랍 Mohamed El Sallab 산업위원회 부위원장, 노세이르Nancy Nosseir 중소기업위 위원 등이 우리의 '불금'인 목요일 밤에 카이로 외곽 멀리 위치한 우리 관저까지 와서 축하해 주었다(이 때문에 행사장에 마련한 귀빈석이 부족하여 이집트 귀빈들 간에 다소 긴장이 흐르는 순간이 있었다). 이들을 불가피하게 모두 단상에 초청하여 케이크 커팅을 하니 조금 난장판이 된 느낌이 들기는 했지만 다 함께 흥겨워하는 분위기가 보기 좋았다.

2019년 국경일 행사를 마치고 대사관 직원 및 부인들과

마아잇 재무장관이 도착하여 늦어서 미안하다면서 축사를 해주었 다. 그의 축사는 역시 사전 원고가 없이 아랍어로 진행되었고 사회를 본 베로니카가 간간이 영어 통역을 해주었다. 마아잇 장관은 한·이집

트 관계가 윤 대사 부임 이후 놀라울 만큼 급속도로 발전하고 있으며 실제로 이집트 내에 한국의 존재감이 매우 높아졌다고 평가하였다. 또한, 자신도 최근 1년간 한국을 두 번 방문하여 이낙연 총리를 예방하는 등 한국과의 협력에 큰 관심을 두고 있다고 하였다. 그는 재무부로서는 한국 기업의 애로사항을 해소하면서 이집트의 전반적인 투자환경을 개선하고자 노력 중이라고 하고 이집트를 찾는 한국인 관광객 수도 다시 회복세에 접어들어 조만간 한국·이집트 간 직항로도 재개될 수 있기를 기대한다고 하였다. 정말 따뜻하고 우정 어린, 나와의 개인적인 친분을 강조하면서도 양국관계 활성화를 위하여 필요한 요소가 골고루 들어간 연설이었다. 포옹에 포옹을 거듭하고 계속 둘이 붙어서 담소를 즐겼다.

아라파 박사는 이번에도 내 인터뷰와 행사에 참석한 많은 이집트 명사들의 인터뷰를 포함하여 입체적인 한국특집을 만들어 이집트 국영방송에 방영해 주었다. 수많은 언론인이 다가와 인터뷰하고 이집트 손님들이 사진을 찍자 했는데, 나는 이미 요기를 해두고 행사 진행에 만족하여 엔돌핀도 나오는 상태였으므로 생글생글 웃는 얼굴로 다 받아주며 행사를 마친 후 직원 모두에게 자애로운 감사 인사를 하였다 <small>(금강산도 식후경이라는 말은 만고의 진리다!)</small>. 집계를 내보니 참석자가 무려 1천 명이 넘었다. 엄청나게 많은 양을 준비한 음식도 동이 났다. 조금 모자란 것이 손님이 없어 음식이 다 남는 모습보다 백배는 나은 대성공이었다.

'이제 25주년 행사 때에는 무슨 주제를 가지고 진행해야 할까?'가 나의 다음 걱정이라면 걱정이었다. 그런데, 그런 생각은 할 필요가 없는 상황이 뒤에 조성되었다. 역시 사람 앞날은 한 치 앞을 내다볼 수 없다는 말이 맞기는 맞구나 하고 더욱 절감하였다.

4. 또 다른 국경일: 카이로선언 기념일

가. 카이로선언의 의미

이집트의 수도 카이로라는 단어는 한국인들의 뇌리에는 카이로선 언을 통하여 새겨져 있다. 반면 이집트인들도 한국인들이 카이로를 자 신들의 독립과 결부하여 기억함을 자랑스럽게 생각하고 카이로선언이 두 나라 국민들을 맺어준 계기임을 강조한다.

2007년도 동아일보 기사에 의하면 중국의 장개석 총통은 1932년 4월 윤봉길 의사 의거 이후 한국 독립운동의 강력한 후원자가 되었고, 상해 임정의 백범 김구는 장개석과 돈독한 관계를 유지하였으며, 1943년 7월 장개석과의 비밀회담을 통하여 카이로선언에서 제3세계 중 유일 하게 한국의 독립을 보장한다는 내용을 끌어냈다고 한다.

한국과 지리적으로 떨어져 있고 문화적·역사적으로 괴리가 있는 나라, 이집트에서 우리 선열의 피땀 어린 노력의 성과가 피어나, 카이 로선언이라는 형태로 한민족 독립의 단초가 마련되었다는 사실은 생 각하면 할수록 신기하고 흥분될 일이었다.

나. 카이로선언 행사 되살리기

카이로선언이 있는 11월 27일의 주는 한국 주간으로 지정되어 있 다. 이 기간에 한국학 연구에 대한 국제세미나를 열고, 카이로선언이 채택된 장소이자 우리의 카이로선언 기념비가 있는 피라미드 근처 메 나 하우스 호텔 정원에서 카이로선언을 기념하는 행사가 예정되어 있 었다. 나는 이날이 이집트 국민에게는 이집트와 한국의 인연을 강조하 고, 선언을 채택한 3개국에 대해서는 그들이 한국 국민을 위하여 했던 좋은 일을 상기시키는 효과도 있어 카이로에서의 한국의 존재감을 알 리는 좋은 계기라고 판단하였다. 기존의 포맷은 대사가 간단한 연설을 한 후 뷔페 음식을 즐기도록 하고 준비된 밴드가 한국, 이집트, 미국, 영국, 중국 5개국의 노래를 연주하는 것으로 카이로선언 기념음악회라고 칭하였다.

5개국의 노래가 서로 섞여 연주된다는 의미가 있으므로 그대로 하자고 하였지만, 노래가 연주된다고 이 행사를 카이로선언 '음악회'라 부르는 것은 적절치 않다고 생각되었다. 그 자리는 카이로선언의 의미를 되새기는 모임이지 음악을 들으러 온 것은 아니기 때문이다. 게다가 실제 행사장에서 보니 이집트 젊은이들로 구성된 팝송밴드였다. '나도 부를 걸' 하는 생각이 드는.

2018년 카이로선언 기념일 영국 차석, 이집트 의원, 필자, 중국 대사, 미국 대사 대리

우리가 무엇을 기념하는지를 명확히 전달하여야 한다. 국경일 행사에서 하였듯이 이번에도 카이로선언의 배경과 현재에 미치는 영향을 청중들에게 알려주고 그 의미를 되새기는 행사로 만들어야 하였다. 따라서 연설문에 주의를 기울였고 아울러 5개국의 노래보다도 이 선언

을 함께 기념할 5개국의 대표들에 더욱 관심이 갔다. 이집트 측에서는 외교부 인사가 오지 않아 라플라 외교위원회 의원이 대표로, 아직 대사가 공석이던 미국은 대사나 다름없는 골드버거 대사대리 내외, 중국은 송(宋愛國) 대사 내외, 영국은 차석 파텔(Patel) 공사가 참석하였다.

다. 카이로선언 기념 연설

나는 우리의 카이로선언 기념비 앞 연단에서 '제가 1달 반 전에 국경일 행사에서 언급한, 기원전 2333년에 한반도에 세워진 최초의 왕국에서 비롯되고 2차대전 이후 탄생한 신생공화국의 이야기를 기억하십니까? 오늘은 그 새 공화국이 어떻게 생겨났는지를 기념하는 날입니다Today is about how that republic came to be.'라고 시작하면서 주의를 끌었다. 그리고 카이로선언이 전후 아시아의 질서를 구상하면서 한국의 자유와 독립을 최초로 천명하였으며, 당시 다른 식민지들이 있었음에도 이 선언에 구체적으로 독립이 언급된 나라는 한국뿐이었음을 상기하였다. 카이로는 이때부터 우리 한국인들 가슴 깊이 새겨져 있다고 하였다. 그 이후 한국이 세계적 경제 강국이자 모범적 민주국가로 발전한 모습은 한국인들에게 자유를 주고 힘을 불어 넣어주면 무슨 일이 일어나는지를What freedom and empowerment of the Korean people can do 세계에 보여주었다고 표현하였다.

나는 한국 정부가 한미동맹 바탕 위에 한반도 평화와 통일을 위한 노력을 계속해 나갈 것이며, 이는 카이로선언이 우리의 자유와 독립을 약속한 그날부터 한국 국민이 걸어갈 운명의 길이라고 표현하였다. 아울러 나는 지난 9월 26일 뉴욕에서 있었던 한·이집트 정상회담을 언급하고 우리의 평화를 위한 이집트 정부의 지지에도 감사를 표하였다. 마지막으로 '오늘을 경축하러 찾아준 손님들이 맛있는 한국 음식과 5개국의 노래를 즐기면서, 국제사회가 단결하여 미래의 도전들을 어떻게 이겨낼지도 생각해 보는 것이 어떨까요? 1943년에 이곳에 모인 3국의 지도자들이 그랬던 것처럼.'이라며 마무리하였다. 다들 감명받은 표정으로 박수쳐 주었다.

나는 이집트와 3국 대표들을 단상으로 초청하여 카이로선언의 의미를 함께 회고하고 기념사진을 찍었다. 카이로선언 당시 중국 측 참석자는 장개석 총통이었지만, 너그러운 중국 송 대사는 상관없이 참석하였고 나는 그와 함께 당시 일본의 침략을 격퇴하고 한국은 독립을, 중국은 국토회복을 이루는 계기가 되었다고 공감대를 형성하였다.

이번에도 나는 식사를 할 틈이 없이 기자들에게 둘러싸여 카이로선언의 의미를 새기고 한국과 이집트 관계에 대한 평가와 전망을 제시하였다. 그 외에도 많은 손님들이 음악을 듣고 한식을 먹으러 왔다가 카이로선언의 의미를 알게 되고, 한국이 어떠한 어려움을 이겨내고 독립을 쟁취하여 현재의 민주와 번영을 이루었는지를 알게 되는 좋은 기회가 되었다.

공식 순서가 끝나고 나온 음악 연주는 결국 이집트 노래 중심이 되

2019년 카이로선언 행사에 참여한 한국어학과 학생들

었는데, 이 행사에 참석한 많은 한국어 전공 학생들이 즐겁게 따라 부르고 춤을 추어서 축제의 분위기가 되었다. 일단 메시지가 전달된 이상 시종일관 엄숙할 필요는 없다는 판단하에 나도 웃는 얼굴로 그들 속에 파묻혀 어울렸다.

라. 새로운 배경에서 같은 행사를 시도하고

2019년에는 메나하우스 호텔이 정원을 수리할 예정이니 카이로선언 기념비를 다른 장소로 이전해 달라고 하여 기념행사를 위한 다른 장소를 물색하여야 했다. 그 결과, 카이로 외곽에 있는 서울공원에서 열기로 하였다. 새로 단장한 서울공원은 한가운데 연못과 정자까지 있어 한국적인 분위기가 물씬 풍겼다.

참석자들의 면면은 전년도와 바뀌어 제프리 애덤스 영국 대사(애덤스 대사 부친은 70년대 초 주이집트 영국대사)가 참석하여 카이로회담 당시 역사를 회고하였고, 외교단 접촉이 거의 없는 새로 부임한 랴오 리챵Liao Liqiang 중국 대사는 공사를 보냈으며, 코엔 미국 대사도 새로 부임한 지 얼마 되지 않아 경황이 없는지 곧 주레바논 대사로 가게 되어있는 차석을 보냈다. 이집트 외교부에서는 셀림 차관보가 대표로 참석해 주었다.

연설은 아무래도 2018년과 유사한 기조였는데, 차이점이 있다면 바로 100년 전 1919년 3.1운동 이후 상해임시정부 수립이 우리 민족 최초 '공화국'의 탄생이었음을 강조하였고 연설 말미에 1919년의 독립운동으로 맺어진 한국과 이집트 간의 인연, 카이로선언을 계기로 맺어진 미·영·중을 포함한 5개국 간의 인연을 생각해 보고 선언이 있기까지 임시정부의 한국인 지도자들의 노력도 되새겨 보자고 하였던 것이다.

전년도와 같이 5개국 사진 촬영을 하는데, 애덤스 영국대사는 특히 '한국인들의 가슴에 카이로라는 단어는 자유와 독립을 의미했습니다In the hearts of Koreans, the word "Cairo" spelled freedom and independence'라는 부분이 감동적이었다고 덕담해주었다.

한국 음식에 대한 소문 때문인지 전년도보다 많은 인파가 몰려와 뷔페 테이블은 장사진을 이루었다. 같은 밴드의 같은 노래들에 아인샴스대 학생들이 리듬에 맞추어 몸을 흔들고 즐기는 것도 똑같았다. 그들은 이번에도 나를 끌어내서 자기들 가운데서 함께 즐기는 모습을 보여주기를 원했는데, 나도 그렇게 할 수밖에 없었다. 팬들이 바라신다면.

2019년 카이로선언 행사에서의 5개국 대표

5. 앗살람 알라이쿰, 카이로!

가. 한국 문화의 전파와 이집트 문화의 이해

이집트에서의 한류 전파는 즐거운 작업이다. 아인샴스 대학과 아스완 대학 한국어학과에서 꾸준히 배출되는 한국어 전공 학생들, 케이팝과 케이드라마의 파급력으로 인한 한국에 대한 이집트 젊은이들의 관심과 애정이 날로 깊어가고 있음을 현장에서 뿌듯하게 느꼈다. 동시에 이집트 젊은이들이 나보다도 한국 젊은 세대의 취향을 꿰뚫고 있음을 깨달을 때도 많았다. 그런데 마음 한구석으로는 불편한 점도 있었다. 우리의 문화와 사는 모습은 이집트 사람들이 열광하고 즐기고 있는데, 우리는 과연 이집트 사람들을 얼마나 알고 있을까? 피라미드와 스핑크스야 5천 년 전 이야기이고 이집트의 현재 모습은 과연 무엇일까?

물론 이는 우리의 책임이 아니다. 이집트인이 현대 자신들의 모습을 알리지 않은 책임, 옛날의 찬란한 문명에 비해 현대의 사는 모습은 보여줄 만한 것이 없다는 현실이 문제라면 문제겠다. 미국에서 성행한 Walk like an Egyptian이라는 유행가 비디오에서도 미국인들은 파라오의 고분 벽화에 나오는, 옆눈으로 위아래 손을 뻗고 걷는 모습, 배꼽춤을 추는 벨리댄서 같은 동작으로 그들이 기억하는 이집트인들을 묘사하고 있다. 그리고 굳이 따지자면 한국 국민에게 이집트인들의 모습을 보여줄 책임은 한국에 있는 이집트 대사, 내 친구 하쳄 파흐미 대사의 몫이라고 할 수도 있었다.

그러나 양국 국민 간의 이해를 증진하고 친화력을 높이는 임무를 가진 나로서는, 우리 국민이 이집트에 대한 고정관념stereotype에서 벗어나서 현대 이집트인들이 우리 3.1운동 시절에 나름 자신들도 식민지 탈피를 위하여 노력하였고, 우리처럼 왕정을 극복하고 공화국을 건설하여, 지금은 이집트 사람들이 어떻게 살고 있고 어떤 고민을 갖고 어떤 문화를 즐기고 있는지를 알아야 한다는 생각이 들었다. 무엇보다도 내가 느낀 고민은 피라미드와 스핑크스를 넘어 현재의 그들을 알고자 하는 관심이야말로 현재의 이집트인들에 대한 '존중'이라고 생각했기 때문이다.

그러나 이러한 소망을 직원들과의 대화 과정에서 피력할 뿐이고 사실은 외부에 말하지 못하고 지냈다. 이집트에서 방송되는 우리 드라마 관련 이집트 언론과의 인터뷰에서도, 한국에서 이집트 드라마를 방영할 계획이 있느냐, 한국인들이 이집트에 관심이 있느냐는 희망 섞인 질문에 대해서 '물론 주한이집트 대사가 할 일이지만, 그렇게 되면 좋겠다'는 원론적인 대답만 하고 속으로는 미안하게 느낄 뿐이었다.

나. 유튜브 시리즈 제작 건의

어디선가 직원 평가기준 가운데 '상관의 의도를 명찰하고'라는 표현을 본 일이 있었다. 한마디로 윗사람이 무엇을 원하는지 눈치 빠르게 파악하고 이를 앞서 처리함으로써 상관의 만족을 가져온다는, 다분히 관료주의적이며 기회주의적인 의미로 받아들였다.

나는 이 표현을 조금 다르게, 바람직한 방향으로 '리더의 비전을 구현하는 방법을 찾는 참모'라고 바꾸어 보고 싶다. 리더는 조직이 추구해야 할 바람직한 방향을 제시하고 직원들이 그 길로 갈 것을 독려한다. 그 길을 가기 위하여 무엇을 해야 할지 구체적으로 제시할 수 있으면 금상첨화겠으나, 리더가 그것까지는 못하는 경우가 많다. 이럴 때 그것을 실제로 어떻게 이룰 수 있을지를 찾아내는 직원은 정말 훌륭한 참모인 것이다. 나는 이집트 대사로 근무하면서 그러한 경험을 두 번 하였다. 앞에서 언급한 한·이집트 경제위원회 구성 과정이 그 하나라면, 현대 이집트인 소개를 위한 앗살람 알라이쿰 제작이 다른 하나이다.

우리 대사관 공공외교 담당 고문희 참사관은 2019년 3월 초 내 방에 와서 웃으면서 보고하기를, 평소 내 고민을 들으면서 자기도 곰곰이 생각해 본 결과, 현대 이집트인을 한국에 소개하기 위해서 유튜브 시리즈를 만들어 보겠다고 하였다. 놀란 나는, '으응? 그걸 어떻게 하려고?'라는 반응을 보이며 나의 소망을 받아주는 노력이 반가우면서도 과연 이를 어떻게 실행할지 걱정이 앞섰다. 아이디어는 좋은데, 문제는 비전문가 집단인 대사관이 어떻게 유튜브 방송으로 녹여내느냐 하는 것이었다. 대사관에서 에피소드를 기획하고, 영상을 찍고, 편집한다는 것이 일단 처음 있는 일이었으며, 이집트 사회의 보수성, 사업 예산 문제, 대사관 또는 공무원 조직으로서의 한계도 있고, 평소 업무에 새로 추가되는, 외교부 본부로서도 가보지 않은 길이었기에 걱정이 앞섰다.

한국에서 방영된 '비정상회담'이라는 프로그램을 보면, 한국어를 잘하는 세계 각국 청년들이 한국에서 사는 경험을 우리말로 표현한다. 고 참사관은 이처럼 이집트 학생들이 현대 이집트인에 대하여 한국어로 대화하는 프로그램을 만들자는 것이다. 그래서 임시제목을 '비비'정상회담으로 하자고 하는데, 나는 기존의 프로그램을 너무 모방하는 것 같다고 우려하였다. 확인해 보니 과연 지적재산권 문제가 있다고 하였다.

일단 나는 '이집트: 피라미드를 넘어'라는 주제로 시작해 보자고 하였고, 이에 대하여 고 참사관은 차분히 하나씩 일을 진전시켜 나갔다. 제목은 수많은 아이디어가 오고 간 끝에 가장 무난한, 아랍어 인사말인 '앗살람 알라이쿰'에 카이로를 붙이는 선에서 결정되었다.

다. 유튜브 동영상 제작과 난관의 극복

우선 출연진을 확보하여야 했다. 카이로에 있는 한국어 교육기관은 아인샴스 대학교와 한국문화원(세종학당)이 있는데, 이곳에서 한글을 배우는 학생들의 열의나 실력이 상당하다. 실제로 아인샴스 대학교 한국어과 입학을 위한 성적은 카이로 대학교와 더불어 전국 최고 수준이며, 입학 후 한 학기를 보내면 바로 한국어로 수업할 정도이다.

일단 아인샴스 대학교 및 세종학당의 한국어 학생들을 찾아 프로젝트를 설명하고, 신청서를 받기 시작했다. 우리말 구사의 유창성뿐만 아니라, 분위기 조성능력, 한국에 대한 사랑, 한국어에 대한 열정, 그리고 다양한 직업군과 연령대 분포 등을 고려하여 일단의 후보자들을 추려 나갔다. 아인샴스 대학생들, 세종학당 출신 졸업자들, 한국 연수

박사, 석사 학생들, 인기 가이드, 한국인과 결혼한 대학교수, 알아즈하르 대학교(이슬람학문 최고대학)의 학생까지 뽑았다.

앗살람 알라이쿰 카이로 발대식

고 참사관은 콘티(각본) 작성에 착수해서 수차 수정하더니, 드디어 5월 5일 동영상 제작 발대식을 가졌다. 나는 발대식에서 우리 대사관이 한국 문화를 이집트에 알리는 노력을 전개하고 있지만, 피라미드와 스핑크스 모습을 넘어선 현재의 이집트 국민이 사는 모습을 한국 국민에게 소개하는 일도 중요하다고 강조하였다. 또한, 한국말을 잘하는 이집트 친구들이 자신의 문화를 한국 국민에게 소개하는 중요한 역할을 맡게 된 것을 축하하고 감사를 전달했다.

출연진들은 내가 그간 한국어학과 관련 행사를 하면서 보았던 친구들이어서 낯설지 않았다. 모두 적극적이고 이집트를 대표하여 자기 나라를 한국에 소개하는 역할에 대해서 자부심이 대단하였다. 고문희 참사관은 '미스터 쿠리(코리아의 아랍어 표현)'라는 자신의 별명을 만들어 때로는 나비넥타이를 매고 출연하는 연예인의 자세를 보여주었다. 출연진에는 한국어학 박사 1호인 사라 교수, 아인샴스대 한국어 강사 니핼 조교, 한국문화원에서 오래 근무하던 민나, 현재 한국문화원에서 근무하며 통역을 담당한 에스라 등이 주축을 이루었다.

미스터 쿠리 팀은 5월 23일에 첫 촬영에 들어갔다. 과거에 이러한 방송 프로그램을 만들어 본 경험이 있는 사람이 없어 출연진들은 시행착오를 겪어 가면서 배우는 수밖에 없었다. 주제 선정에서부터 원고 작성, 방송 운영, 그리고 편집에 이르기까지 생전 처음 겪어보는 직원들이 모두 다 맡아서 하여야 했다.

우선 주제를 잡기가 어려웠다. '한국인들이 이집트의 무엇을 알고 싶어 할까? 어떤 주제가 재미있어서 그들의 흥미를 끌까? 어떠한 선입견을 고쳐주어야 할까?'가 주제 선정과 진행상의 고민이었다. 실제 진행은 모든 출연자가 열정이 넘치고 하고 싶은 말도 많아서 간간이 실수도 있었지만 자연스럽게 흐름이 이어져 나갔다.

카이로에 파견된 특파원, 특히 SBS 이대욱 특파원에게 조언을 얻기도 하였는데, 보통 이러한 방송을 만들려면 방송 PD만 최소 10인 이상이 필요하다고 하였다. 제작진은 엄청난 부담을 느꼈지만, 이미 뽑은 칼! 밀어붙이는 수밖에 없었다. 이 특파원의 조언과 함께, 우리 대사관의 김호진 연구원, 공공외교팀의 베로니카^{Veronica Halim}가 가세하여 제작 과정을 세밀하게 챙기면서 영상 제작은 진행되었다. 총 3회, 3개월에 걸쳐 영상을 찍었고, 이를 주제별로 총 23회로 나누어 편집하였다. 촬영은 아무래도 프로의 손길이 필요한 부분이어서 카이로 현지 회사와 계약을 맺고, 현지 업체 카메라 3대가 동원되었으나 우리말을 모르니 엉뚱한 장면을 잡기가 일쑤였고, 이러한 부분들은 편집을 통해 보충하여야 했다. 원래는 편집까지 현지 업체에서 맡을 계획이었는데, 결국 대사관 직원들이 고생하였다. 당시에는 아랍어와 한글로만 자막을 제작할 예정이었는데, 결국 모든 에피소드에 영어까지 넣었다.

우리 대사관 직원들은 고 참사관의 헌신적인 노력에 감동하고 많은 격려도 보냈지만, 걱정이 전혀 없는 것은 아니었다. 초기 제작물의 공개에 앞서 직원들이 모여 시사회를 하고 의견을 나누었다. 이집트 사회의 보수성, 한국 사회의 민감성 등을 감안하며 조심스러운 시각으로 보니 여러 가지 문제점이 발견되기 시작하였다.

첫째는 초반에 선택한 '일부다처제'라는 주제가 너무 민감한 문제임이 지적되었다. 둘째는 출연진들이 젊은이들이라서 일부다처제에 반대하는 의견, 그리고 이집트에 자유연애 위주라고 하고 있으나 이런 구습이 완전히 없어진 것은 아니고 지역사회에 남아 있어 젊은이들의 주장만 전하는 것은 현실을 왜곡한다는 지적이 있었다. 셋째는 우리 한국의 보수 기독교 시각에서 볼 때 이집트의 현대성을 알리는 노력이 자칫 이슬람을 미화하는 것으로 곡해될 위험이 제기되었다.

고 참사관 안색이 창백해지고 그동안의 노력이 수포로 돌아가기 직전이 되었다. 나는 제기된 의견들이 다 일리가 있다고 하면서도, 이집트 젊은이들의 시각을 전달하는 것이 반드시 일부다처제의 현실 부인이 아니며, 오히려 미래 세대가 새로운 의견을 가지고 있음을 전하는 것이니 너무 부정적으로 생각하지 말자고 하였다. 다만, 일부 편집을 해서 지나치게 문제를 부각하는 인상을 피하자며, 프로젝트는 다듬어 가면서 추진하자고 하였다. 고 참사관은 안도의 한숨을 쉬고 새로운 에피소드 제작에 매진하였다. 아울러 본부와의 협의도 거치면서 일부 내용을 크게 무리가 없는 방향으로 수정했다. 이 과정에 일부다처제 등 한국인이 관심을 가질 만한 주제들이 민감성 때문에 조금씩 편집되기도 했다.

동영상 제작은 6월 17일 제2차 촬영을 갖고, 7월 29일 첫 에피소드를 올리면서 순차적으로 일을 진행하였다. 8월 18일에 제3차 촬영

을 마치고 오랜 편집 기간을 거쳐서 12월 5일 마지막 회인 제23회를
공개하였다.

라. 유튜브 대박의 꿈?

앗쌀람 알라이쿰 안내지

내가 보기에도 내용은 신선했고 잘 만들어졌다. 전문가가 아닌 아
마추어들이 모여 만들었기에 대본도 없었고, 이에 따라 정해진 답변도
없었다. 대본이 있었다면 이를 기억하며 연기하는 모습이 연출되었을
것이다. 오히려 대본이 없어 솔직 담백한 의견들이 자연스럽게 나왔

다. 이집트 문화를 알리고, 그리고 한국과의 유사점과 차이점을 부각하는 과정에서 출연진들이 한국 소프트파워를 좋아하는 모습이 여기저기 자연스럽게 녹아 들어갔다. 솔직히 말해서 이집트를 소개한다면서 한국 자랑이 더 많았다.

과연 반응은 컸다. 카이로에 특파원을 둔 SBS, 동아, 연합뉴스 등 국내 뉴스뿐만 아니라, 이집트 언론사에도 촬영을 나오고 기사를 내보냈다. 왜 한국 대사가 한국이 아니라 이집트를 알리는 노력을 하냐는 질문도 많이 받아야 했다. 나는 양국 국민들 간 균형 있는 이해가 더욱 지속가능한 관계를 일구어 가는 핵심이라고 믿는다. 그래서 이집트 청중들에게 양국관계를 이야기해 줄 때 한국인들이 현대 이집트인들을 이해하기 위한 유튜브 영상이 만들어져 한국에서 즐기고 있다고 설명한다. 그 순간 그들의 자랑스러운 눈빛과 우리를 정말 가깝게 생각하는 마음을 느낀다.

에피소드별로 나의 연설 장면이나 대사관의 활동이 사진이나 짧은 동영상으로 소개되었다. 마지막 에피소드에는 직접 촬영에 참여하기도 하였다.[19] 나는 발대식과 마찬가지로 참여한 모든 이들에게 그 역할의 중요성을 강조하고 그들의 노고에 칭찬을 아끼지 않았다. 그들은 이 어려운 작업을 순전히 즐거운 마음, 한국에 대한 사랑으로 끝까지 완성한 것이다.

고 참사관의 경우, '누가 시키지도 않은 일'을 열심히 하느라 신체적으로 탈진상태였고 은근히 이런저런 비난과 지적에 시달리느라 마음도 상하였다. 나는 고 참사관이 너무 잘해서 유튜브 스타로 부상하였으니 대사관을 떠날까봐 걱정된다고 농담하면서 그를 격려하곤 했

---

19 원래 카이로에 있는 한국식 치맥 집 '꼬끼오'에 나와 출연진들이 모여서 격려하는 모습도 있었는데, 이집트 젊은 여성들이 음주도 하지 않으면서 치맥 집에 있는 모습이 마음에 걸려 결국 뒤에 살짝 지나가는 사진 정도로 처리하였다.

다. 외교부 본부도 이러한 노고와 공공외교 효과를 인정하여 우리의 유튜브 시리즈를 '2109년 공공외교 분야 우수상'에 선정하였다. 아니, 최우수상을 놓치다니!

6. 한·이집트 친선협회: 미완의 작업

나는 부임 초기 알라 파흐미 회장의 한·이집트 관계발전을 위한 열정, 주로 전직 장관들로 구성된 화려한 협회 이사들의 면면을 접하고 나서 이 친선협회를 양국관계 발전을 지원하고 각종 아이디어를 건의하는 일종의 와이즈맨 그룹으로 만들고자 구상하였다.[20] 그러기 위해서는 이집트 측 위원들의 활동을 지원할 플랫폼이 필요하였고, 한편 한국 측에서 이들과 대화하면서 양국관계 발전을 위한 제언을 해줄 한국 측 회장과 회원들을 필요로 하였다.

나는 먼저 이집트 측 전열을 정비하고자 4월 27일 관저만찬에 친선협회 이사진을 모두 초청하여 앞으로 협회를 끌고 나갈 방향에 대하여 협의하였다. 그들은 무엇보다도 자신들의 이집트·한국 친선협회 EKFA의 파트너인 한국·이집트 친선협회KEFA가 한국에 구성되어 함께 사업을 추진하기를 희망하였고, 자신들이 이집트 내 한국기업들의 애로사항을 해소하기 위한 자문과 협조를 제공할 용의를 표명하였다. 나는 이날 만찬 협의에 앞서 이들이 채택할 일련의 권고사항을 서면으로 준비해 두었다가 논의를 유도하여 이사들의 동의를 받아 통과시켰다. 그런데 바로 이날 토론을 진행하면서 보니 이사들이 다들 전직 고위직

---

20 파흐미 회장은 전 교통부 장관, 유네스 부회장은 전 전력부 장관, 하이켈 이사는 현직 의원, 헬랄 이사는 전 교육부 장관, 알사이드 이사는 전 카이로 주지사, 자키 이사는 전 수에즈운하 청장이었고 사브린 사무국장은 알아흐람지 논설위원이었다.

이지만 현재는 심부름할 사람이 없는 처지에 있어, 각자 입으로 말만 할 뿐이지 실제 문서를 만들고 연락하는 행정업무를 처리할 능력이 없었다. 결국, 우리 대사관 정무과의 현지 직원 마이Maye가 맡아서 사무국 노릇을 해주기로 하였다.

2019 논문공모전 발표행사

나는 내심 전직 주이집트 한국대사들, 중동지역 전문 교수들, 이집트 진출 기업의 임원들을 포함한 협회의 출범을 구상하고 있었다. 그러나 우리 대사관과 본부의 실무진들은 내가 기대하는 외교부 등록단체로서의 한·이 친선협회의 설립절차가 너무 복잡하고 제약이 많아 실현되기 어렵다고 회의적인 태도를 보였다. 더구나 한국기업들도 애로사항 해소를 위한 이들의 협조 제공에 별로 관심을 보이지 않았다. 아쉬웠지만, 현실을 받아들이는 수밖에. 하지만, 언젠가는 한·이집트 관계가 더욱 풍성해지면서 양국의 와이즈맨들이 논의하는 기구가 생겨야 할 것으로 본다. 이는 후임 대사들의 몫으로 남겨두고자 한다.

결국 이집트·한국 친선협회의 주요 업무는 2017년부터 시작된 한·이집트 관계발전 방안에 대한 논문 공모전이 되었다. 협회는 해마다 이 행사를 기획하고, 언론에 발표하고, 공모작들을 심사하고 입상자들을 선별하여 시상식을 거행하는 일을 대사관과 협조하여 계속하였다. 사실 그것만 해도 현직에서 은퇴한 장관들에게는 대단한 일이었다. 특히 헬랄 전 교육부 장관은 공모전 발표 기자회견에서는 기대되는 논문의 방향을 제시하고, 시상식에서는 엄격한 선발 기준을 설명하는 등 행사의 질을 향상하기 위한 많은 노력을 기울였다. 응모하는 학생의 숫자는 첫해 12명에서 이듬해 50명, 2019년에는 67명으로 늘어났다. 그들의 관심 분야도 다양해져서 좋은 글들이 많이 나왔다.

나는 논문 공모전 관련 두 가지 고민이 있었다.

첫째, 공모작의 활용문제다. 우리가 이집트 학생들의 한국에 대한 관심을 유도하기 위하여 이러한 논문을 공모하니 이들은 한국에 대해서 공부하고 머리를 짜내서 이런저런 방안을 포함한 글을 써낸다. 그러나 본부는커녕 정작 우리 대사관에서도 이들의 논문을 제대로 읽어보고 정책 제언의 일부로 참고하는 일이 드물다. 최소한 한국 내 중동 관련 저널에 이들 논문의 요약문이라도 올라갈 수 있도록 해야 이 행사가 형식만 갖추고 내용에는 무관심하다는 비난을 피할 수 있을 것 같다.

두 번째는 상품의 문제다. 처음에는 논문공모전 우승자를 한국에 보내준다고 광고하였으나, 첫해 한 명만 한국에 보내주고 나머지는 상금을 주던 것을, 그다음 두 해에는 예산 사정으로 3백 불에서 8백 불에 이르는 상금으로 바뀌었다. 이집트는 가난한 나라이다. 괜히 한국같이 멀리 있는 나라를 다녀오는 것보다 현금이 훨씬 더 의미가 클 수 있다. 그러나 이들의 반응은 달랐다. 수상 소감을 이야기하는 학생들이나 시상식을 취재하는 기자들이나 이구동성으로 한국에 대하여 이

정도로 관심이 있고 공부한 학생은 한국을 직접 체험할 자격이 있다고 주장하는 것이다. 본부에서 예산을 확보하고, 필요하면 여타국과 한꺼번에 초청하는 일종의 우호국 청년 초청 프로그램을 마련함으로써 이들이 한국을 체험하고 자신의 연구가 얼마나 적실성이 있는지 깨닫게 하며 더욱 양국관계를 위해 노력할 동기를 부여하여야 할 것이다.

IX

한류를 전파하라!
문화외교

Rediscovery of Egypt

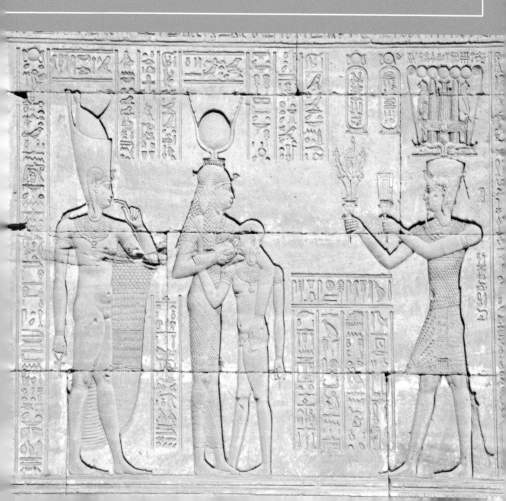

IX

한류를 전파하라! 문화외교

공공외교는 대외적으로 우리 한국의 이미지를 관리하여 주재국 국민이 한국을 더 우호적으로 그리고 매력적으로 느끼게 하는 일련의 작업을 말하는 개념이다. 문화외교는 바로 그 효과를 가져오는 우리 문화의 내용을 담는, 공공외교의 중요한 구성요소이다. 우리 문화는 한국인들이 어떤 사람인지를 남들에게 알려주는 정체성을 이루고 그러한 우리를 남들이 좋아하고 따르게 만드는 수단이기도 한 것이다.

한국이 경제적으로 앞서 나가면서 우리의 정체성에 자신감을 가지고 이를 전파해 나가는 노력도 더욱 적극적인 접근을 하게 되었다. 이집트에 부임하여 현장에서 보니 우리 언어, 음악, 무용, 영화에서 우리의 무술 태권도에 이르기까지 이집트 친구들에게 매력적이지 않은 것이 없었다. 특히 2014년에 개설된 주이집트 한국문화원은 중동지역 최초의 문화원으로서, 상대적으로 한국 문화의 불모지인 이 지역에 한국인의 정체성을 소개하고 한류 바람을 일으키는 전초기지의 역할을 톡톡히 수행하고 있다.

1. 코리아 카라반과 한국의 날: 한국 문화를 전하는 행상들

주이집트 한국 대사관과 문화원은 1년에 두 번씩 지방행사를 개최한다. 하나는 한국 문화 전반을 소개하는 '한국의 날' 행사이고, 다른하나는 한국 문화에 더하여 코트라와 코이카가 경제협력 및 교역 기회까지 홍보하는 '코리아 카라반' 행사였다. 카이로를 벗어난 지방에서행사를 준비하기는 어려움이 많았는데 우리 공공외교팀과 문화원이수고를 많이 하였음은 물론, 우리가 방문하는 지역에서 장소를 제공하고 행사준비를 지원하는 파트너들의 도움도 중요하였다. 코리아 카라반이라는 행사 이름은 진짜 카라반이 다니는 중동지역에서 한국인들이 카라반을 이루고 구석구석을 찾아다닌다는 이미지를 주었다. 이는역설적으로 우리의 쉬지 않는 행군을 보여주는 좋은 상징이었다.

이 지방행사는 일정한 수순을 가지고 있었다. 해당 지역에 도착한날은 그 지방의 당국자, 즉 주지사와 시장을 면담하여 다음날 있을 한국의 날 행사에 참석할 것을 권유하고 아울러 그 지방을 여행하는 한국인 관광객의 편의와 안전에 대한 협조를 확보하는 것이 첫 번째 업무였다. 이 과정에서 주지사들의 성격과 리더십, 대외업무 관심, 외국인을 대하는 자신감이 차이가 나는 것을 관찰할 수 있었다.

첫날은 지역 언론 기자들을 초청하여 저녁을 대접하며 간담회를진행하였다. 이들은 초청받은 자체를 고마워하기도 하고, 카이로 기자들과 마찬가지로 한국 정부가 자기들에게 무엇을 해줄 것인지 관심을보이기도 하였다. 그러나 그들이 가진 한국에 대한, 그리고 한·이집트관계에 대한 기본적인 지식이 부족하여 아쉽기도 하였다. 거듭된 지방

출장을 통하여 깨달은 점은 내가 자유롭게 이들을 가르치는 위치에 있다는 것이었다. 따라서 백지상태인 이들의 머릿속에 어떤 내용으로 양국관계에 대한 그림을 그려줄 것인가를 생각하게 되었고 편하게 대화하면서 거의 강의와 같은 수준으로 한 시간 이상 한국 이야기를 해주었다.

만찬 행사인데 이렇게 길게 이야기를 하면서 식사를 할 수 있는가? (특히 나의 빈 속과 짜증의 함수관계를 생각할 때 말이다.) 가능했다. 왜냐하면 지방언론들의 경우, 영어를 이해하는 사람이 간혹 있지만, 그들의 안전한 이해를 위해서는 우리 통역이 내 영어 설명을 다시 아랍어로 풀어주는 작업이 필요했고 그동안 나는 요기를 할 수 있었다. 한 시간 반에 가까운 대화와 식사가 끝나고 나면 기자들은 다른 행사에서와 마찬가지로 나와 사진을 찍으면서 마무리하였다.

보통 출장 제2일에 그 지역의 강당이나 극장을 빌려서 한국의 날 행사를 가졌다. 개회식에서 대사와 주지사가 축사를 하고 한국과 이집트 학생들의 무용을 소개하는 공연이 있었다. 강당 밖으로 나오면 대사관이 준비한 한국음식 시연, K-VR 체험행사 및 태권도 시범이 차려져 있었다. 동시에 문화원은 한복 입어보기, 한국어로 이름 쓰기, 한국 민속놀이를 선보인다. 다른 코너에서 코이카는 이집트 내에서의 활동을 설명하는 사진전을, 코트라는 한국상품을 홍보하고 무역상담회도 열었으며 한편 아인샴스대는 한국어학과 입학 설명회를 했다. 내가 주지사와 함께 각 코너를 방문하여 직접 경험하도록 하면 다른 손님들도 그를 흉내 내면서 우리 문화를 즐겨보도록 유도하였다. 이 모델은 다양한 주체를 포함하는 '팀 코리아'가 한국을 총체적으로 소개하는 좋은 모범 사례가 되었다.

나의 첫 코리아 카라반은 2018년 6월 말 수에즈운하의 남쪽 입구 이스마일리아주와 북쪽 입구 포트사이드 주에서 진행되었다. 이스마일리아의 타헤르^{Yassin Taher} 주지사는 면담 다음날 공공도서관에서 개최된 우리 한국의 날 행사에 직접 참석하여 축사를 해주고 모든 전시 코너를 방문해 주었다. 이곳에서 케이팝 월드페스티벌 예선도 열려서 이스마일리아 주에 한국 바람을 일으켰다. 방문객들도 200여 명이 될 것이라는 당초 예상을 깨고 1천여 명이 참석하여 한국에 대한 지역 주민들의 관심을 보여주었다. 이스마일리아 측도 자기네 민속무용도 보여주고 헤나 문신 코너를 만들어 호응하는 정성을 보여주었다. 포트사이드 주에서도 가드반^{Adel Ghadban} 주지사와 함께 카멜^{Mahel Kamel} 문화부 차관보가 참석하여 행사를 빛내 주었고 이곳도 1,200명의 관객이 운집하여 성황을 이루었다.

남시나이 한국의 날 행사에 푸아드 주지사와 함께 입장하는 필자

2019년 4월 코리아 카라반 행사는 시나이반도 남부 샤름알세이크를 방문하여 진행되었는데 한국의 날 행사와 함께 제13회 한국대사배 태권도대회를 개최하였다. 특히 알시시 대통령과 사돈 관계에 있어 실세라

는 푸아드Khaled Fouad 남시나이 주지사와 많은 시간을 보냈다. 나는 그에게 우리 관광객 안전에 대한 관심과 지원을 당부하고 그가 즉석에서 초청한 지역영화제 행사International Theater for Youth에 참석하여 이집트 영화계의 주요 인사들과 어울렸다. 푸아드 주지사는 나와 지방기자단과의 환담에도 자진 참여하여 우리의 친분을 과시하면서 한국 관광객이 남시나이를 방문해줄 것을 당부하였다. 그는 다음날 한국의 날 행사에 직접 참석하여 우리 의상을 입어보고 음식도 먹어보는 적극성을 보였다.

매년 10월, 11월은 룩소르와 아스완을 엮어서 한국의 날 행사를 하였다. 2018년 11월에도 알함Mustafa Alham 주지사 면담으로 시작하여 지방기자단과의 만찬, 한국의 날 행사, 공공도서관장과 업무협의 등의 일정을 갖고 아스완으로 옮겼다. 아스완에서 수고하는 우리 코이카 봉사단원들과 카이로와 룩소르에서 응원 온 단원들과 함께 오찬간담회를 갖고 그들의 애로사항을 청취하며 아스완 지역 기자단들과 만찬을 가지면서 한국과 이집트 간의 협력 사업을 두루 설명해 주었다. 다음날은 아스완 대학교에서 한국의 날 행사를 가졌는데 한국어과 학생들이 우리 봉사단원들의 지도를 받아 정성을 기울인 장기자랑을 한국어로 보여 주었다. 2019년 행사는 룩소르에서 목격한 한국 음악인들의 활약이 인상 깊었고 아스완에서 아스완대의 한국어 교육 자구노력을 촉구하는 나의 강성 발언으로 다들 긴장한 모습을 보고 돌아왔다.

2. 이집트에서의 한국어 교육

우리말은 우리의 혼이고 정체성이다. 다른 민족이 우리말을 배우면 우리문화를 이해하는 데 도움이 되고 우리가 어떠한 생각을 하는지 잘 알게 된다. 어느새 우리 국력이 올라가면서 세계적으로 한국어 교육의 수요가 늘어났고 이집트에서도 예외가 아니었다.

아인샴스 대학교 한국어과 교수진 및 조교들

이집트인들은 어학에 능하다. 영어도 잘하고 엘리트들은 프랑스어도 수준급이다. 피라미드 근처에서 여행객들을 인솔하는 이집트인 가이드 들을 보면 스페인어에 이탈리아어도 들리지만, 중국어에 일본어를 줄줄 하는 경우도 종종 보인다. 우리 여행사에도 한국어로 안내하는 이집트 인이 여러 명 있다. 그들이 하는 다른 외국어는 내가 평가할 위치에 있 지 않지만, 한국어를 할 때는 깊은 인상을 받지 않을 수가 없다. 물론 약간의 실수는 있지만, 그 표현의 폭이나 자연스러움을 보면서 우리가 이집트식 아랍어를 저 정도로 하는 사람이 얼마나 있을까 싶다.

이집트에서 한국어 교육의 시작은 한국과 이집트 공식 외교 수립 전인 1994년부터이다. 당시 문화체육부의 지원으로 대사관에 강의실 을 마련하여 한국어 강좌를 시작하였다. 2000년 초에 문화체육부의 지원이 중단되면서 이집트에서 한국어를 배울 수 있었던 유일한 곳인 대사관 강좌가 없어지기도 하였다. 그러나 2003년에 대사관의 노력과 2002한일월드컵과 한국 드라마로부터 시작된 한류의 영향으로 대사관 한국어 강좌가 다시 시작되었다. 2005년에는 드디어 아인샴스 대학교 한국어과가 개설되었다. 2016년 9월에는 이집트 최남단 도시인 아스완의 아스완 대학교에서도 한국어과를 개설하여 운영하고 있다. 현재 이집트의 여러 대학교에서도 한국어과 개설에 적극적인 관심을 보이고 있고, 실질적으로 한국어과 개설을 준비하기 위하여 아인샴스 대학교 졸업생 중에서 교원을 선발하여 준비하고 있는 대학교도 있다. 현재 아인샴스대 한국어학과는 이집트 대학입시에서 가장 '커트라인'이 높은 두 개 학과 중 하나라고 한다. 다른 하나는 카이로 대학 정경대이다.

나의 카이로 부임 2개월 후 아인샴스 대학에서 제12차 한국어 말하기 대회에 참가하여 그들의 실력대결을 관찰하였다. 벌써 제12차 대회라니! 아인샴스 대학은 2005년에 중동아프리카 권역 최초로 정규대학 한국어학과를 개설하였으니, 개설 1년 후부터 이 대회를 계속 개최해 온 것이다. 아인샴스 대학은 그동안 270명의 졸업생을 배출하였고 석사과정도 12명이 졸업하였으며 현재 학부에 130명, 석/박사 과정에 17명이 재학중인 이집트, 그리고 중동지역 한국어의 본산이었다. 카이로에서 한국어 교육은 아인샴스대와 아스완대의 한국어학과 전공자들, 한국문화원의 세종학당, 이집트 국방부 산하 국방언어학교 등 3곳에서 제공되었는데 3곳 출신의 학생들이 모두 출전하여 경쟁을 벌였다. 내가 본 이집트 학생들의 한국어 실력은 정말 대단하였다. 여러 가지 표현을 구사할 줄 알뿐더러, 한국 고유의 문화도 이해하고 더욱 놀란 것은 지방별 사투리의 억양과 표현까지 정확하게 차이점을 파악하고 구사하는 것이다. 각종 패러디 영상을 만들어 소품으로 선보이는 정성에 이들의 한국어에 대한 진정한 사람이 느껴졌다. 아인샴스대의 한국어 말하기 대회는 이집트뿐 아니라 인근의 모로코, 요르단, 케냐에 이르기까지 한국어 공부를 해온 학생들이 그동안 노력한 결과를 선보이고자 카이로까지 와서 경연을 벌여 더욱 인상적이었다. 심사위원들은 누구에게 대상을 주어야 할지 정말 고민이 많았다. 2019년 우승자의 주제는 '한국인들의 정(情)'이었으니 한국 문화에 대한 그들의 이해의 깊이를 가늠할 수 있었다.

아인샴스대 한국어학과 출신 가운데 박사는 두 명이 나왔다. 한 명은 이집트 국내 아인샴스대에서 받았는데 안타깝게도 결혼한 후 교직을 그만두었다. 이집트도 결혼하고 나면 학업이나 직업을 계속 추구하기가 쉽지 않은가 보다. 사실 이런 점도 문제인 것이, 한국어학과의 학생들이 대부분 여성이었다. 여성들이 어학에 더 재능이 있어서인지, 남성들이 관심을 다른 곳에 쏟아서인지 알아보아야 할 일이다. 다른 한 명은 서울대에서 음성학으로 박사학위를 받은 사라 마게드 벤자민 Sara Maged Benjamin이었다. 그는 나에게 자신의 박사학위 논문을 증정하였고 나는 박사학위 취득이 이집트 내에 자생적인 한국어 연구의 생태계 구축에 기여할 것을 기대하였다. 그리고 그와 이집트 방송과의 인터뷰를 주선하였다. 그는 한국의 발전상, 한국의 가족문화, 한국인의 협동과 혁신 정신, 한국인의 이집트 고대문화 사랑 등을 잘 소개해 주었다. 그는 앗살람 알라이쿰 카이로의 주요 출연자이기도 하다.

서울대에서 한국어 언어학 박사를 취득한 사라 벤자민 교수

'자생적인 한국어 연구 생태계 구축'은 매우 중요한 개념이다. 한국인들에 의지하지 않고 이집트인 선생이 직접 한국어 교육을 실시하고 박사학위 논문까지 감수하는 단계에 이르러야 비로소 진정한 한국어 교육체계가 이집트 땅에 뿌리를 내리는 것이다. 사라 박사의 탄생으로 그 가능성은 더욱 높아졌다. 그리고 아인샴스대 한국어학과에는 졸업생 가운데 최우수자로 선발한 교수요원들이 학부생들의 교육을 뒷받침해주고 있다. 교수요원 25명중 6명은 한국에서 학위과정을 밟고 있고 2명은 휴직 중이다.

한편, 2016년에 설치한 아스완대에 있는 이집트 제2의 한국어학과에는 현재 44명의 학생이 있고, 4학년에 14명이 있는데 이번 여름부터 첫 졸업생을 배출하게 되는 상황이다. 이 한국어학과가 사실상 우리 봉사단원의 헌신적인 노력으로 유지되고 있다는 점이 문제라면 문제였다. 단원들이 있는 한, 학교 측이 예산을 마련하여 이집트인 교수를 확보하려 노력할 유인이 적어지는 것이다. 좋게 말해서 예산 사정이 어려워서라고 볼 수도 있지만, 한국에서 이미 사람을 보내 무료로 강의해주니 구태여 자기네 자원은 배분하지 않는 것이다. 나는 아스완대를 방문할 때마다 예산을 확보하여 우수한 이집트인 강사를 채용할 것을 촉구하고 돌아왔다. 심지어 주지사를 만나서도 주에서 예산을 할당해 달라고 호소하기도 하였다. 그러나 그들은 이 학교는 중앙정부의 보조금을 받지, 주 정부의 예산이 들어가지 않는다고 강변하였다.

나는 한국어를 사랑하고 공부하는 이집트 학생들을 보면서 '이 학생들은 문화적으로 우리의 자식들이구나!'라고 깨달았다. 아울러 지적인 호기심과 한국에 대한 호감에서 시작한 공부이지만, 그러한 공부를 열심히 했음에도 그들의 장래가 보장되지 않으면 곤란하다는 생각이 들었다. 한국어 교육의 인기 면에서 그리고 문화적 자식들에 대한 '도의' 측면에서 말이다. 이들이 모두 석/박사를 취득하고 한국어학자가 될 리도 없고 한국어학자가 되어도 학교에서 그들을 채용할 자리가 충분히 있어야 했다. 이집트에 진출한 한국 업체가 그들을 채용할 용의가 있어야 했고 그들도 어떠한 기회가 있고 어떠한 준비를 해야 하는지를 알아두는 것이 중요하였다.

이러한 고려에서 우리 대사관은 2019년 5월 15일 ODA 협의회의 일환으로 '이집트 학생들의 한국기업 취업 간담회'를 열고 LG전자와 삼성전자 이집트의 인사 담당자, 코이카 봉사단(최상복, 강연현)과 오세종 교수가 참석하여 어떤 방법으로 이들에게 도움을 줄 수 있을지 토론 시간을 갖고 가능한 많은 기회를 마련하기로 하였다. 그 뒤 한국 업체에서 더욱 적극적으로 한국어학과 졸업생들을 스카우트해갔다. 사실 한국어학과 학생들의 취업률은 높다고 한다. 2018년 말 현재 당시 총 240명 졸업생 가운데 150여 명이 한국기업을 비롯한 좋은 직장에서 일하고 있다. 우리의 문화적 자식들이 한국 문화를 사랑하고 한국어학과를 선택한 것을 후회하지 않도록 도와주어야 할 것이다.

한편 우리는 이집트의 외교관 선발시험의 외국어에 한국어가 들어가도록 노력 중이다. 현재 이집트에서 1천여 명에 달하는 우수한 이집트 학생들이 한국어를 배우고 있고 이들의 강력한 희망이 있기 때문이다. 외교부 아태국은 당연히 우리를 지지한다는 입장이나, 시험을 관장하는 인사과가 발을 끌고 있다. 사실은 이 문제도 정상행사를 계기로 정리가 될 뻔했는데, 2020년에는 포함되기를 기원한다.

3. 한국의 음악: 케이팝을 넘어서서

가. 케이팝

나는 부임 직후인 2018년 2월 28일, 'K-Fans got talent'라는 제

목의 이집트 학생들의 케이팝 경연대회에 참석하였다. 미국의 장기자랑 프로그램 제목을 따온 이 행사는 한국 문화를 사랑하는 젊은이들이 마음껏 끼를 발산하면서 자신 있는 한국 노래, 댄스, 민속무용 등을 자랑할 기회를 주는 차원이었다. 나는 그들의 춤사위가 한국 아이돌 그룹을 거의 복사해 놓은 수준을 보이는 데 놀랐다. 여기에도 여성의 비율이 전반적으로 높았다. 여성 단독, 여성 그룹이 아니면 혼성 그룹인데, 단 한 명뿐인 남성 단독 출연자는 무척 외로워 보였다. 이날은 아인샴스대 한국어학과 학생들의 사물놀이가 그 정성과 규모 때문에 대상을 차지하였다.

그 행사는 1회성 성격이었고 케이팝의 고정 프로그램은 '케이팝 월드페스티벌' 예선전이었다. 2018년 예선전은 그해 6월 말 우리 대사관의 포트사이드 지역을 방문하여 진행한 코리아 카라반 행사의 일환으로 치러졌다. 수에즈운하 북부에 위치한 포트사이드 주는 한류 팬들이 가장 활발한 지역이며 2만여 명이 팬클럽 회원으로 활동 중이다. 이 행사는 그해 10월 한국 창원에서 거행된 월드 팝 페스티벌의 이집트 예선인데, 무려 89개 팀이 지원하여 그중 댄스 5팀, 보컬 5팀을 선발하여 최종예선전을 가진 것이다. 여성 솔로 단 한 명이 최종 우승자가되어 한국 행사 본선전 후보로 추천되었다.

2019년 예선전은 7월에 카이로에서 개최되었는데 지원한 60팀 가운데 선발된 12팀이 출연하여 열띤 경연을 벌였다. 행사장 앞에는 2시간 전부터 한류 팬들의 긴 줄이 이어졌고 입장한 1천 명이 넘는 젊은이들은 행사 시작 전에 각자 자기가 애호하는 아이돌 그룹 이름을 연호하며 분위기를 달구었다. 관객은 전년도의 2배가 되었고 출전팀 기량도 훨씬 높아졌다. 나는 저렇게도 좋아하는데 한국 그룹이 카이로를 찾지 않는 데에 미안한 마음이 들었다. '여러분의 뜨거운 함성을 듣고 한국 케이팝 그룹이 이집트를 찾을 날이 곧 오기를 바란다, 인샬라!'라는 책임지지 못할 희망의 씨를 뿌리고 말았다.

우리 문화원은 이러한 케이팝 팬들의 수요에 부응하여 케이팝 아카데미를 문화원에 6주간 개설하고 본국에서 파견된 강사 3명이 댄스와 노래를 가르쳤다. 초급, 중급 합쳐 40명 정원에 200여 명의 이집트 젊은이들이 몰려 강사들을 놀라게 했다. 다들 열심히 배워서 케이팝 페스티벌에 출전하겠다고 기염을 토하였다.

한국문화원은 또한 현지인 주도의 한류 전달체계 구축을 위해서 매년 한류 팬들을 대상으로 K-Lovers 라는 조직을 구성해 각종 문화 행사에 자원봉사자로 활용하고 있다. 2018년에는 25명이었으나, 2019년에는 570명이 지원해서 55명을 선발하였다. 이들은 문화원 주최 각종 행사에 참여하여 행사 사전홍보, 현지 행정기관 접촉이나 행사장 통역 등 현장의 애로를 풀어주는 중요한 역할을 맡아주고 있다. 이들은 1년간 위촉을 받고 연말에 K-Lovers Night라는 뒤풀이 행사를 통하여 장기자랑과 소통, 그리고 단합을 강화하는 시간을 갖는다. 좋은 기억을 갖고 헤어진 회원들은 다음 해 선발에 다시 참여하여 같은 과정을 겪는다. 한국 문화를 사랑하는 젊은이들이 이러한 과정을 통하여 주인의식을 갖게 되면서 이집트 내 한류가 현지 애호가 중심으로 전파되는 생태계가 구축되기를 바란다.

코로나 사태로 인하여 많은 행사가 취소되고 동결된 요즘에도 문화원은 바쁘다. 케이팝 특강을 페이스북 동영상으로 제공하여 누적 시청자가 3,600명에 달하면서, 온라인을 통한 한류 확산의 새로운 경지를 개척하고 있다.

나. 한국 전통 음악

전통음악, 4.11 임정 100주년 기념 음악 행사

　한편, 우리는 한국 음악에는 케이팝만 있는 것이 아님을 보여주어야 했다. 2018년 4월에는 카이로 오페라 하우스에서 국립부산국악원 악단이 우리의 전통 음악을 아악과 정악으로 모두 선보였고, 9월에는 알렉산드리아와 카이로 오페라 하우스에서 한국의 퓨전 국악팀 '유경화와 이도'가 '이집트에 퍼지는 한국의 향기'라는 주제로 전통 음악과 현대 악기를 접목한 시도를 보여주었다. 이를 통하여 이집트 관중들은 한국 음악인들의 아방가르드적인 경향을 접하고 경탄하는 반응을 보였다. 나는 개인적으로 순수한 전통 음악과는 거리가 있다는 인상을 받았는데 청중의 반응을 보면, 오히려 이러한 박진감 있고 현대적 감각이 더해진 퓨전을 통하여 한국 전통 음악에 대한 그들의 관심을 유도하는 효과도 거두었다고 보인다. 우리 국경일 행사에 출연하기 위해서 10월 초 이집트를 방문한 퓨전 타악기 밴드 '진명'도 큰 북이나 꽹과리, 태평소 등의 전통악기를 사용하면서도 비트박스나 비보이 댄싱을 접목하여 역동적인 장면을 만들어냈다. 특히 상모돌리기에 브레이크댄스가 합친 마지막 댄스는 관중을 열광의 도가니로 몰아갔다. 아무래도 한국 문화를 사랑하고 새로운 것을 접하려는 관중이 젊은 층이다 보니, 역시 이러한 접근이 그들의 관심을 끄는 데 효과가 있었다.

다. 한국인과 서양 고전 음악

이집트 룩소르에서의 아이다 공연, 주인공 아이다와
라다무스 역을 맡은 두 한국인 임세경과 이정환

수에즈운하 개통기념 행사에 사용하고자 작곡되었다고 하는 베르디의 오페라 '아이다'는 고대 이집트를 배경으로 하고 있다. 이집트의 장군 라다무스가 에티오피아의 공주 아이다와 사랑에 빠져 반역자로 몰리고 비참한 최후를 맞는 줄거리이다. 나는 카이로 부임 한 달 후에 카이로 외곽의 기자 피라미드를 배경으로 설치된 야외무대에서 시연된 아이다를 즐긴 바가 있다. 그때 생각난 것이 오페라 아이다의 배경은 카이로가 아니라 테베인데, 테베는 지금의 룩소르라는 것이었다.

마침 2019년 10월에 바로 룩소르에서 핫셉수트 신전을 배경으로 더욱 진품의 오페라 아이다 공연이 이루어졌다. 우리는 마침 한국의 날 행사와 날짜가 일치하여 현지에서 공연을 즐기는 행운을 가졌다. 그런데 그날의 주인공인 아이다 공주와 라다무스 장군 역할을 모두 한국 가수 임세경과 이정환이 맡았다. 아이다의 오리지널 배경인 이집트 땅에서 핵심 주인공인 이집트 장군과 에티오피아 공주의 역할을 모두 한국인이 소화하다니! 두 사람은 체격은 옆에 있는 이집트나 서양 가수보다 작아 보였지만 가창력은 폭발적이어서 무대를 압도하였다. 나는 흥분된 마음으로 준비된 꽃다발을 들고 임시무대 뒤로 가서 두 가수를 축하해 주었다. 이들도 한국 대사가 일부러 룩소르까지 와서 성원해 주는데 기뻐하였는데, 관중의 계속되는 박수로 다시 무대에 올라가 인사하여야 하는 상황이었다. 그때 이들이 내 손을 이끄는 바람에 나도 엉겁결에 무대에 올라가 그들과 손을 잡고 꾸벅 인사를 하고 말았다. 관중들은 궁금했을 것이다. 저 양복 차림의 동양 사람은 또 누구지? 감독은 독일 사람이던데? 이 공연은 한국인들이 서양 고전 음악에도 정통하여 세계무대를 주름잡고 있음을 이집트 청중들에게 상기시켜 준 좋은 기회였다.

아이다 무대에서 엉겁결에 인사하는 필자

4. 한국 드라마/영화

카이로는 아랍권 문화의 중심지이다. 문학, 음악, 영화 등에서 이집트는 중동지역을 주도한다고 알려져 있다. 이집트의 영화나 드라마는 중동지역에 폭넓은 시청자를 확보하고 있어, 여타지역에서는 드라마를 통하여 이집트식의 독특한 아랍어에 익숙해져 있다. 정작 이집트인들은 다른 중동지역에서 사용하는 정통파 아랍어를 잘 알아듣지 못하는 아이러니도 벌어진다. 따라서 이집트에서 인정받는 드라마나 영화는 아랍지역 전체에 파급효과가 있다고도 볼 수 있다.

가. 케이드라마

나는 부임 2개월 후 고문희 참사관으로부터 이집트 국영TV의 한국 드라마 '낭만 닥터 김사부' 방영 관련 서명식이 예정되어 있다고 보고 받았다. 이집트 사람들이 한국 드라마를 보다니? 문화적으로 차이가 있는 우리 스토리를 이집트사람들이 즐기는 모습을 나는 상상하기 어려웠다. 놀랍게도 라신Magdy Lashin 국영TV 사장은 서명식에서 최근 방영이 종료된 '질투의 화신'이 이집트인들의 큰 사랑을 받았다면서 양국 국민이 문화나 생활양식 측면에서 유사한 점이 많아 한국 드라마가 큰 호응을 얻고 있다고 하는 것이 아닌가?

우리를 유사하다고 느끼는구나! 그것은 실제 유사함의 정도를 말하기보다는 그전에 서로를 잘 모르고 이질감과 선입견만 있다가, 드라마를 통해서 보니 '사람 사는 모습이 비슷하고 젊은이들의 희로애락이 다 마찬가지구나.' 하는 깨달음에서 오는 반응이 아닌가 생각되었다. 그런 면에서는 우리도 이집트인들의 생각과 대화를 보면 그들이 우리에게서 그리 멀지 않다는 것을 알 수 있다. 방송국 측은 우리와 다큐멘터리 프로그램을 교환하는 방식의 교류를 희망하였다. 나는 기쁜 얼굴로 노력해 보겠다고 하였으나, 우리 방송국이 이들 프로그램의 방영에 얼마나 적극적일지 몰라서 내심 마음이 개운치 않았다.

이집트에서 2004년 '가을 동화'를 최초로 방영한 이래 최근 '질투의 화신'에 이르기까지 총 7편의 한국 드라마가 방영되었다. 이집트 젊은이들은 한국 드라마를 보면서, 발전되고 개방된 한국 사회의 모습을 부러워하기도 하고, 한국어 공부에도 활용하고 있었다. 한국문화원 직원 에스라는 한국어가 하도 자연스러워서 얼굴을 보지 않으면 한국 사람이 말하는 것처럼 들리는데, 그는 한국 드라마를 보면서 표현과 발음을 익혔다고 한다. 언젠가 페이스북 댓글에 그가 '그때 개더워 힘들었어요!'라고 쓴 말을 보고 감탄을 금치 못했다. 한국 젊은이들과 다름이 없는 표현이었기 때문이다. 이집트 젊은이들이 이 정도로 우리 문화에 깊은 관심을 보이는 데 반해 우리의 관심은 일부 관광지를 넘지 못하고 있다는 사실에 대하여 나는 고민하지 않을 수 없었다. 그러한 고민이 누적된 결과가 앞에서 소개한 우리 대사관이 제작한 유튜브 시리즈 '앗살람 알라이쿰 카이로'였다.

2019년 10월에는 우리의 현대 스릴러 '시그널'과 코미디 사극 '구르미 그린 달빛'의 방영을 위한 서명식이 있었다. 국영TV 사장은 파룩 Nalia Farouk으로 바뀌어 있었다. 나는 이날 축사와 인터뷰에서 우리 한국인들도 이집트인들이 어떻게 사는지 관심이 있고, 이를 위하여 대사관에서 유튜브 시리즈를 제작하여 현대 이집트인들을 한국인들에게 소개하고 있다고 강조하였다. 앞으로도 우리 드라마와 프로그램을 전파하는 노력은 계속되어야 할 것이다. 이는 한편으로 이집트 측이 제작한 프로그램도 교육방송 차원에서 국내에서 방영되어 그들 스스로 전하고자 하는 그들의 정체성을 우리가 감상해 볼 기회가 있기를 바라는 마음이다.

나. 케이무비

한국문화원은 이집트에서 매년 한 주간을 한국 영화의 밤으로 지정하여 한국 영화를 소개하는 행사를 하고 있다. 2018년 7월에는 '끝까지 간다', '우리 생애 최고의 순간', '역린', '나의 사랑 나의 신부', '두레소리' 등을 소개하고, 2019년 9월에는 '리틀포레스트', '터널', '조선명탐정', '암살' 등을 소개하였다. 관객은 이집트 문화계 인사들과 한류 팬클럽이나 한국어 수강생 중심으로 200명 정도를 선별하였다. 나는 영화가 영상, 음악, 언어, 표정 연기가 어우러진 종합예술로서 한 나라의 정체성을 엿볼 수 있으며, 양국 문화의 공통점과 차이점을 느낄 기회라고 인사말을 하였다. 번역의 한계에도 불구하고 흥미로운 포인트와 웃음이 나오는 포인트에 적절한 반응을 보이는 것을 보고 인간의 정서적 반응은 보편적이로구나 하고 탄복하였다.

영화 상영을 전후해서는 이집트 언론의 취재 열기가 뜨거워서 상영이 늦어질 정도였다. 이들은 예상대로 이집트 영화와 문화에 대한 우리의 관심을 물었다. 나는 준비된 대답인 이집트를 알기 위한 우리의 노력을 설명하여 그들의 기쁜 얼굴을 볼 수 있었다.

2018년 12월에는 국제정주기구[IOM] 이집트 사무소가 주최하는 이주민 주제의 영화를 다루는 Global Migration Film Festival이 열렸는데 여기에 한국 배세웅 감독의 '두만강 저 너머'가 대상을 차지하였다. 배 감독도 카이로까지 올 수가 없었고 마침 나는 공관장 회의 참석차 서울 출장 중이어서 양상근 문화원장이 대사관을 대표하여 수상하였다. 한국 영화를 홍보할 좋은 기회를 놓친 것 같아 아쉬웠다. 알고 보니 이 작품은 전에도 카이로에서 상을 탔고 대사관과 인연이 있던 작품이었다.

배 감독은 2017년 11월 국민신문고라는 시스템을 통하여 우리 대사관에 민원을 제기하였다. 2016년 카이로 영화제에서 2등에 해당하는 심사위원특별상을 받았는데 아직도 상금을 받지 못했다는 것이었다. 대사관의 고 참사관은 이집트 문화부를 연락하여 문제를 제기하고 영화제를 담당했던 영화연구소장 접촉을 시도했으나, 그는 접촉을 회피하였다. 어쩔 수 없이 좀 치사하기는 하지만, 한·이집트 친선협회 이사로서 국회 문화홍보위원장인 하이켈 의원에게 이 문제를 제기하겠다는 암시를 했다. 그제야 소장은 허겁지겁 4월 말에 나타나서는 '그동안 2017년 영화제 준비로 바빴다. 예산 부족으로 상금 마련에 시간이 걸렸다'고 변명하면서 상금 150만 원 상당의 미화를 전달해왔다. 우리가 민원 접수 직후부터 중간 상황을 수시로 연락해 주고 본인은 내심 포기한 상태에서 결국은 돈을 받아내고 나니, 배 감독은 놀라고 고마워하였다. 이집트가 정열이 앞서다 보니 좀 준비가 덜 된 행사를 하는 경우가 왕왕 있다. 고쳐야 할 점이기는 하지만 그 어려운 사정을 이해해주어야 할 것 같다.

다. Parasite Night!

한국 영화사상 가장 통쾌한 순간은 뭐니 뭐니 해도 기생충 사건일 것이다.

봉준호 감독의 영화 기생충의 82회 아카데미상 4관왕 수상은 본국에 있는 한국인들에게도 경사였지만, 해외에 있는 우리에게는 더욱 우리를 으쓱거리게 만드는 쾌거였다. 나의 동료 대사들 가운데 아르헨티나 대사는 아직 수상 전인데 이미 명성을 들었는지, 왜 대사관에서 특별시사회를 안 하냐고 야단이었다. 나는 본부와도 협의하고 문화원장을 통해서도 확인하였으나 현재 상업적으로 상영 중인 영화의 특별시사회를 하는 것은 불가능하였다.

그런데 어쩐 일인지 그간 한국 영화를 상영한 일이 없는 카이로 시내 극장에서 기생충을 상영하는 것이었다. 우리는 유명한 쇼핑몰에 있는 그 극장을 하루 저녁 독점 사용하기로 하고 이집트 정부와 영화계 인사, 외교단과 교민대표, 그리고 한국어학과 학생들을 초청하여 2월 27일 시사회를 하였다. 이 시사회 초대권을 얻으려고 사람들이 다양한 경로를 통하여 수소문했다는 후문도 있을 정도로 인기가 있었다.

나는 많은 생각을 압축해 담은 인사말로 '한국 영화 기생충의 아카데미상 석권으로 케이팝에 이어서 케이무비가 세계를 제패했다! 나는 기생충이 다른 나라 청중에게 인기를 끌 것으로 생각하지 않았다. 왜냐면 영화 속의 한국적 유머와 상징성을 외국인이 이해하기 어려울 것이라 생각했기 때문이다. 그러나 세계적으로 심화되고 있는 불평등의 문제와 가족의 문제를 다루었기 때문에, 모두가 김 씨 가족의 위험한 사기극을 걱정의 눈으로 바라보고 공감하는 것이 아닌가 아카데미상 수상을 통해 깨달았다' 하고는 '마지막에 약간 충격이 있겠지만 영화는 영화일 뿐이니 절대 집에서 흉내 내지 마시라!'고 조크했다.

그전에 한번 보기는 했지만, 청중을 모아놓고 극장에서 집중하여 다시 보니 영화의 흐름, 대사, 음악, 촬영, 상징이 더욱 다가왔고 클라이맥스에 가서는 주위의 "헉!" 소리를 들으며 '놀랐지?' 하는 우스운 생각마저 들었다. 영화가 끝나고 이집트의 유명한 감독과 배우가 다가와서 기념사진을 찍고 갔고, 대사 친구들은 감사의 메시지를 보내왔으며 몇몇은 집에 가서도 가족 간에 영화 내용과 주제에 대한 심각한 토론이 있었다고 전해왔다. 바로 이러한 작품을 보고 문제작이라고 하는 것이 아닐까.

5. 우리의 정체성: 한국 음식

문화가 특정 국가와 민족의 정체성과 직결되듯이, 언어와 음식만큼 그 민족의 정체성을 대변하는 요소가 없을 듯싶다. 한국인들의 자기 음식에 대한 집착은 나라가 잘 살고 해외에 한인들이 퍼져 나가면서 많은 한국 식당이 생기게 하였고, 한국을 찾는 외국인들이 매료되면서 한식은 우리의 상징으로 자리 잡았다. 한때 정부의 목표로 한식의 세계화를 지향하지 않았던가.

과거 대사관저 요리사는 대사 개인의 음식을 차려주는 것이 주 업무였고, 간혹 대사관 내부 행사를 하거나 본국에서 오는 손님이 있어 대접하거나 주재국 손님을 위한 오만찬을 여는 경우가 드물게 있었다. 90년대 중반 내가 코트디브아르에 근무하던 시절만 해도 대사 일상식을 넘어서는 행사가 있을 경우, 대사부인이 직원 부인들을 주방에 소집하여 메뉴를 짜고 함께 요리를 준비하곤 하였다.

이제는 이러한 일이 벌어지지 않는다. 대사관저 요리사는 대사 가족을 위한 심부름이 아니라 한국 요리를 외국인에게 선보이는 요리 전문가를 선발하기 때문이다. 이는 시대의 흐름에 따라 한국 대사들에게 주어지는 각종 특권의 축소도 있겠지만, 한국 요리 즉 한식이 점점 세계적으로 인정받는 주류 음식이 되어가고 있기 때문이라고 본다. 우리의 외교활동이 우리 문화의 중요한 부분인 한식을 외국인들에게 적극적으로 소개하는 기회가 되기도 하고, 반대로 아름답고 정갈한 한식이 우리 외교의 자산이 되기도 한다. 주재국 손님들에게 우리만의 맛을 제공하여 이들을 끌어들이고 다른 곳에서는 경험할 수 없는 특별한 대접받았다는 느낌을 주기 때문이다. 예전에는 한국 음식과 중국 음식의 차이가 무엇이냐, 일본과의 차이가 무엇이냐는 무식한 질문을 하는 외국인도 있었지만, 이제는 그런 사람들을 볼 수 없다. 그만큼 한식의 독자성, 한식 고유의 맛에 대한 국제적인 인식이 자리 잡았기 때문일 것이다.

카이로에서 가장 친한 대사 가운데 10년 전에 한국에서 참사관을 했다는 더튼[Jess Dutton] 캐나다 대사가 있다. 그는 한국에서 닭갈비와 안동 소주를 즐겼고 노래방도 좋아한다는 사람인데, 하루는 너희는 한식이 있어서 좋겠다는 말을 하였다. 자기네는 캐나다 음식이 무엇인지 규정하기 어렵고 이는 프랑스나 이탈리아에 비교해서 명확한 개성이 없는, 거의 미국과 차이 없는 음식으로 보이기 때문에 캐나다의 맛을 선보이는 행사를 하기가 힘들다는 것이었다. 그는 나의 한식 소개 행사에도 열심히 참여하여, 내가 연설을 통하여 강조하는 내용을 무척 공감하는 표정을 짓기도 하였다. 나는 그의 말을 듣고 더욱 용기를 얻어 우리 한식을 선보이는 관저행사를 열심히 개최하였다.

백승호 셰프를 손님들에게 소개하며

정부 차원에서 한식의 폭넓은 소개를 위하여 한국문화원은 2018년 11월 7일과 2019년 11월 26일 '한국의 맛A Taste of Korea'이라는 주제의 행사를 가졌다. 여기에는 관광부 고위인사, 관광협회 요식업 국장 등 정부인사들, 주요 외교단 및 문화원장들, 그리고 민간 분야의 나일TV 등 방송사, 요리잡지 기자 및 음식 전문 블로거 등이 대거 참석하여 한국 음식에 대한 관심을 보여주었다.

　2018년 행사에서는 관저의 백승호 셰프가 이집트 콩을 갈아 만든 후무스로 두부를 만드는 시범을 보였고, 2019년 행사의 주제는 김치 만드는 법이었다. 나는 두 행사에서 한국 요리가 맛도 좋고 건강에도 좋아 세계적으로 점점 인기를 끌고 있다고 자랑하고, 김치의 경우 우리 내장에 유산균을 만들어 소화도 잘되고 저항력도 키운다는 선전까지 가미하면서 잘 보고 배워가 집에서 맛있는 한식을 만들어 드시라고 강조했다. 그러나 거기서 배워서 가정에서 한식을 만들 사람은 별로 없어 보이고, 다들 그야말로 한식의 맛을 보러 온 사람들로 보였다. 특히 음식 전문 블로거들은 현장에서 실황으로 분석과 평가를 송출하기도 하였고, 방송 기자들과 블로거들은 나를 붙잡고 이번 행사의 의미와 한식의 특징을 집중적으로 묻는 인터뷰를 하였다.

　한식 행사를 한 목적이 뭐냐는 질문에 대해서 나는 정체성 부분을 강조하며 'You are what you eat!'이라고 하듯이 한식을 알면 한국인의 정체성을 더 이해하고 양국 국민 간 관계가 더 깊어지는 효과가 온다고 이야기를 전개하였다. 반면, 우리 양상근 문화원장이 인터뷰한 영상을 보니, 그가 씨익 웃으면서 하는 말이 '한식을 좋아하면 한국을 좋아하게 될 것 아닙니까?'라고 정곡을 찌르는 것이었다. '맞아, 한식을 좋아하면 한국을 좋아하는 것이라는 진리를 저렇게 한식만큼 담백하게 담아내야 하는 건데.' 하는 생각이 들었다.

6. 한류의 다변화: 케이콘텐츠, 케이뷰티, 그리고

이집트에서의 한류는 케이팝, 영화, 음악, 음식에 그치지 않았다. 양상근 문화원장은 우리 문화의 다양한 강점을 보여주는 행사들을 연이어 개최하면서 한류의 다변화에 노력하였다.

그중 하나가 2018년과 2019년 연이어 개최한 케이크리에이티브 콘텐츠K‑Creative Contents 행사였다. VR을 비롯한 한국의 다양한 디지털 콘텐츠 기술을 이집트 기업 및 국민에 소개하기 위하여 한국의 대표 기업들과 마련된 이 행사는 50여 개의 이집트 문화콘텐츠 기업들과 상호 정보공유와 네트워크 형성의 계기를 마련하였다.

한국 화장품은 아시아를 중심으로 세계 각지에서 사랑받고 있으나 중동지역에서는 아직 인지도가 높지 못한 상태에 있다. 중동지역은 역사적으로 연고가 깊은 유럽 회사들의 텃밭이기도 하고 여성들의 화장법이 차이가 있기 때문일 것이다. 주카이로 한국문화원과 코트라는 새로운 바람을 일으켜 한국 화장품의 품질을 널리 알리고자 '2019 케이뷰티 인 카이로K‑Beauty in Cairo' 행사를 개최하였다.

나는 인사말을 통하여 그간 내가 저렴하고 품질 좋은 한국산 마스크팩을 선물로 활용하였고 다들 품질에 만족하는 반응을 보였음을 언급하면서, 이미 아름다운 이집트 여성들이 한국산 화장품을 통하여 더욱 아름다움을 뽐낼 수 있을 것이라 부채질하였다. 미스코리아 출신의 메이크업 아티스트 조세휘 씨는 한국식 화장법을 시연하는 행사를 가져 이집트 여성들의 높은 관심을 끌었다.

양 원장과 한국문화원은 한국 문화의 전파를 위하여 페이스북에 아랍어 홈페이지를 개설하여 3만 3천여 명의 팔로워를 기록하고 저변을 확대하고 있었다. 하루는 이집트 일반인에게 사회문화 정보를 제공하는 엘코나파El Konafa라는 웹사이트에서 '왜 이집트인은 한국문화를 사랑하는가?'라는 제목의 기사가 나왔다.

이 글은 이집트가 과거에 한국을 남북분단국 정도로 알고 있었는데 지난 20년간 한국 문화가 전 세계를 침투하여 한국 영화, 드라마, 케이팝 등이 일반화되면서, 그간 아랍지역은 터키 문화가 같은 종교를 배경으로 번성하였으나 이제는 새로운 문화인 한국 문화가 아랍인들의 호기심을 자극하고 있다고 하였다. 이 글은 나아가 한국 문화가 짧게 번성하다 사라진 터키 문화와는 달리 그 수준이 상당하여 많은 이집트인들이 한국을 유토피아로 여겨 한국에서 직업을 구하고 있으며, 심지어 많은 이집트 여인들이 한국 남자와 결혼하는 것을 꿈꾸고 있다 하였다. 아울러 한국 드라마, 영화, 케이팝 같은 한국 문화는 새로운 아이디어와 완벽한 작품성으로 요약되며 사업적 동기를 전문가적인 예술성과 잘 결합하여 일반인들을 강하게 유혹하고 있다고 결론지었다.

물론 과장과 수사가 넘치는 글이다. 하지만 이집트인 스스로 이러한 인식을 갖고 한국 문화를 받아들이는 시각이 있다는 것만으로도 고무적이었고 그간 우리 대사관과 문화원의 일관된 노력이 효과를 보고 있음을 알려주어 다들 즐거운 마음으로 한류 전파에 매진할 에너지를 얻었다.

7. 이집트 속의 태권도

태권도는 세계 각지에서 우리 사범들이 각고의 고생으로 터전을 잡고 확산시킨 우리의 국기이다. 이집트에서도 정기영·임한수 두 사범은 이집트 국가대표팀을 지도하고 키운 산 증인이다. 한국어와 마찬가지로 태권도도 자생적인 생태계가 필요한데, 이집트에서는 태권도연맹을 중심으로 실현되고 있는 것으로 보인다.

2018년 대사배 태권도 대회에서, 다들 거구인 이집트 태권도 지도부 옆에서 뒷꿈치를 들고

　나는 2018년 9월의 알렉산드리아에서 개최된 제12회 한국대사배 태권도 대회에 참석하는 기회에 이집트 태권도계의 지도부를 처음 만나게 되었다. 풀리Ahmed Fouly 아프리카 태권도 연맹 총재, 셀림Amr Selim 이집트 태권도 연맹 총재, 소비Nadia Sobhi 아프리카 태권도 연맹 사무총장의 3인방이 중심이었다. 무바라크 대통령의 경호실장 출신인 풀리 장군은 조정원 세계 연맹 총재가 사용한 표현인 '태권도는 한국이 세계에 준 선물'이라는 말로 대화를 시작하는 데서 알 수 있듯이 친화력과 카리스마를 지닌 인물이었다. 그를 도와 아프리카 연맹의 사무를 총괄하는 소비 여사는 모친은 독일계라 하고 초기에는 카라테 선수였다가 태권도로 전향한 독특한 이력을 가지고 있었다. 또한 젊은 시절 미모를 자랑했을 외모로, 이집트 중앙은행 총재의 전 부인이었다.[21] 키가 190cm가 넘는 이집트 대표선수 출신인 셀림 이집트 연맹

---

21 나는 그와 중앙은행 아메르 총재 사이의 아들 결혼식에 초청받아, 처음으로 이집트 현지인 결혼식에 참석하는 경험을 하였다.

총재는 사업수완도 좋아 스포츠전문지의 발행인이기도 하였다. 나는 코이카 행사에서 셀림 총재를 두고, "태권도를 열심히 하면 사람이 똑똑해지기도 해서 사업을 잘하고 돈도 잘 벌어요!"라고 소개한 적도 있다. 이들은 한국에 대한 존경이 몸에 배어 있었고 한국적인 태도를 지니고 있어 나도 단박에 가족과 같은 친구가 되어버렸다.

대회 현장에서는 스피커에서 아랍어로 안내가 나오다가 우리가 입장한 본부석에 대해 심판진이 정렬하더니 '차렷! 경례!'하고 또렷하게 한국어로 구령을 넣으며 공손한 인사를 하였다. 다른 곳에서도 흔히 보았음직한 장면 같은데 '한국대사 배' 대회라 그런지 가슴이 뭉클해지면서 나도 정중하게 고개 숙여 인사를 나누었다.

12세 이하 어린 학생들이 겨루는 대회는 끝까지 승패를 알 수 없어 흥미진진하였고 품새를 시연하는 장면에는 5살 남짓한 꼬마까지 나와 다리를 찢어가며 분투하는 모습이 참으로 귀여웠다. 특히 결승전에서 거의 이기다가 마지막 몇 초를 남기고 점수를 잃어 패배한 어린 학생이 시상식에서 눈물을 후두둑 흘리는데 너무 안쓰러웠던 나는 '정말 잘했어, 1등이나 마찬가지야. 울지 마!' 엄지 척을 하면서 은메달을 걸어주기도 하였다.

한국어 학생들을 보고 느낀 바와 마찬가지로, 이집트의 태권도 생도들은 정신적·문화적으로 우리의 자식들이었다. 현재 전국 3만 5천 명이라는 이집트 태권도 회원들은 과거에는 더 많았다고 한다. 우리 대사관의 관심과 정부의 적극적인 지원을 더욱 필요로 한다고 하겠다.

2019년 4월 샤름알세이크에서 13회 한국대사배 태권도 대회 때에 이미 태권도 3인방은 나의 가까운 친구였다. 내가 그들을 관저 만찬에 초대하기도 하고 셀림 총재가 우리 정기영 사범과 함께 자리를 마련하기도 하여 서로를 잘 아는 사이가 된 것이다. 이날은 당대의 실세, 푸다 남시나이 주지사가 시종 나와 함께하여 대회를 더욱 빛내 주었고 언론 인터뷰도 함께하여 이집트 태권도의 위상을 많이 높이는 효과를 보았다.

2019년 10월에는 우리 전함 기항, 경제사절단 방문 및 대통령 예방, 국경일 행사, 그리고 국정감사로 이어지는 일정 속 주말에 휴양지 후루가다에서 개최된 제3회 세계비치 태권도 대회에 참석하였다. 폴리 장군이 초청장을 보내기도 하였지만, 세계태권도연맹의 조정원 총재가 모처럼 방문하였기 때문이다. 조 총재는 친근하고도 세심한 리더십으로 그들을 장악하고 있는 모습이 역력했다. 나도 유엔 근무 시절 뵌 적이 있어서 반갑게 만나 행사를 즐겼다. 그는 알시시 이집트 대통령에게 명예단증을 수여하여 이집트에서 태권도 바람을 일으키자는 복안을 가지고 있었다. 당시 나도 적극 협력하여 성사시키자고 의기투합했건만, 아쉽게도 나는 이미 귀국하였고 코로나 사태로 시간이 더 걸릴 것 같다. 그러나 이집트에서의 태권도 부흥은 시간문제가 아닌가 생각한다. 나의 3인방 친구들이 있고 이들과 호흡을 함께 하는 조정원 총재가 있으니 말이다(아쉽게도 폴리 부총재는 심장병 악화로 2020년 9월 26일 작고하였다).

8. 카이로 서울 공원

카이로와 서울은 수교 2년 후 1997년에 자매결연을 맺었다. 그 결과 카이로 외곽에는 공원 지역에 서울 공원이라는 이름의 정원이 있다. 기와가 얹힌 문을 통하여 들어가면 연못이 보이고 서울정이라는 정자가 있으며 주위는 한국식 담에 한국 분위기의 그림들이 그려져 있다. 이 공원은 1998년 8월부터 조성되어 있었으나, 관리가 잘 안 되어 상태가 나빠지다가 서울특별시에서 2018년 4월 현장실태를 조사하고 정비공사를 시공하였다.

나는 공사가 완료된 이듬해 2월, 카이로 시장 등 시 인사와 공원 관리청 및 교민 대표들을 초청하여 서울 공원 새단장 기념식을 열었다. 새로이 색칠한 단청이며 활짝 핀 꽃들이 더욱 공원을 아름답게 만들어 주었다. 우리 대사관에는 2013년 카이로선언 70주년에 카이로선언 기념비를 제작하여 메나하우스 호텔에 설치하였다가 2015년에 새로 제작한 기념비로 대체하였다. 구 기념비를 대사관에서 보관하고 있었는데 그것을 서울 공원으로 옮기기로 하였다.

3월에는 카이로 서울 공원에서 '한복 맵시 뽐내기' 대회를 열었다. 한국을 사랑하는 카이로 시민들에게 현장에서 우리 고유의상 한복을 대여해 주고 이들이 한복의 아름다움을 즐기게 한 행사인데, 각자 사진을 찍어 추억을 만들게 하고 인터넷 출품을 통하여 우수작을 선정하는 행사도 했다. 나는 아랍 여성들의 히잡이 우리 한국 여성이 장옷으로 머리를 덮는 모습과 유사하게 한복과 잘 어울린다는 것을 깨달았다. 화사한 햇살 속 정자 난간에서 그들의 함박웃음을 담은 사진을 보면서 새단장을 정말 잘했다는 생각이 들었다.

카이로선언 기념행사는 원래 피라미드 인근의 메나하우스 호텔에서 열렸으나, 2019년 행사는 호텔의 보수공사로 인하여 여의치 않았다. 그러나 우리는 걱정할 필요가 없었다. 한국의 미가 흐르는 정자에 청사초롱을 밝히고, 옛 기념비가 마치 처음부터 이 행사를 위해 만든 것처럼 공원에 자리 잡아 카이로와 서울을 이어주고 있었다. 메나하우스보다 더욱 성공적인 행사가 되었음은 물론이다.

우리는 새단장 전에 서울 공원에서 2018년 광복절 기념식을 거행하였다. 나는 대통령 기념사를 대독하고 평통 지회장의 선창에 따라 목이 터져라 만세삼창을 했다. 바로 우리 땅에서 하는 것 같아 그 감격이 남달랐다.

X

우리 국민, 우리 동포

Rediscovery of Egypt

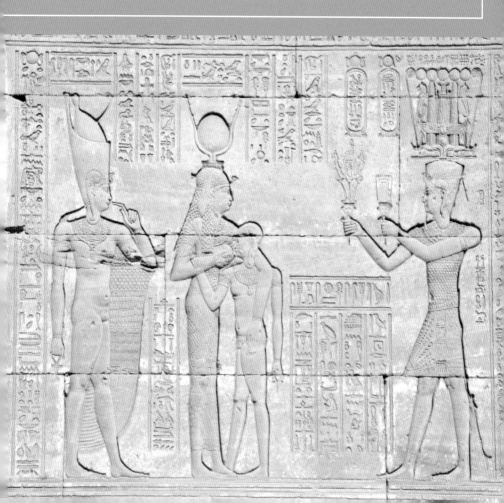

X

우리 국민, 우리 동포

1. 재외국민 봉사의 의미

　나는 그간 영사업무를 맡은 적이 없어서 막연한 고정관념을 갖고 있었으나, 우리 이집트 동포사회를 접하면서 외교관으로서 동포사회관(觀)의 큰 변화를 겪었다. 우선 모국에서 멀리 떨어져 문화적으로 이질적이고 쉽지 않은 환경에 적응하며 생업을 가꾸어 오면서 이분들이 겪었을 어려움을 상상하면 존경심부터 생기고, 곡절 끝에 자리를 잡고 나름 유창한 아랍어로 현지 종업원들을 지휘하면서 성공적인 사업을 하는 모습을 보면 한국인으로서 자부심마저 느낀다. 더구나 지난 10년간 요동치는 이집트 정국 속에서 가슴 졸이며 사업과 가족을 보호하고자 몸부림치는 그들의 모습을 생각하면 내 가슴까지 미어진다. 특히 이분들은 전혀 분열되지 않은 모습으로 단결하여 원로는 원로대로 모

범을 보이고, 차세대는 차세대대로 이를 따르면서도 새로운 시각을 제
시하고 리더십을 발휘하는 것이다. 이분들을 모시고 일하라고 본국에
서 파견된 공무원인 내 입장에서는 이렇게 고마운 환경이 또 없다. 내
가 국경일 경축 리셉션에서 외국인 손님들에게 영어로 연설하다가 '사
랑하는 동포 여러분'이라고 우리말로 감사와 위로의 말씀을 드릴 때는
정말 진심에서 우러나오는 말이었다.

동포사회와 함께 하는 위기대응 매뉴얼 훈련

대한민국의 민주화와 정부 서비스에 대한 수요와 기대가 점증하면
서 외교 분야에서도 우리 국민에 대한 높은 수준의 보호와 서비스를
기대하는 목소리가 커져 왔다. 나는 한때 이에 대하여 개인적으로 유
보적인 시각을 가졌다. 가까운 동료들에게 "아니, 그게 얼마나 힘든지
알고 그런 말을 하나? 우리가 얼마나 고생을 하는데, 그런 무리한 요
구들을 하는 걸까?"라고 투덜거리곤 했다. 내가 대사라는 직함을 가지
고 현지에 도착해서 내가 직접 챙겨야 할 가족과 같은 동포사회를 만

나기 전까지는 말이다.

앞서 기술하였던 대로, 내가 현지 부임하기도 전에 가장 먼저 연락을 받은 것은 한국 기업의 임원이 이집트 출장 중에 예정된 항공편에 탑승하지 않았으니, 그를 찾아 달라는 것이었다. 우리 김현수 경찰 영사의 신속한 수소문 끝에 이분이 지병으로 쓰러지고 돌아가신 것을 파악한 뒤 뒷수습하여 본국으로 시신을 송환해 드렸다. 나에게는 경종을 울리는 일이었다. 그러한 상황에서 누구를 찾겠는가? 대한민국 국민이라면 누구나 한국 정부의 연장선으로 나가 있는 공관이 가장 먼저 생각나는, 가장 믿을만한 곳이라고 생각할 수밖에 없는 것이다. 그것은 현지에서 재외동포 사회로 자리 잡고 사는 분들이나 여행으로 잠시 지나가는 분들이나 마찬가지이다. 때로는 세계 어디를 가도 생길 수 있는 사고들, 예를 들면 지병으로 쓰러진 분들이나 자신의 실족으로 생긴 사고 같은 경우에도 이것이 이집트라는 열악한 곳이라서 일어났다고 생각하고 이러한 상황에서 공관의 지원과 대비가 철저했어야 했다는 식의 시각을 갖는 것이 우리를 곤혹스럽게 한다. 그러나 그러한 오해의 옳고 그름을 따지기보다는 우선 당면한 위기와 불편을 해소하기 위하여 더욱 낮은 자세로 최선의 지원을 해야 함을 강조할 수밖에 없었다. 나는 우리 영사 팀에게 '우리 국민의 기대수준이 높은 것은 역사의 대세일뿐 아니라, 우리가 그런 입장이면 우리도 공관에 의지하는 것이 불가피할 것이다. 때로는 그분들의 요구가 무리하다 생각이 들더라도 조금만 참고 도와드리자. 그러면, 그분들도 결국 고마워할 것이고 여러분이 더욱 빛날 것이다.'라고 위로하였다.

우리 대사관의 총영사와 경찰영사들은 나보다도 그러한 차원에 대한 이해가 깊었고 나는 그들의 건의와 판단을 밀어주는 역할만 할 뿐이었다. 그들의 성실한 대민봉사 자세와 동포들과의 원만한 교제는 우리 대사관이 그분들의 사랑을 듬뿍 받는 요인이 되었다.

2. 재이집트 동포들

한국학교 손병철 교장과 40주년 기념행사 사물놀이패와 함께

이집트 동포사회는 크지 않다. 내가 부임할 때 1천 명 규모였으나 GS건설의 정유공장 공사가 막바지에 접어들면서 많은 직원들이 철수하였고 여타 업체들의 철수로 2020년 초에는 8백 명대 수준이 되었다. 이들은 현지에 정착하여 식당, 여행사에서 건축업 등을 하시는 분들이 3백여 명, 지상사 직원과 가족들 3백여 명, 그리고 선교사 가족 2백여 명으로 구성되어 있다. 여기서 가장 관심을 가져야 할 분들은 기업이나 선교단체 같은 자기네 조직의 지원 없이 각자 현지에 정착하여 생업을 영위하는 분들이다. 이분들은 이집트 정세나 법규의 변동 같은 국내 사정에 직접 노출되어 있고 어려움에 처할 때 기댈 곳이 없기 때문이다. 그래서 그런지 그런 분들 간의 단결과 우애가 보통이 아니었다.

카이로에는 중동·아프리카 최초의 한국학교가 1979년 12월에 세워지고 이듬해 4월, 문교부 인가를 받아 지난 2019년 12월 5일에 감격의 40주년 행사를 하였다. 이때 나도 참석하여 축사를 해드렸다. 한국 정부의 교육부에서 교장과 교사들을 파견하여 정식 교과과정을 가지고 학생들을 가르치고 그 학력을 인정받는 교육기관인 카이로 한국학교는 총영사 관저에서 아이들을 가르치면서 시작하였다. 2000년 9월에 지금의 교사를 구입해서 넓은 잔디 운동장, 체육관, 강당, 도서관, 실험실, 영어 교습실 등을 완벽하게 갖추고 있다. 이 학교를 거쳐 간 학생들은 2천여 명에 달하고 현재 6명의 선생님이 5개 학급에 31명의 학생을 가르치고 있다. 학생들은 우리 교육을 받으면서도 영어와 아랍어도 배우면서 국제적인 인재로 성장하고 있으며, 최근에는 한국인－이집트인 부모를 가진 다문화 학생도 들어오고 있어 양국 간 이해증진과 유대강화에도 기여하고 있다.

한편 태권도 사범들은 한국의 대후진국 외교에 일익을 담당한 분들이다. 나 자신이 1987년도 외무부 서아프리카과 사무관으로 근무하면서 정파의·정파사범 담당으로 이분들의 파견 과정을 담당했으며, 1995년 코트디브와르 대사관 차석으로 겸임국인 부르키나파소와 니제르를 다니면서 우리 정부파견 사범들과 의사들의 수고를 현장에서 목격한 입장에서 이집트 땅에 태권도의 뿌리를 내린 정기영 사범과 임한수 사범을 만나 뵈니 감개가 무량했다. 후진국일수록 대통령 경호실 같은 곳에 태권도를 가르치는 우리 사범들은 권부에 가까워지면서 우리 외교에도 기여하던 분들이 많았다.

3. 동포들과 함께한 시간들

가. 동포사회와의 접촉면 확대의 노력

2018년 2월 9일 부임 직후 2월 13일 한인단체장과 상견례를 갖고, 14일에는 한국학교 교장의 브리핑을 듣고, 15일에는 한인 단체장을 관저에 초청하여 만찬 대화를 가지면서 동포사회와의 첫 대면을 성공적으로 마쳤다. 과거 대사들이 가지 않던 부차적인 행사에도 계속 참석하여 나의 관심을 표명하였는데, 3월 4일에는 6명의 신입생을 위한 한국학교 입학식에 참석하고 4월 13일에는 한국학교 운동장에서 한인회 체육대회에 참석하여 즐거운 시간을 함께하였다. 대사관 팀은 뒤늦게 체육대회 1주일 전부터 족구 대회 준비를 하였는데 웬일로 최강의 이-한 선교협회 팀을 준결승에서 아슬아슬하게 이기고 결승에서 애급교회 팀마저 격파하면서 우승을 차지하였다. 우리가 우승을 차지한데는 나의 정확한 판단이 적중하였다. 나의 운동신경을 감안할 때 나는 빠지는 것이 우리 팀 전력에 도움이 된다는…! 우리는 우승상금 300불을 한국학교에 자랑스럽게 기부하였다.

동포체육대회 우승을 다짐하는 대사관 가족

5월 26일에는 평통 카이로지회에서 주최하는 통일 골든벨 행사에 참석하여 한국 학생들과 이집트 학생들의 지식경연을 참관하였고, 9월 21일에는 한인회가 주최하는 한가위 행사에 참석하여 계속 동포들과의 스킨십을 확대하였다. 새로 온 대사가 동포들에 대한 관심이 많고 접근이 쉽다는 말이 돌기 시작하였다. 한인 단체장들과는 2월에 이어서 분기별로 관저에 모여 현안을 협의하고 우의를 다졌다. 6월 20일에는 한인회 사무실을 찾아 한국의 사증정책 변경에 대한 대책회의를 가졌다. 7월에는 한인회장을 중심으로 한 차세대 지도자들과 의기투합하는 시간도 가졌다.

나. 평화통일 강연

노승구 평통지회장은 4.28 및 9.18 남북정상회담과 6.12 미북정상회담 결과평가와 향후전망에 대한 강연을 해달라고 요청해왔다. 나는 강연을 해본 경험도 없었지만, 이 기회에 잘 준비해서 강연 연습도 해보자는 생각에 동의하였다. 그런데 전혀 예상하지 못한 걱정거리가 생겼다. 동포 원로 가운데 강성인 분이 있는데 통일 관련 강의를 한다니까 우리 정부 통일 정책의 문제점을 지적하겠다고 벼르고 있다는 것이었다. 그분 때문에 내가 난처해지고 분위기를 망칠까봐, 공관 직원은 물론 평통 원로들까지 전전긍긍하였다. 나로서는 만나본 적이 없는 분이지만 상호 존중하면서 대화하면 다 통하지 않겠느냐며 걱정하지 말자고 하였다.

11월 8일 교민 가족들과 아인샴스 대학 한국어학과 학생 등 200여 명이 모인 가운데 통일 강연회를 가졌다. 그동안 정부 발표와 언론 보도를 통하여 나온 남북정상회담 및 미북 정상회담 결과 평가와 9.19 군사합의의 의미를 중심으로 정리하여 강의를 해드렸다. 강의 자체는 파워포인트 화면을 보도록 안내하면서 나는 내가 준비한 원고를 활용하다가 때로는 흐름을 타고 생각나는 대로 설명하면서 강의를 마쳤다.

그런데 더욱 재미있는 부분은 질의응답 시간이었다. 당시 6.12 북미정상회담 후속회담에 대한 협상이 진행 중이어서 미국 중간선거의 영향 등 관련 질문들이 나왔고, 내가 과거 북미국 경험을 활용하여 대답해드렸더니 다들 재미있어하는 것이었다. 드디어 강의를 망치겠다던 분이 손을 들고 질문하였다. 다들 숨을 죽였다. 우리나라 주변 열강들이 다들 통일에 반대하는데 우리가 어떻게 통일을 이룰 수 있겠느냐는 어찌 보면 답이 없고 원론적인 질문이었다. 나는 웃는 얼굴로 "'대단히 중요한 질문'을 하셨습니다!"라고 환영하고 답하였다.

"그래서 우리 정부의 정교한 주변 외교가 필요한 겁니다. 독일도 통일과정에서 미국과 소련의 의심을 해소하고 양해를 구하는 '2＋2'정책을 꾸준하게 추구해 통일을 달성하지 않았습니까. 그들이 우려하는 것이 무엇인지 먼저 파악해서 그것을 사전에 해소하는 노력을 기울이고 그들의 신뢰를 확보함으로써 주변국들을 우리의 통일을 지원하는 세력으로 만들어야 합니다. 이러한 과정에 질문 주신 이 회장님 같은 동포사회 지도층 여러분들의 역할이 중요하고 평통에서도 우리의 균형 있는 외교를 위해 기여해주셔야 합니다."

질문한 분의 지적을 고마워하고 존중을 담아서 답한 것이다. 그분은 씨익 웃더니 공감한다는 표정으로 고개를 끄덕거렸다. 평통 원로들과 공관 직원들은 안도의 한숨을 쉬었다. 강연은 성공적으로 끝났다.

다. 관저 개방

나는 10월 3일의 개천절 리셉션에 일부 교민 대표들을 초청하였지만, 교민 모두를 위한 행사를 하지 못한 점을 유념하고 있었다. 더구나 관저가 교민들이 거주하는 주택가 마아디 지역에 소재하고 있어 많은 분들이 오가면서 '마아디의 백악관' 한국 대사관저를 보게 된다. 동포사회 초청 만찬을 할 때도 자주 오지 못한 분들은 대사관저에 초청받는다는 사실을 영광스럽게 생각하는 표정이 역력했다. 나는 공관장 생활 첫해의 마지막 날을 동포들과 함께하기로 하였다. 동포사회 대표들만이 아니라 가능한 분들은 다 오시라고 하였고 부부뿐 아니라 자녀들까지 다 초청하여 관저 마당에서 저녁을 먹는 것이었다. 즉, 사상 최초의 12월 31일 '대사관저 개방'이었다.

2018년 송년행사를 동포 가족들과 관저에서 마치고

연말에 한국에 들어간 가정들이 많거나 초청을 반신반의해서 그런지 100여 명 수준 정도만 참여하였는데 다들 신기해하는 얼굴이었다. 어린아이들이 관저의 잔디밭을 뛰어다니며 자기들끼리 즐겁게 놀았다. 누군가 말했다. '옛날 대사님들은 애들이 오는 걸 싫어하셨어요. 관저 내부도 더럽히고 정원도 망친다고요.' 설마 그랬을 리가. 잘못 전달되거나 오해였으리라. 나는 인사말을 통해서 '내가 외교관 생활을 30여 년 해왔지만, 여러분들처럼 조화롭게 단결하여 서로를 아끼는 분들을 본 적이 없습니다. 여러분이 이와 같은 모범적인 동포사회를 이루고 계신 것을 자랑스럽게 생각하고 대사로서 감사드리는 바입니다. 대사관저는 저의 집이 아닙니다. 대사관저는 공관의 행사를 위해 마련된 대한민국 정부 재산이고 여러분 같은 우리 국민의 것입니다. 관저 대부분은 그러한 공공용도이고 저는 2층 방 한 칸만을 쓰는 관저 관리인에 불과합니다.'라고 하면서 이들을 환영하였다.

2019년 12월 30일에는 훨씬 많은 인원이 관저를 찾았다. 특히 12월 4일에 개교 40주년 기념식을 찾아갔던 한국학교 학생들이 잔디밭을 뛰어다니는 모습에 나도 행복했고 그들과 찍은 사진을 자랑스럽게 페이스북에 게시하였다.

4. 위기 대응: 사증정책 변경과 영사외교

가. 사증정책의 비대칭성

내가 부임할 당시 우리나라는 이집트 국민의 관광목적 방한에 대하여 무사증을 적용하는 반면, 이집트는 관광객에게 도착 후 사증을 구매하게 하여 사실상 무사증이지만 형식상 사증을 요구하는 '사후 사증' 체제를 유지하고 있었다. 이렇게 보면 우리와 이집트가 상대국 국민에게 부여한 비자 혜택은 동등하지 않아 보인다. 그러나 내면을 들여다보면 사정은 좀 달랐다. 즉, 이민이나 투자 비자를 잘 주지 않는 이집트 정부의 방침 때문에 많은 우리 동포들이 관광 사증으로 입국하여 사업을 시작하고, 이를 계속 연장하여 체류하고 있었다. 사방에 경찰을 깔아놓은 이집트가 이들의 지위를 몰랐을 리 없을 텐데, 우리 동포들이 하는 사업들이 그들에게 위협이 되지 않는다거나 고용에 도움이 된다는 판단하에 눈감아 주는 식으로 비정상적인 상황이 계속되고 있던 것이다. 그러나 이러한 실정을 자세히 알지 못하는 우리 출입국 당국은 우리가 지나친 혜택을 주는 비대칭성을 시정해야 할 대상으로 인지하고 있었다.

비대칭과 비정상이 오래 갈 수는 없는 법. 살기 좋은 한국에 사증 없이 입국한 이집트인들은 어떻게 해서든지 한국에 눌러앉으려 했고 출입국당국의 단속에 대해서는 2011년 이후 이집트의 정정불안 국가 이미지를 악용하여 자신들이 이집트에 돌아가면 탄압받게 된다고 주장하면서 정치적 난민 지위를 신청하였다. 이러한 난민 지위 신청은 실제로 이 사람이 이집트에서 받은 탄압의 증거(주로 법원 판결)를 제시하고 이를 공관에서 확인하는 복잡한 절차를 거쳐야 했는데, 여기서 결정적인 허점은 이들의 신청이 기각될 때까지 이들의 한국 임시체류가 허용된다는 것이었다.

이집트인들은 일단 난민 신청을 걸어놓고 한국에 남아 있었으며, 여기에는 한국 변호사들이 이들의 수임료를 노리고 난민 신청 및 법정투쟁을 돕는 경우도 왕왕 있었다. 이 모든 것이 관광을 목적으로 오는 이집트인들이 사증 없이 한국을 들어올 수 있게 허용했다는, 그것도 상대방은 사후사증이라고 하지만 사증을 요구하는 비상호주의적인 상황에서 발생한 것으로 인식되는 것은 당연하였다.

나. 대이집트 사증정책 변경 문제

그러한 와중에 터진 사건이 제주 예멘 난민 사태이다. 제주도는 관광 진흥을 위하여 세계 거의 모든 이들에게 30일간은 무비자로 관광목적 입국을 허용하고 있었다. 내전 상태인 예멘을 탈출한 이들이 제주도로 들어와 난민 지위를 신청하는 일이 2014년부터 벌어졌는데, 2018년 초 무려 500여 명의 예멘인이 난민 지위를 신청하면서 큰 파문을 일으켰다. '아랍의 봄'을 '강 건너 불' 같은 남의 일로 보는 한편, 인권과 난민 보호라는 이상을 막연히 지지하던 한국인들은 중동 난민들이 우리 문턱까지 다가왔음을 깨닫고 방책을 만들 것을 정부에 주문하게 된다. 당연히 그 불똥은 일부 이집트인들의 난민 제도 남용으로

튀었다.

나는 우리 동포 절반 이상이 비정상적인 관광비자 연장으로 지낸다는 사실에 불안감을 가지면서도, 이미 오랜 기간 그렇게 지내와 관행으로 자리 잡았다는 설명을 믿을 수밖에 없었다. 그런데 부임 한 달 반이 갓 지난 시점에 본부로부터 법무부가 이집트 국민에 대한 무사증 입국 철회 방안을 검토한다는 공문이 날아왔다. 그 이유는 불법체류 증가, 상호주의 위배, 테러리스트 유입 가능성, 허위 난민신청자 증가 등이었는데 특히 2017년 경우 1,017명 불법체류자 가운데 무려 1,013명이 난민신청을 한 사실은 이들이 얼마나 제도를 악용하는지를 보여주는 것이었다.

다. 이집트 동포사회에 대한 영향

나는 무사증 철회라는 우리의 방침이 확정되지는 않았지만, 우선 불법체류자 문제의 현실을 이집트 측에 알리고 해결을 촉구하는 차원에서 리즈크Khaled Rizk 외교부 영사담당 차관보를 면담하였다. 그에게 우리 동포사회에 대한 배려를 부탁하는 동시에 한국에 와있는 이집트인들의 불법체류 및 난민신청 문제를 거론해 두었다.

나는 법무부/본부의 입장은 이해하나, 이집트 당국이 한국의 조치에 감정적인 반응을 보일 경우, 그 피해는 이집트에서 어렵사리 정착한 우리 동포들이 고스란히 뒤집어쓰고 그동안의 사업이나 재산권이 박탈당하는 최악의 상황이 벌어질 수 있다는 점에 크게 우려하였다. 따라서 본부에 대해서는 ① 우리 동포사회에서 비정상적인 사증을 가지고 장기체류한 분들이 정상적인 사증을 취득할 수 있도록 안내하고 이를 지원하면서 준비시키고, 동시에 ② 우리의 정책변경 필요성에 대한 이집트 정부의 이해를 확보하는 설득 노력을 하여 동포들이 입을 수 있는 피해를 최소화해야 한다고 하였다. 특히 이를 위한 시간이 필요하니 너무 성급한 변경은 지양해 줄 것을 건의하였다. 이에 외교부 본부도 현지 공관에서 불법체류자 문제를 이집트 측에 거론해 놓은 만큼 정부의 자율규제 방안을 검토하자는 의견을 보였다.

그런데 국내적인 압력이 점차 늘어나고 7월에 이를 시행한다는 말이 들려오면서 나는 무사증 철회 이유는 공감하나, 우리가 교민들을 준비시킬 시간과 이집트 정부에 설명할 시간을 달라고 이상진 영사실장에게 현황을 설명하고 협조를 요청하였다. 그러한 고민의 시간을 보내던 중 법무부와 본부가 대이집트 무사증정책 철회를 공식화하고 10월 1일부터 실시한다는 통보를 6월 중순에 접하였다. 나는 우선 우리 동포사회가 자체적으로 합당한 비자를 받는 노력을 하도록 안내하면서, 이집트 정부가 반발 보복을 가하지 않도록 노력하여야 하는 입장이 된 것이다.

나는 6월 20일 한인회관을 방문하여 한인회장, 평통회장, 지상사협의회장, 선교협회장, 여행업 대표 등과 결정 사실과 그 배경을 설명하고 그간 우리 공관의 설득 노력도 공유하고, 이집트가 보복할 경우 대응방안을 협의하였다. 동포 대표들은 그간 이집트의 유연한 태도로 정식사증 취득 필요성을 못 느끼는 한편 그 조건이 너무 까다로워 취득이 사실상 불가능한 면도 있었다고 하면서도, 정식사증 취득의 필요성은 공감하였다. 나는 이집트 설득에 최선을 다하겠다 하면서 우리 동포사회의 사증취득 현황을 파악하여서 정상 사증의 취득을 위하여 노력하자고 하였다. 대사가 총영사에게 미루거나 하지 않고 직접 나서서 문제의 심각성을 공유하고 머리를 맞대고 의논하는 모습에 깊은 인상을 받았다는 말을 뒤에 전해 들었다. 그나마 우리끼리는 한마음이니 다행이라는 생각이 들었다.

나는 본부가 주한이집트 대사에 대한 통보를 미루고, 내가 우선 카이로에서 이집트 정부에 설명하고 나서 실시할 것을 요청하였다. 서울

외교부나 법무부는 '갑'의 입장이고 이집트 대사는 '을'의 입장인데 우리 측의 비난성 기조에 주한 대사가 불쾌한 보고를 할 것이 명약관화하였고, 현지에 있는 나는 이집트 정부의 처분만 기다리는 우리 교민들의 피해를 막기 위한 미세한 조정을 하면서 전달할 수 있기 때문이다.

라. 돌발 상황: 이집트 국회의원 추방 사건

우리의 새로운 정책 시행에 앞서 예상치 못한 돌발 상황이 발생하였다. 7월 2일 오후 파흐미 주한 이집트 대사가 시급히 연락해왔다. 서울은 자정이 넘었을 시간인데? 하면서 그의 전화를 받았다. 그는 감정을 억누르면서 이야기하였다. 한국방문을 위하여 도착한 이집트 국회의원과 그 일행이 자신의 국회의원 신분을 명시하는 관용여권을 제시하였음에도 입국을 거부당하고 송환자 대기실에 억류되어 있다는 것이다.

나는 즉시 출입국외국인청 담당자를 찾아 전화를 시도하였다. 억류 결정을 한 담당자는 퇴근하고 다른 직원이 전화를 받아서는 나중에 그 직원이 나오면 연락하라는 반응이었다. 나는 국회의원 신분을 입증했는데도 입국을 거부하고 억류하게 되면 외교 문제로 비화할 우려가 있으니 그곳에 나온 주한 이집트 대사관 직원에게 신분확인을 받아 입국 조치를 해달라고 간청하였다. 그제야 해당 국회의원과 일행은 억류 12시간 만에 입국이 허가되었다. 나는 이집트 고위직 인사의 신원이 의심될 경우, 주한 대사관이나 우리 대사관을 통해 확인하면 될 것이며 이번 사례는 출입국 직원의 부당한 차별적 집행으로 항의받을 우려가 있으니, 사건 경위 파악과 사후 개선방안이 필요하다고 본부에 건의하였다. 그들은 어렵사리 입국한 후 한국에서 단 하루만 보내고 7월 4일 다시 한국을 떠났다. 해당 의원과 함께 입국한 친구들이 기재한 입국 목적이 불분명하고 앞뒤가 맞지 않아 출국 조치가 불가피했다는 것이 우리 측 설명이었다.

내 우려는 정확히 들어맞았다. 나는 다른 업무로 7월 8일 갈랄 외교장관 비서실장을 면담하였는데 그 자리에서 그는 이 추방사건을 거론하면서 강한 항의와 함께 해명을 요구하였다. 나는 우리 출입국 당국의 설명을 전달하면서 의사소통 부족으로 일어난 일 같다고 유감을 표명하고 진정시키려 하였다. 갈랄 비서실장은 정부의 관용여권과 양측 대사관의 신원확인에도 결국 추방조치를 취한 한국 측 결정은 이해하기 어렵다고 하면서, 동 의원이 귀국 후 이집트 의회에 추방사건을 보고하였고 의회 측은 이집트 외교부에 공식서한으로 항의했다고 알려왔다. 그는 외교부가 난처한 상황이라면서 내가 직접 의원을 방문하여 해명과 사과의 뜻을 전달할 것을 제의하였다. 우리 대사관에서 의회를 달래서 수습해 달라는 것이다. 특히 우리의 사증정책 변경이 임박한 시점에 이러한 감정의 앙금이 쌓이게 되면, 이집트 정부 보복의 피해는 우리 교민들이 뒤집어쓰게 될 위험이 내 뇌리를 스쳤다. 자기네 대사 아그레망 발급에 걸린 73일을 그대로 적용하던 그들의 상호주의가 아니던가!

나는 의회로 살레Sara Saleh 의원 사무실을 방문하였다. 젊은 초년생 여성의원인 그는 한국에서 받은 수모로 인한 새침한 표정이 역력했다. 나는 유감을 표시하고 동인과 함께 입국한 친구들이 방문목적을 사업이라고 기재하여 출입국당국이 입국불허 결정을 내리다가 의원까지 피해를 보았다고 상황을 설명하였다. 살레 의원은 그들은 공항에서 처음 본 사람이라고 반박하고 장기간 대기 후 풀려난 자신도 한국에 체류할 마음이 없었으나, 자신의 동의 없이 항공편까지 출입국당국이 변경하여 귀국시켜 매우 불쾌하다고 호소하였다. 나는 국회의원이라고 하기에 너무 젊고 자유로운 스타일에 우리 출입국 직원이 실수한 것 같다고 감언이설로 시작하여, 우리 정부에서 각국의 젊은 지도자들을 초청하는 프로그램이 있는데 대사관에서 당신의 초청을 건의하고자 하니 새 기분으로 한국방문을 추진해 보자고 제안하였다. 의원의 얼굴에 미소가 떠오르더니 방한은 시간을 두고 검토해 보자면서 대사가 직접 방문하여 설명해 줘서 고맙다고 하였다. 나는 안도의 한숨을 쉬면서 의회를 떠났다. 나는 바로 사흘 뒤에 이집트 외교부 측에 우리 사증정책 변경을 공식 통보할 계획이었다.

마. 당신을 위한 정책 변경: 이집트의 이름을 더럽히지 말자

4월에 만난 리즈크 영사담당 차관보가 계속 자리에 없어 나는 7월 15일에 살라마Ashraf Salama 부차관보를 대신 면담하였다. 그는 이미 주나이지리아 대사를 역임한 경험 많은 외교관이었고 태도도 우호적이고 세련된 느낌마저 받았다.

나는 '① 이집트는 한국에 특별한 나라로 오직 46개국에게만 부여하는 관광목적 사증면제를 이집트에도 허용해 왔다. 그런데, ② 최근 일부 이집트인들이 무사증입국 후 취업을 시도하거나 체류 기간을 초과(무사증입국 후 불법체류 비율 67%)할 뿐 아니라 ③ 이집트에서 정치적 탄압을 받는다면서 허위로 난민신청(2013년 이래 4천 명)을 하고 있어 알시시 대통령 아래 안정을 구가하는 이집트의 이름을 더럽히고 있다. 양국관계에도 손상이 가는 이러한 상황을 방치할 수 없어 우리 정부로서는 관광목적의 입국에 대해서도 사증을 부과하기로 하였다. 그러나 선량한 이집트 국민은 한국대사관을 통해서 발급을 받고 아무런 불편이 없도록 하겠다.'라고 설명하였다.

나는 무사증입국 취소가 아쉬울 수 있으나 이집트의 대외적 위상 제고, 국익 보호, 건전한 협력관계 발전 차원에서 이러한 잠재적 불법체류자와 난민신청자를 사전에 가려내는 것이 양국의 공통 이익임을 강조하였다. 그런 사람들은 그냥 추방하면 안 되느냐는 아슈라프 대사의 질문에 대해, 우리는 이들의 난민지위 주장의 진위가 판명될 때까지 이들의 한국 체류가 허용되며, 때로는 연락이 끊겨 추적에 어려움을 겪는다고 설명하였다. 살라마 차관보는 우리의 인권보호 수준에 놀라는 표정이었다. 아울러 나는 이집트 안정과 함께 한국 관광객이 늘어나고 있는 시점에 우리의 사증정책 변경으로 양국관계에 부정적 영향이 없어야 할 것이라고 강조하고, 이집트 땅에서 살면서 이집트 법령을 존중하고 이집트 경제에 기여하는 우리 한인 동포사회와, 늘어나는 한국 관광객의 보호에 대해서도 각별한 관심을 당부하였다. 나는 조마조마한 마음을 숨기고 미소 띤 얼굴로 협조를 부탁하며 그의 반응을 기다렸다.

놀랍게도 살라마 차관보는 이집트인들의 높은 불법체류 및 난민신청에 대해 설명을 듣고 보니 한국 정부가 이집트를 무사증입국 허용대상에서 제외하기로 한 배경을 충분히 이해한다는 반응을 보였다. 게다가 그는 일자리를 찾기 위해 무사증제도를 악용하는 이집트인들이 한국뿐 아니라 서구 국가에도 상당수 있다고 하면서 이러한 부적격자를 걸러내는 것이 중요하며, 이번 결정이 건전한 교류협력 강화의 계기가 되기를 희망한다고 하는 것이 아닌가. 그는 새로운 사증체제에 잘 협조해 나가고자 한다면서 이집트 국민이 잘 인지할 수 있도록 한국대사관에서 잘 안내해 주기를 바란다고 하였다.

이집트의 보복 가능성에 내가 지나친 기우를 하였을까? 분명히 이집트는 상호주의의 나라이므로 보복 가능성은 높았다. 그러나 무슬림 형제단 정권을 내쫓은 군부가 국내외 정치적 비난에 민감한 시점에, 그들의 국내 정세를 감안한 맞춤형 설명narrative을 제시하여 이들의 자존심을 세워주면서 우리의 정책변경을 이해시킨 노력도 주효한 것이 아닌가 자평해 본다. 그래도 방심은 금물. 이집트 정보 및 경찰 당국은 우리 동포들의 불안한 지위를 손바닥 보듯이 알고 있어 언제든지 불편을 야기할 수 있다. 따라서 우리 동포들과 지상사 직원들이 정당한 체류자격을 갖추도록 노력해야 할 것이며, 대사관이 함께 다룰 과제였다. 다행히 내가 이임하는 2020년 6월까지는 우리 동포들에게 어떠한 조치도 가해지지 않았다.

나는 살라마 대사와 각별한 관계를 유지하였다. 그의 부인은 저명한 언론인 아라파 박사였고 나는 두 사람을 우리 관저 만찬에도 초대하여 우애를 두텁게 하고 우리 동포사회 보호를 당부한 바 있다. 한번은 살라마 대사가 실수로 큰 전기 충격을 받아 생명을 잃을 뻔 한 사고가 있었는데 입원 중인 그에게 쾌유를 비는 꽃바구니를 보내 나의 우정을 표시하였다. 건강을 회복한 그는 2019년 말에 주에콰도르 대사로 부임하였다. 스웨덴 대사가 마련한 그를 위한 환송 만찬에 그가 초청한 유일한 동양인으로 참석한 나는 새로운 임지에서의 그의 건강과 건투를 빌었다. 유명 앵커우먼인 아라파 박사는 카이로에 남아 활동 중이며 2년에 걸쳐 50분짜리 한국 국경일 기념 한국특집을 제작해 주었고, 금년에는 우리 수교 25주년 특별인터뷰도 제작하였다.

5. 지구상 어디를 다니더라도 보호받는 한국 국민

영사업무 가운데 사건·사고 업무는 대단한 인내심과 동포애를 요하는 작업이다. 재외국민의 보호는 우리 공무원들의 당연한 의무라고 누차 강조해 왔지만, 위험에 처하거나 사고를 당한 당사자나 가족들은 너무 당황하거나 슬픔에 빠져서 공무원의 조력을 당연시하고 때로는 도움을 주는 사람을 비난하는 일도 생긴다. 꾹 참고 자기 할 일을 하는 자세야말로 공복으로서 바람직하겠지만 당사자의 스트레스는 아는 사람만 아는 것이다.

그런데 우리 대사관의 영사 직원들은 그들 자신의 희생정신으로 나를 감동시킨 적이 한두 번이 아니었다. 나만 그렇게 느낀 것은 아니었나 보다. 김현수 영사는 2018년 말에 한국동포신문이 제정한 "발로 뛰는 영사상"을 수상하였고 우리 모두 기뻐하며 축하해 주었다. 덕분에 직원들은 마아디 주택가에 있는 한국식 치맥집 "꼬끼오"에 모여 앉아서 김현수 영사가 내는 한턱을 즐길 수 있었다.

가. 사건·사고의 수습

"Accidents will happen."이라는 표현이 있다. "사고는 일어나기 마련"이라고나 할까? 우리가 아무리 조심해도 우리 생활에는 수많은 크고 작은 사고가 일어난다. 자기 언어가 통하고 평소에 활동하는 공간에서도 사고는 사람을 당황하고 절박하게 만드는데, 말도 안 통하고 현지 법규도 모르는 타지에서 사고를 당하면 무기력해지고 초조함이 이만저만이 아닐 수 없다. 한편, 어디서나 날 수 있는 종류의 사고가 타국에서 나면 그것이 마치 타국의 여건 때문으로 생각되고 현지의 조력자를 탓하기도 십상이다.

사례 1

나의 카이로 부임 후 일주일도 안 지나서 첫 사고가 발생하였다. 나일크루즈 관광을 부인과 함께 즐기던 60대 한인 남성이 나일강 상류의 아스완에서 설사와 복통을 호소하여 구급차로 긴급 호송하였으나 사망한 것이다. 우리 대사관 김현수 영사는 비행기를 타고 달려가 남편의 사망에 의한 충격과 탈진으로 입원한 부인을 위로하고, 다음날 고인을 1,000km 떨어진 카이로까지 운구하도록 하였다. 다음날 이스탄불에서 연결 항공편으로 한국으로 보냈고, 부인은 별도 항공편으로 하루 먼저 귀국하였다.

한편 이집트 당국 및 한국 여행사와의 협조하에 사망 원인을 밝히면서 이집트여서 이러한 일이 발생했는가에 대한 의문이 제기되었다. 조사결과로 내린 결론은 '아니다'였다. 사망 원인이 신체에서 발견된 아메바 치수가 높아서라는데, 고인이 한국에서부터 미생물 연구를 하던 분으로 그 과정에서 노출되었을 가능성이 제기되었으나 그쪽에서 이를 인정하지 않아 흐지부지되고 말았다.

사례 2

중동지역 여행에 있어 인기품목은 낙타 타기이다. 나도 피라미드를 관광할 때 한번 타보았는데 그 풍류가 멋지기는 하지만, 위치가 생각보다 높고 그 위에서 중심 잡기가 어려웠다. 오히려 몸을 유연하게 하여야 낙타의 움직임과 리듬을 함께하는데, 겁을 먹고 경직되면 오히려 더 불안정해진다.

2019년 2월에 홍해변 관광지 후루가다에서 59세의 한국인 여성분이 낙타 타기 체험을 하다가 떨어진 것이다. 이분이 사진을 찍고자 하여, 낙타 몰이꾼이 낙타를 타고 있지 않던 배우자에게 핸드폰을 받아주다가 고삐를 놓은 순간, 낙타가 상체를 들었고 여성분이 중심을 잃고 떨어져 돌에 머리를 부딪혔다.

연락을 받은 김현수 영사는 박성준 실무관과 함께 새벽 3시에 차량으로 카이로를 떠나, 5시간 걸려 후루가다에 도착하여 사건을 수습하였다. ① 사망 경위에 대하여 이집트 측 담당 검사와 조서를 완성하고 ② 검찰의 지휘로 병원에서 사체를 인계받고 ③ 관할 보건부로부터 사망진단서를 발부받아 운구업체를 찾아 그날 밤 차량 편으로 출발하여 자정이 넘어 카이로 병원에 도착하였다. ④ 다음날 배우자를 귀국시켜 드리고 ⑤ 이어서 시신도 항공편으로 보내 드렸다. 가족들은 망연자실한 상태이고 현지 절차도 잘 모르는 상황이니 경험 있는 영사 팀이 신속하게 지원하여 마무리하고 녹초가 되어 돌아오는 것이 일상이었다. 이 사건은 낙타가 연관이 있으니 이집트를 포함한 중동 전체가 해당되는 위험이었다. 당시 낙타 몰이꾼의 불찰 여부가 조사되었으나 불확실한 결론에 도달하였다.

나. 원격지 지원: 바하리아 교민의 경우

카이로 서남쪽 370km에 있는 바하리아 사막은 석회석으로 이루어진 '백사막'과 화산재로 이루어진 '흑사막'으로 유명한 관광지이지만, 살기에는 불편한 원격지이다. 순회영사라는 형식으로 영사 직원이 우리 교민들이 많이 사는 마아디로 와서 여러 가지 편의를 봐 드리는 형식은 있으나 바하리아 사막은 대사관 손길이 닿기 쉽지 않은 곳이다.

동포사회에는 이집트 남성과 결혼하여 13년째 이 지역에서 살고 있으나, 2016년에 이혼한 여성 L씨가 있었다. L씨는 이혼 이후 위자료, 재산권, 생활비, 형사 소송 등이 걸려있는 상태에서 전남편 가족들과 감정이 격앙된 대치상태에 있었다. L씨는 동포사회와의 교류가 뜸하면서도 교민들의 단체 카톡방에는 들어있었는데, 고립무원인 자신의 처지를 호소하고 도움을 요청하였으나 아무도 선뜻 나서지 않았다. 그는 자기와 같은 어려운 처지에 있는 사람에 대하여 대사관이 너무 무관심하다는 비난을 카톡방에서 제기하기 시작하였다. L씨에 대해서 동포사회에서 동정론이 별로 없고 사안 자체도 이집트 법정에서 벌어지는 개인 송사여서 공관에서 도와줄 여지가 별로 없었다.

나는 대사관 회의 도중에 비록 한인사회와는 거리가 있지만, 현재와 같은 상태에서 홀로 있는 여성분이 외롭고 두려울 것이며 정말로 무슨 일이 생기면 우리가 후회할 수도 있으니, 가능한 범위 내에서 우리가 관심을 보이는 것이 어떨까 하는 정도의 의견을 표시하였다. 그러나 내가 직접 나설 용기도 없으면서 우리 직원들에게 무리한 부담을 줘가며 일을 강요할 마음은 없었다.

그런데 나를 놀라게 한 일이 일어났다. 2019년 1월에 새로 공관 차석으로 부임한 문병준 총영사는 오래전 이집트에 근무하였고 아랍어도 능통한 지역 전문가였다. 9월에서 10월경 다수의 전세기편을 통하여 우리 관광객들이 많이 올 예정이었는데, 문 총영사는 6월 11일 박성준 실무관과 함께 우리 관광객들이 찾아갈 바하리아 사막 지역을 안전 점검차 방문하였다. 문 총영사는 이 지역 경찰서장과 보안당국자들을 면담하고 우리 관광객들의 안전을 당부하였고 그 기회에 L씨의 신변 및 안전문제에 관심을 요청하였다. 문 총영사는 L씨의 송사를 담당한 이집트 변호사도 별도 면담하여 소송의 공정하고 신속한 진행과 해결을 위해서 노력해 달라고 하였다. 문 총영사는 또한 6월 12일, L씨와 오찬을 갖고 이분의 억울한 이야기를 들어주고 L씨 자신의 신변 안전에 유념해 달라고 하였으며 이 지역을 찾는 한국인 관광객들에 대한 도움도 요청하였다. L씨는 자신도 유의하겠다고 하면서 자신의 소송건과 관련하여 통역인 물색 등 대사관의 지원을 요청하였고 문 총영사는 최대한 도와드리겠다 하였다.

　L씨가 피해자인 폭행 및 절도에 대한 형사 소송에 대한 공판이 7월 2일에 개최되었다. 우리 대사관의 박성준 실무관이 공판에 참석하여 공정한 재판 진행을 확인하였다. 박 실무관은 동 재판을 위하여 한국어가 능숙한 이집트 통역인을 주선해 주고, 재판 전에 통역자, 변호인, 피해자인 L씨와 함께 재판 관련 상황을 점검하며 피해자가 잘 인지하지 못하고 있던 부분을 설명해 주었다. 그러나 중요한 것은 이러한 법률적 지원이 아니었다. 그 먼 곳까지 달려가서 도움을 제공하는 대사관의 모습은 L씨가 혼자가 아니라는 안도의 마음, 그리고 가해자 측과 주변의 이집트 당국자들이 그를 함부로 무시할 수 없게 만들었으며, 무엇보다도 '한국인들은 저렇게 보호를 받는구나.' 하는 강력한 인상을 심어준 것이다. L씨는 진심으로 고마워하고 그러한 마음을 교민 카톡방에 표현하였다. 나도 문 총영사의 따뜻한 마음으로 L씨의 불안감이 해소되고 우리 국민의 위상이 올라가서 고마운 마음이다.

　L씨의 법정 공방은 아직도 진행 중이다. 그러나 그는 이제 혼자가

아니다. 혼자가 아니라는 것을 그의 옛 시댁 식구들도 알고 법집행기관 직원들도 안다. 그는 그전보다 안전함을 느낀다.

다. 하루라도 빨리 집으로: 한국인 수감자 출감을 위한 노력

이집트에서 여행업을 하던 한국인 P씨는 사업이 잘 안 풀리면서 이집트 여행사에 미수금 60만 불을 갚지 못하여 사기죄로 피소되었고, 2016년 3월 체포되어 8년 형을 선고받았다. 우리 대사관의 김현수 영사는 P씨가 체포된 이후, 경찰 조사에도 참여하고 법원 재판에도 참여하여 9번의 접견과 면회를 실시했으며, 형 선고 이후에도 매 분기 교도소를 방문하여 P씨를 면회하고 교도소장도 면담하였다.[22]

그 과정에서 김 영사는 P씨의 석방 가능성을 다각적으로 모색하였다. 그러던 중 교도소장은 김 영사에게 한국인 수형자가 성실하게 수감생활 중임을 감안하여, 1월 25일(2011년 아랍의 봄 개시일) 혁명기념일 대통령 특사 추천명단에 포함하는 방안을 검토하겠다고 하였다. 특히 이 명단에 포함된 후 대사관의 법무부 앞 탄원서를 송부하면 석방가능성이 높아질 것이라는 조언도 하였다.

과연 그는 명단에 포함되었고 대사관은 즉각 서한을 송부하였다. 그 결과 P씨는 외국인 수감자 150명 중 특별사면 명단에 들어간 3명에 포함되었다. 그는 기존 주소지인 마아디 지역 경찰서로 이감되어 관할 경찰서, 검찰청, 이민청, 보안청 등 수많은 행정절차를 거치고 (이집트는 관료주의의 원조가 아닌가?) 마지막으로 출국정지 해제를 받았다. 드디어 3월 5일 법무부 검찰총장의 최종결재를 받아 3월 7일 석방되었다. 그리고 법무부의 강제출국 형식에 따라 그날 밤 비행기로 떠나 이튿날 한국에 도착하였다. 당초 8년 형을 선고받고 2024년까지 수감

---

22 우리 내부 규정상 면회는 연 1회 이상을 의무화하고 있으나 김 영사는 그 4배를 실천하였다.

예정이던 P씨는 담당 영사의 지치지 않는 노력으로 3년의 수감생활 후 자유를 찾아 고국으로 돌아간 것이다. P씨를 본적이 없는 나로서는 그저 김현수 영사의 중간보고를 수시로 받으면서 칭찬과 격려만 거듭할 뿐이었다.

라. '가슴 설레는' 공관 생활

1년간 근무기간을 연장했어도 흐르는 시간을 어쩔 수는 없는 법. 장장 4년의 근무를 마치고 김현수 영사는 2019년 여름에 공관을 떠나갔다. 당시 떠나는 직원들을 위한 송별 만찬에서 김 영사는 자신이 공관 생활을 얼마나 즐겼는지를 독특한 비유를 들어 표현하였다. 자신이 공무원 생활을 하면서, 아침에 일어나 오늘은 사무실에 가서 어떤 일을 할까 하는 기대감에 마음이 설레면서 출근한 적은 주이집트 대사관이 처음이었다는 것이다. 이는 직장인으로서는 그 직장과 동료들에게 주는 최고의 찬사가 아닌가? 물론 그의 업무 자세에 큰 도움을 받은 나로서는 더욱 그러하였다. 김현수 영사는 지금은 안동의 경상북도 경찰청에서 112 종합상황실 3팀장으로 근무하면서 코로나바이러스로 어려움을 겪는 지역 주민들을 위하여 오늘도 변함없이 봉사 업무를 계속하고 있다.

6. 경찰 영사: 해외 민중의 지팡이

내가 2006년 주유엔 한국대표부에 있을 때 예니군^{Ata Yenigun}이라는 터키 국적의 경찰담당 직원과 대화를 나눈 적이 있다. 그는 왜 한국 사람들이 유엔 평화유지군 경찰 활동에 참여하지 않느냐고 물었다. 정확한 현황을 모르던 나는 한국 사람들이 아직 국제화가 덜 되어서 한국 경찰도 국내적으로는 역량이 우수하지만, 평화유지군에 참여할 수준의 외국어가 가능한 사람이 부족하지 않겠느냐고 둘러대었다. 그는 웃으면서 그런 말 말라고 하더니, 한국 경찰이 얼마나 우수한지 아느냐고 하면서 자기가 터키 경찰로서 한국에 연수를 받으러 가서 영어로 다 교육받고 왔다는 것이다. 결론은 한국 정부가 국제적 기여에 무관심하다는 지적이었다. 나는 임기응변 실패에 부끄럽기는 했지만, 국제적으로 공인받은 대한민국 경찰의 국제적 역량에 놀랍고도 자랑스러웠다. 그러나 뒤에 우리 경찰 관계자와 대화를 나눌 때 이러한 국제적 수요를 언급하면 국내적으로도 인원이 모자란다는 등 소극적인 태도를 접했다.

내가 이집트에 도착하여 발견한 김현수 영사는 이미 동티모르 땅에서 국제협력의 현장에서 한국 경찰의 몫을 해내고 그 기억을 소중하게 간직하는 직원이었다. 나는 그가 앞으로 한국 경찰의 국제협력 전선에서 유엔이나 다른 통로를 통하여 기여할 만한 충분한 기량과 열정을 가지고 있다고 믿는다. 나는 이제는 유엔평화유지 경찰 팀의 고위직이 된 예니군 국장이 2018년 11월 카이로에 회의 참석차 방문하였을 때 김현수 영사를 소개해 주었다. 유엔 경찰업무에 관한 한 우리 한국 경찰청의 대표선수이니 잘 봐두라고.

나는 김현수 영사의 근무 자세와 업무 능력을 높이 사서 본인이 희망한 근무기간 연장도 적극 건의하여 1년을 더 함께 일하는 즐거움을 누린 바 있다. 그가 2019년 여름까지 총 4년간의 이집트 근무를 마친 후 귀국하였을 때 나는 후임 선발과정에 관여할 수도 없었고 과연 어떤 직원이 올지 내심 불안하기도 하였다. 그런데 후임으로 선발되어 근무하고 있는 이형주 영사는 이미 두바이에서 근무한 경험도 있고 전임 김현수 영사에 못지않은 철저한 복무 자세를 보여주었다. 특히 이집트 땅에서 벌어지는 코로나바이러스 확산 속에서 한인사회와 협력하여 기민하게 움직이는 그를 보면서 나는 경찰청에 감사한 마음을 가질 정도였다. 더구나 본인의 말로는 두바이에서보다 우리 대사관의 업무환경이 훨씬 좋아서 일하기 즐겁다는 말을 들으니 더욱 고마울 따름이었다.

경찰청 자료에 의하면 2019년 현재 경찰영사는 전 세계의 총 184개 한국 공관 중 49개 공관(32개국)에 58명이 파견되어 있다고 한다. 이집트가 그중 하나가 된 것이 천만다행이었다. 한국인의 해외여행 인구가 급증하는 상황에서 이들에 대한 확실한 보호 서비스를 제공하기 위해서는 우리의 경찰영사 파견규모를 늘려야 한다는 것이 경찰정의 주장이었는데, 나로서는 그 취지에 십분 동의한다. 다만, 코로나바이러스의 여파로 한국인의 해외여행이 얼마나 축소되는지는 좀 두고 봐야 할 것이다.

외교부의 영사들도 헌신적이고 대민 업무에 전문성을 가지고 있는 분들이 많다. 그런데 사건·사고의 상황에서 국내에서 유사한 상황을 많이 접해본 우리 경찰 인력들보다 더 잘 대응할 수 있을지는 확신이 서지 않는다. 더구나 경찰 영사로 선발되어 나오는 인원들은 아무래도 국내 근무보다 혜택이 많다 보니 경쟁도 치열하고 거대한 경찰조직 내에서도 가장 국제통으로 능력이 입증된 사람들이 나오고 있다. 따라서 대민봉사 정신도 투철하여 몸을 사리지 않고 언제 어디든지 자신들이 필요한 곳에 출동하고, 각종 사건처리에 대한 요령을 잘 숙지하고 있으며 특히 주재국 법집행기관이 어떻게 돌아가는지 잘 파악하고 그들과의 협력이 원활하다. 우수한 경찰 인력들이 해외 경험도 쌓고 그들의 기량을 재외국민과 한국인 여행객들을 위해 발휘할 기회가 더욱 늘어나야 한다. 그야말로 국내의 '민중의 지팡이'가 해외에서도 그들을 보호해주는 '민중의 지팡이' 역할을 계속해 나갈 것이다. 물론 나는 워낙 운이 좋은 사람이어서 우리 대사관의 김현수 영사와 이형주 영사가 그들 가운데 와준 가장 뛰어난 분들이라는 나의 확신에는 변함이 없다.

XI

친구를 만들어라

R e d i s c o v e r y   o f   E g y p t

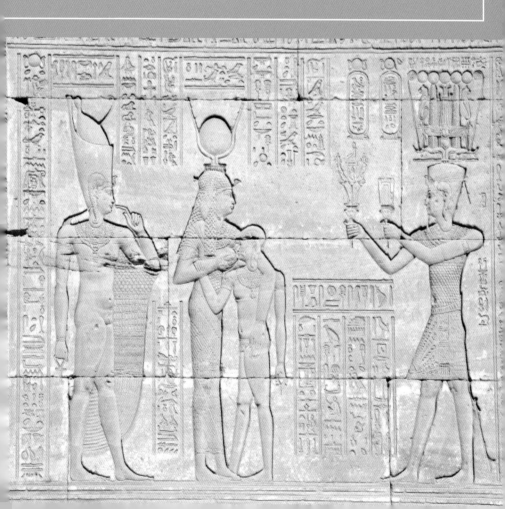

XI

친구를 만들어라

1. 초청하기와 초청받기

외교관은 '발품 팔이'라는 말이 있다. 외교관 교제의 범위가 특정 분야나 계층에 한정되지 않고 폭넓게 이루어져야 그 나라의 동정도 잘 파악하고 자국에 호의적인 여론과 지지기반 조성에도 도움이 되기 때문이다. 말이 쉽지 1년은 365일, 일주일에 5일 근무, 이집트 현지 문화에 따라 행사는 하루 세끼 가운데 만찬 이외에는 쉽지 않은 점을 감안하면 시간을 매우 효율적으로 활용해야 하고 부지런히 쫓아다녀야 다양한 친구들을 만들 수 있다. 나도 업무상 조금이라도 필요하다고 생각되는 만남은 귀찮더라도 실행하는 쪽으로 결정하였다. 실제로 행사에 참석하고 나면 새로운 사람을 만나거나 새로운 정보를 접하는 경우가 많아서 후회하지 않는 경우가 많았다. 사람들을 만나는 것은 그냥 우연히 보는 것이 아니라 어떤 계기가 있어야 한다. 계기? 그것은 내가 만들어야지? 내가 먼저 나서서 사람들을 초청하고, 남들의 초청에 적극적으로 임해서 지인들과 우의를 다지고 새 친구들도 발굴해 나가야 한다.

나는 우리 관저와 요리사를 적극 활용해야 한다는 생각에 가급적 많은 관저행사를 개최하여 이집트 정부와 민간, 외교단, 이집트에 사는 외국인들, 그리고 한국에서 온 손님들을 맞이하였다. 그리고 초청받은 행사에도 부지런히 나가 남들에게 내 얼굴을 기억시켰고 대화에도 흥미롭게 이끌어가며 정보를 주고받고 내가 초청가치가 있는 사람임을 입증했다.

우리 한국인들은 통계를 좋아한다. 나도 추려보니 2018년 10개월 반 동안 오·만찬을 104회(관저 52, 외부 52) 개최하였고 초청을 83회(정부/외교단 66, 민간 17) 받았다. 2019년에는 정열이 좀 식었는지 1년인데도 오·만찬을 87회(관저 56, 외부 31) 개최하였고, 좀 더 알려졌는지 초청을 95회(정부/외교단 75, 민간 20) 받았다. 2020년은 코로나의 영향으로 2월 중순부터 급감하는데 5개월여 기간에 오·만찬을 26회(관저 21, 외부 7), 초청을 27회(정부/외교단 24, 민간 3) 받았다. 같은 기간에 각종 미팅은 2018년 146회, 2019년 91회, 2020년 32회를 가졌다. 아, 게으름의 표상인 내가 이렇게 오지랖을 떨었다니! 믿어지지 않는다. 그러니 책임감이라는 요소는 우리 생활에 참으로 묘한 역할을 한다.

2. 외교단과의 외교 품앗이

가. 인포멀그룹

내가 가장 많이 어울린 친구들은 카이로의 동료 대사들이었다. 외교관 활동은 주재국 외교부의 처분에 좌우되므로 기본적으로 부담이 되는 주재국 정부와는 달리, 타지에 나와서 활동하는 서로의 처지에 대한 동병상련의 차원에서 편안한 상대이기도 하고 주재국 인사들보다 솔직하게 정보와 평가를 공유하기 때문이다. 그러면서 몇 가지 그룹이 형성되어 있었다.

가장 중요한 모임은 2주에 한 번씩 월요일 저녁에 모여서 이집트 국내정세와 지역 현안을 놓고 토론하는 인포멀그룹이었다. 나와 함께 미국, 영국, 프랑스, 독일, 벨기에, 이탈리아, 스페인, 캐나다, 스웨덴, 일본, 요르단, 모로코, 호주, 브라질, 인디아, 앙골라 대사가 회원이다. 과거에 중국, 덴마크, 노르웨이, 싱가포르, 오만, 러시아 대사도 멤버였으나 다들 이임하였고 러시아 대사는 2019년 9월 심장마비로 별세하였다. 회원은 나라 자격이 아니라 개인 자격으로 추천하고 기존 회원들의 콘센서스로 받아들인다. 이 모임을 만들고 회장을 맡아 주도하던 싱가포르 대사가 5년 근무를 마치고, 스페인 대사에게 회장직을 물려주고 떠났는데 그의 후임으로 온 싱가포르 대사가 아직 못 들어오고 있다. 내가 보기에 이집트와의 역사적 관계가 깊다는 이유로 유럽 국가(7) 내지는 서방 국가(11)들의 비중이 너무 높고 그들 사고방식을 중심으로 운영되는 면이 없지 않다. 나머지 지역, 즉 아시아, 중동, 아프리카는 지역 배분 차원에서 초청되는 느낌도 있다. 배타적인 정보교환의 장으로 활용하기 위하여 모임의 존재를 외부에 언급하지 않고 있다. 따라서 나의 많은 행사와 사교활동이 페이스북에 올라감에도 인포멀그룹 모임은 한 번도 올리지 않았다.

만찬은 돌아가면서 주최하는데 토론의 흐름은 회장이 정리해 나간다. 형식적으로는 그날의 호스트가 회장의 도움을 받아가면서 토론을 이끌어 가는 '발제자' 역할을 하는데 이 역할을 하는 장면에서도 내공의 차이가 드러난다. 어느 잘생긴 유럽 대사는 직원들이 만든 발언문을 앞에 놓고도 횡설수설 진행하여 내심 놀란 적이 있다. 돌아가신 키르피첸코 러시아 대사는 중동지역에서 대사만 10여 년을 지낸 분인데, 다른 사람이 발언하면 항상 찡그린 얼굴로 그 말이 틀렸다는 신호를 보내다가 서방의 통념과 반대 방향의 날카로운 분석을 하는데 듣고 보면 일리가 있어 신선한 충격을 주곤 했다.

멤버들은 자유롭게 의견을 개진하는데 나는 유럽 대사들의 폭넓은 정보망, 그리고 이집트와 주변국의 정세를 중동 전체의 틀에서 열심히 분석하는 태도에 깊은 인상을 받았다. 가끔 발언 내용이 너무 개인적인 시각을 피력할 때도 있으나 그런 자유로운 교환이 인포멀그룹의 강점이었다. 나도 발언을 하는 편이었는데, 무엇보다도 이러한 재미있는 이야기와 소중한 정보를 우리 동료들과 공유하고자 하는 마음에서 발언 내용을 잘 받아적어 보고서를 만드는 데에 힘을 집중하였다. 뒤에 가서 들리는 이야기는 나의 인포멀그룹 보고서를 사본으로 받아보는 중동 지역공관에서는 애독자층이 형성되고 있다는 것이었다. 2019년 11월 요르단에서 있었던 중동지역 공관장 회의에서 마주친 동료들이 재미있게 잘 보고 있다는 말도 해주어 나의 노력이 의미가 없지는 않구나 하는 안도감도 들었다.

돌아가면서 호스트를 하는 규칙으로 나도 순번이 3번 돌아왔다. 세 번째는 마침 우리의 정상행사 예정일자와 너무 가까워서 다른 친구와 교환하였는데 그 행사가 없어져서 교환할 필요도 없었다. 2020년 3월 23일에 호스트할 순서가 다시 돌아와 우리 관저에서 음식 준비를 하고 있었는데 코로나바이러스의 확산으로 이집트에서도 사회적 거리두기 강화정책이 발표되던 참이라 우려의 목소리를 내는 회원들이 있었다. 결국은 여론을 수렴한 결과, 줌Zoom 앱23을 사용하여 인포멀그룹

---

23 줌에 보안상 문제가 있다는 의견에 따라, 얼마 후 화상회의는 웹엑스(Webex)를 이용하여 진행되었다.

최초의 화상회의를 가졌다. 친구들과 화기애애하게 대화하는 것도 아니고 맛있는 한식을 대접하지 못해서 미안했지만, 솔직히 시간도 절약되고 토론에 집중하는 면도 없지 않았다.

3월 23일을 기점으로 인포멀그룹은 매주 월요일 화상회의를 갖고 있다. 30분에서 한 시간 이상 걸리는 이동시간과 음식 준비의 부담이 없어지고 코로나바이러스의 시급성 때문에 그런지, 다들 이 형식을 편리하게 생각하며 참석률도 높았고 정보교환도 활발하였다. 이탈리아 대사가 주최한 6월 1일 회의에서 다음 날인 이탈리아 국경일 행사를 못 열게 되었음을 공지하면서 7월 14일 프랑스 국경일은 과연 얼굴을 볼 수 있을까 하고 자조하며 모임을 마쳤다.

나. 아시아대사그룹(AAG)

아시아대사그룹은 수준 높은 정보의 교환이 이루어지지는 않지만, 아무래도 지역적·문화적으로 가장 편안한 그룹이다. 인포멀그룹을 이끌던 싱가포르 대사는 이 그룹에서도 총무자격으로(회장은 중국 대사였지만) 실질적인 리더 역할을 톡톡히 했었다. 이집트에서 7년을 근무한 송 대사가 오랫동안 건강문제로 모임에 안 나오다가 모든 송별을 거부하고 이집트를 떠나고, 프렘짓 대사도 이집트에서 5년 근무를 마치고 러시아로 옮긴 후 아르만 이사갈리에프Arman Issagaliev 카자흐스탄 대사에게 회장직을 넘겼는데 아르만 대사의 노력에도 불구하고 모임의 활기는 그전 같지 않았다. 특히 코로나 사태 이후로는 대면 모임이 중단되는 바람에 화상회의까지 조직할 중심인물은 없어 다들 단체톡방WhatsApp Group에서 안부만 교환하는 수준으로 활동이 위축되고 말았다.

아시아대사그룹은 ① 토론에 앞서 커피를 마시며 인사를 나누고, ② 성원이 되면 지난 한 달 동안 각 공관에 일어난 일에 대한 정보교환 세션을 갖고 ③ 그달의 호스트가 초청한 연사의 발표를 듣고 의견

교환 세션을 가진 뒤 ④ 편안한 오찬 시간으로 이어지는 패턴이었다. 장소는 낮에 대사들이 사무실에서 오기 편하도록 시내의 콘래드 호텔로 고정되어 있어 결과적으로 호스트의 접대 수준에 큰 차이가 날 수 없었다. 차이가 있다면 호스트가 준비하는 연사의 수준이었다.

내가 처음 참석한 2018년 2월 26일 네팔 대사는 아타시Karim Attasi UNHCR 이집트 사무소장(시리아 국적)을 초청하여 이집트는 아기 예수가 요셉과 마리아와 함께 피난 왔을 때부터 난민에 관대한 나라였다고 시작하며, 이집트의 난민수용 정책을 소개하는 재미있는 발표를 하였고, 9월 19일 파키스탄 대사는 자국 국적의 바키르Reza Baqir IMF 상주대표를 초청, 이집트의 경제개혁을 위한 이집트 정부와 IMF 간의 협력에 관한 발표를 하여 경제위기 이후 일어난 일을 조리 있고 명료하게 설명하였다.

나는 2019년 3월 28일 마아잇 재무장관을 초청하여 이집트 경제개혁 전망에 대한 발표를 하도록 하였다. 마아잇 장관은 즐거운 얼굴로 각종 통계자료를 들고나와 자신의 업적을 소개하고 대사들의 질문에 자신 있게 대답해 나갔다. 아시아 국가 대사들의 얼굴에 한국의 동원 능력에 대한 놀라운 표정이 엿보였다.

그러던 중 2월 21일은 태국 대사가 주최하는 날이었는데 초청 연사의 강연을 듣고 모두 오찬장으로 이동하여 식사를 나누었다. 나는 식사 초입에 사무실 업무 때문에 먼저 들어가야 하겠다고 싱가포르와 태국 대사에게 인사하러 갔더니, 잠깐 기다리라고 하는 것이었다. 잠시 후 호텔 직원이 촛불이 불타는 커다란 케이크를 수레에 끌고 오고 내 친구들은 다들 'Happy Birthday To You' 축하노래를 불러주는 것이었다. 너무나 고마운 마음이 뭉클 일어났다. 아마 나와 페이스북 친구인 싱가포르 대사나 태국 대사가 페이스북에 게시되는 생일 자동알림을 본 것 같았다. 나의 카이로 근무 기간 동안 대사들 모임에서 생일 축하를 받는 모습은 나 이외에는 볼 기회가 없었다. 따라서 2018년의 나의 생일은 이집트 기자단이, 2019년의 생일은 아시아대사그룹이 축하해준 결과가 되었다. 역시 아시아 대사들은 정이 줄줄 흘렀다.

아시아대사그룹의 필자 생일축하 케이크

다. 주요 우방국

한미 관계

한국 외교관은 외교 현장에서 한미동맹 관계를 바탕으로 미국 대사관과 협조관계를 구축하여 정보를 적절히 공유하는 것이 큰 도움이 된다. 이집트 현지에서도 미국 골드버거 대사대리와 내외간에 가깝게 지내고 그들을 관저만찬에 초청하여 우정을 다지곤 했다. 나는 필요한 정보가 있을 때마다 그와 왓츠앱 메시지를 교환하면서 깊은 신뢰관계를 유지하였다.

지난 2년간 내가 본 미국 대사대리는 트럼프 대통령이 국제적으로 인기가 없음에도 불구, 미국의 역할을 묵묵히 해나가고 자국의 국익을 확보해 나가는 모습을 보여주었다. 프랑스 국경일 리셉션의 로마테

Stephane Romatet 대사 연설에서 트럼프 대통령을 시사하는, 국제질서를 저해하는 지도자가 있다는 식의 언급이 나왔다. 골드버거 대사대리는 "내가 자리를 피해야 하는 건가?"하고 자조적인 탄식을 하였고 나는 웃으며 "스테판이 오늘 좀 나가네?"라고 위로해주었다. 옆에 있던 스웨덴 대사는 재미있는 농담으로 모두를 웃기고 분위기를 전환하였다.

한편 골드버거 대사대리를 미국의 얼굴로 환영하고 존중하면서도 정식 대사가 아니라는 점에서 좌석 배치를 할 때 대사들 다음에 앉히는 경우가 많아 외교단 내부적으로 위계질서가 철저하였다. 따라서 그는 딱 필요한 만큼만 외교단과 교제를 유지하는 인상이 있었고 대사대리라는 타이틀과 관계없이 그를 존경하는 이집트 민간인들과는 편하게 교류하는 모습이었다.

그는 2019년 가을 카이로를 떠나 은퇴하게 되어 조용히 개인적인 송별을 하였다. 그런데 10월 10일에 가진 우리 국경일 리셉션에 나타나길래 내가 아직도 안 갔냐고 농반으로 물으니, 그날이 자기 카이로 생활 마지막 리셉션 참석이라고 하였다. 그는 일단 은퇴하였다가 민간인 자격으로 이집트와 이스라엘 간 평화조약 이행기구인 MFO^{Multilateral Forces and Observers} 이스라엘 지소장으로 임명되어 활동하고 있다.

2년 반의 미국대사 공백을 마침내 깨고 나타난 인물이 유엔 차석대사를 마치고 2019년 11월에 이집트로 부임한 코헨^{Jonathan Cohen} 대사였다. 코헨 대사는 카이로에 정착한 후 자신이 인사를 다니기보다는 모두를 초청하는 리셉션을 2020년 1월에 개최하여 외교단과 첫인사를 나누었다.

그는 내가 유엔을 떠난 이후에 뉴욕에 부임하여 서로 안면은 없었으나 최근까지 뉴욕에 있던 후배 함상욱 차석대사를 통하여 서로의 이야기를 들은 바가 있었다. 그는 부임한 지 얼마 안 되어 인포멀그룹의 초청을 받아 우리 모임에 참석하기 시작하였다. 이집트 장관이나 정보부장과 수시로 접촉하는 미국대사가 모임에 들고 오는 정보의 양은 엄청났고 그는 그것을 기탄없이 우리와 공유하였다.

나는 그를 3월 16일 우리 관저 만찬에 단독 초청하여 이집트에서부터 유엔과 한미관계 전반에 이르기까지 많은 대화를 나누었다. 그는 유엔에서 한·미 간 협조가 활발하게 이루어진 점을 만족스럽게 생각하고 뉴욕 대신 카이로에서 나와 함께 일하게 된 것을 기쁘게 생각한다고 하였다. 그는 한국에 대한 애착도 대단해서 북한의 침공에 의한 한국전쟁과 남북대치 상태가 아니었으면 한국이 더 훌륭하게 떠올랐을 것이라는 덕담도 해주었다.

3월 23일 이후 인포멀그룹도 화상회의가 되어버리고 대사들 간의 대면접촉이 없어지게 되었으나, 얼핏 나의 이임 가능성을 들은 스웨덴 대사가 조심스럽게 연락하여 4월 22일 둘만의 송별 오찬을 가지면서 석별의 정을 나누었다. 6월 7일에는 벨기에 대사가 송별오찬을 하겠다고 하면서 미국대사도 초청하여 나의 마지막 외교오찬을 함께 해주었다.

한일 관계

한국과 일본은 가장 가까운 이웃이면서도 역사문제 때문에 관계설정이 어려운 상대임에 틀림없다. 그런데 외교 현장에서는 아무래도 한국과 일본은 문화적으로 가장 가깝고 서로에게 도움이 되는 존재임을 깨닫게 된다.

이집트에 도착해서 우방국 대사들을 예방하는 과정에 카가와 일본대사도 포함되어 있었다. 그는 청년시절 이집트에서 아랍어 연수를 해서 이집트에 애착이 있었는데, 내가 부임 인사를 간 지 얼마 후 4월 16일 자신이 주최하는 관저 만찬에 우리 내외를 초청하였다. 자신과 교류하는 이집트 민간인들과의 만찬에 우리를 끼워 준 덕분에 좋은 친구들을 많이 만들었고 그들을 우리 관저에 초청하여 어울리기도 하였다.

그가 2018년 가을에 카이로를 떠난 후 부임한 노케 대사는 불어통으로 주지부터 대사를 역임한 사람이었는데 한국어도 언제 공부했는지 몇 가지 인사말을 할 줄 알았다. 그는 부임 몇 달 후 아랍어로 연설하는 내공도 보여주었다. 나는 이번에는 일본 대사와 주요 직원들을 초청하여 우리 대사관 직원들과 10월 29일 한일 양자대화의 형식으로 만찬을 가졌다. 우리는 같은 문화권을 배경으로 같은 직업을 가지고 해외에서 고생하는 처지에서 서로를 이해하며 공감하는 분위기를 조성하며 향후 정보공유와 상호협력을 다짐하였다. 일본 대사는 무척 고마워하는 인상이었다.

나는 노케 대사가 주최한 인포멀그룹 만찬이나 일본인 연주자를 소개하는 문화행사에 참석하여 그의 관저를 여러 번 방문했는데 우리 직원들은 기회가 없었다. 노케 대사는 2020년 1월 29일에 우리를 초청하여 답례가 너무 늦어 미안하다면서 대화를 나누었다. 양측 대사만 발언하고 다들 입을 다물고 있는 분위기가 한국과 일본 두 나라의 특성같이 느껴졌다. 그런데 코로나바이러스에 대한 인포멀그룹 화상회의 과정에서 일본 대사의 상세한 발언은 많은 정보를 과시하였다. 겉으로는 수줍고 말이 없어 보이지만 직원의 활동이 많고 다양한 정보를 수집해 온 것이다. 워낙 대사가 진지하게 일을 하여 직원들이 고생한다는 이야기도 들려왔지만, 그 자세는 본받을 만하다고 보였다.

한중 관계

중국도 문화적으로 우리와 유사하여 의지가 되는 좋은 친구이다. 쑹아이궈(宋愛國) 중국 대사는 러시아 대사와 함께 이곳의 대부와 같은 존재였다. 내가 부임 인사를 갔을 때도 반갑게 대하였고 서로 만찬에 초청하면서 내외간에 가깝게 지냈다. 다만, 그가 떠날 때는 지병이 악화하여 아무도 못 보고 간다고 선언하는 안타까운 상황이 되었다. 그런데, 문화원과 무관 이외에 직원들 간의 교류는 없었다. 그의 후임으로 온 랴오리창 대사는 이미 벨기에 대사를 지냈다는데 통역이 항상 붙어 다녔고 외교단 동료들과 교류하지 않았다. 가끔 신문에 인터뷰 기사가 나오는 것으로 봐서는 활동이 없지 않았는데 사교활동은 나타나지 않아 교류할 기회가 없었다.

라. 유엔기구 친구들

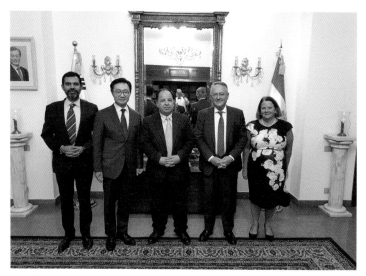

IMF 상주대표, 필자, 재무장관, 프랑스 은행대표, EBRD 상주대표

중동지역 국제기구의 허브인 카이로에서는 많은 유엔기구가 경쟁적으로 활동을 벌이고 있다. 그중 일부는 나의 유엔 사무국 경력을 알고 친하게 지내거나 아니면 한국의 자금력 때문에 합작 사업을 하자고 찾아오는 이들이 있었다.

제일 먼저 마주친 사람은 2018년 2월 26일 아시아대사그룹 오찬에 초청연사로 왔던 아타시 UNHCR 소장이었다. 그는 나의 시리아 사람들에 대한 선입견을 바꿀 정도로 세련되고 친근했다. 그런데 2019년 가을 포르투갈 대사 송별 만찬에서 레바논 국적의 UNDP 직원과 대화를 나눌 때에는 남들 앞에서 레바논을 시리아 일부로 취급하는 주장을 서슴지 않아 개인의 국제화 정도와 마음속의 민족적 신념은 별개의 문제라는 것을 깨닫게 해주었다.

2018년 7월, 세르비아 출신인 유엔인구기금 UNFPA의 보디로사 Aleksandr Bodiroza 이집트 사무소장이 와서 우리 코이카와 협력 사업을 갖기를 희망해왔다. 사실 그는 코이카 자금을 자기 사업에 끌어들이기를 희망하는 심산이었지만. 2018년 10월 4일부터 6일까지 정부 초청으로 다녀온 이집트 서부의 시와 사막 여행에서 만난 로랑 드뵉 (Laurent de Boeck, 벨기에 국적) 국제이주기구IOM 소장은 금방 가까운 친구가 되어 서로를 행사에 초청하였으며, 특히 UNV를 통하여 한국인 2명이 IOM에 채용되었을 때 로랑은 직접 이들을 데리고 내 사무실을 찾아와 웃음꽃을 피우기도 하였다. 헤크먼 EBRD 이집트 상주대표와 그

신규 채용된 한국인 직원들을 데리고 내 사무실을 방문한 IOM 사무소장

의 아일랜드인 남편 더못Dermott도 시와 사막 시찰 중에 같이 다니면서 친해지고 이집트 정부와의 협력사업 과정에서 큰 도움을 받았다.

파키스탄 출신의 바키르Reza Baqir IMF 상주대표는 아시아대사그룹에서 훌륭한 강연을 해주었고 서로를 초청하는 절친이 되었다. 그는 하버드 박사에 젊은 IMF 직원이라는 배경에 비추어 차분하고 가식없이 본질에 충실한 접근을 하는 인물이었다. 그는 IMF 위기가 닥친 파키스탄 정부에서 중앙은행 총재로 영입하여, 2019년 가을 조국을 돕고자 돌아갔다. 그의 나이를 정확히 몰랐는데 2020년 1월 잠시 카이로로 돌아와서 친구들을 모아놓고 캐나다 대사관저에서 50회 생일 파티를 하였다. 세계 각국에서 모인 그의 친구들이 생일 축하의 말을 하는데 대사들을 대표해서 내가 나가 마이크를 잡았다. 그의 부드러운 골프 스윙이 바로 원칙에 충실하고 차분하게 접근하는 성품을 대변한다며 그를 칭찬하는 축사를 했더니 박수가 터져 나왔다.

화란 국적의 딕터스Richard Dictus 유엔 상주대표Resident Coordinator는 이집트에 있는 모든 유엔기구 대표들의 모임인 유엔컨트리팀UNCT를 지휘하였다. 그는 거대한 체격에 어울리지 않게 입담이 대단한 친구였다. 그는 2018년 10월 말, 나에게 먼저 예방 와서 인사를 텄다. 그 후 각종 행사에서 자주 만나고 서로 초청하였다. 유엔에서 함께 일해서 가깝던 크리스텐슨Tomas Christensen 덴마크 대사가 2020년 1월 카이로를 떠날 때는 우리 셋이서 그의 아파트에 모여 유엔 친구들끼리 송별 저녁을 하였다.

한편, 정확히 유엔기구는 아닌데 이집트와 이스라엘의 평화조약 이행을 감시하기 위하여 미국 주도로 창설한 다국적 군사기구 MFO Multilateral Force and Observers가 있다. MFO는 시나이반도 남부에 군사기지를 두고 로마에 사무국 본부를, 이스라엘과 이집트에 각각 사무소를 두고 있었다. 린치Bradley Lynch 주이집트 사무소장은 국무부 출신으로 카이로에 9년째 근무하는 터줏대감이었다. 특유의 친화력에다 중국계 미국인 부인과 과거 태국 근무 경력이 있어 아시아계 외교관과도 무척 가깝게 지냈다. 외교공관 소속도 아니고 유명한 국제기구도 아니지만 주어진 임무수행을 위하여 부지런히 일하는 그를 보고 배울 점이 많다고 생각했다.

이러한 외교 품앗이를 위한 사교모임에 부지런히 어울리다 보면, 홀 전체에 동양인이 우리 내외밖에 없는 경우를 종종 겪었다. 나는 우리가 외롭다기보다는 그래도 열심히 별별 행사를 쫓아다니고 즐기려 노력하는 증거라고 자랑스럽게 생각했다. 다른 대사들이 우리의 얼굴과 이름을 기억하고 한국 대사(내외)가 활발히 참여하고 다닌다는, 존재감이 있다는 말을 해주었다. 나는 그 말이 고마우면서도 '말보다는 실천으로, 우리 행사에 와 주세요' 하고 속으로 되뇌었다.

2. 이집트 정부 인사와의 교제

이집트 정부 사람들은 만찬 초청을 반기지 않는 편이다. 우선 자신들이 너무 바빠서, 식사까지 하면서 우리를 볼 필요가 없다고 생각하는 것 같고 이집트 사람들도 자기네 음식에 대한 집착이 있어 서양 음식 이외의 외국 음식에 부담을 느끼는 사람이 많다. 한국 식당에 보이는 많은 이집트 일반 손님에 비하면 신기한 현상이다. 역시 바빠서 그렇겠지만 약속을 하고도 많이 늦거나 아예 오지 않기도 하였다.

외교부 사람들이 가장 개방적일 것 같은데, 외국 음식은 충분히 접해서인지 일에 쫓겨서인지 우리 관저까지 오는 것을 부담스러워하여, 두 번 정도 초대받은 후에는 사양하는 모습을 종종 보았다. 그래도 많은 외교부 직원들이 우리 관저 음식 맛을 보았다. 맛을 보는 차원을 넘어서 편안하게 동종업자로서 대화를 나누는 면은 외교부 직원들이 가장 나은 것 같았다. 다만, 다른 부처에 비하여 일에 몰리는 느낌과 외국인을 만나는 것을 특별한 기회로 생각하는 다른 이집트인들에 비해서는 호기심이 없는 편이 아닌가 하는 생각도 들었다.

　가장 특이한 경험은 이집트 국회의원들이다. 나는 이집트 의회 내 친한 인사들의 저변 확대를 위하여 내가 접촉한 의원들 대부분을 관저 만찬에 초청하여 더욱 긴밀한 관계를 만들고자 하였다. 특히 우리 한·이집트 의원친선협회 대표단이 면담을 가진 의회 외교위원회, 경제위원회, 이집트·한 의원친선협회 의원들을 적극 초청하였다. 다위시Karim Darwish 외교위원장, 아제르Marianne Azer 의원, 파라그Sherine Farrag 의원 등 일부 의원들은 폭넓은 경험을 갖고 세련된 풍모를 보여주었다. 아제르 의원은 과거 한국에서 IT 연수과정을 밟아, 만찬 석상에서 미리 준비한 한국말로 인사하기도 하였고 라플라 외교위원회 위원은 영어보다 불어가 편한 모습도 보여주었다. 그런데 개인별로 편차가 있어서 일부 의원들은 외국어가 자유롭지 못해 금방 아랍어로 돌아가 자기들끼리 대화를 나누는 경우도 꽤 있었다. 의원들의 외국어 실력을 사전에 확인하고 초청할 수도 없고 곤란한 일이었다.

행사장에서 조우한 마드불리 총리

나는 한번 인연을 맺은 이집트 의원들은 왓츠앱 메시지를 주고받으며 페이스북에서 안부를 묻고 있다. 환경위원회 소속의 파라그 의원이 코로나 확진자가 되어 병을 심하게 앓다가 회복한 일이 있었다. 나는 개인 메시지를 통하여 쾌유를 빌었고 그는 개인적으로 감사의 답을 하고 공개적으로는 페이스북에 자신의 쾌유를 빌어준 친구들과 외교관에 감사한다는 글을 올렸다. 한국말로 인사도 하던 아제르 의원은 올해 하반기 한국정부의 초청사업에 포함되었는데 실제 방문이 가능할지는 코로나 사태의 추이에 달려있다.

3. 민간인: 실세의 다양한 모습

가. 이집트 민간인

대사로서 평소 만날 수 있는 외교관보다는 주재국을 실제로 움직이는 실세를 접촉하여 그 나라가 어떻게 돌아가는지 알아야 한다는 사각도 있다. 나는 이집트 사람들이 어떤 생각으로 사는지 알고 싶어 각종 기회에 만나는 이집트 민간인과도 교제를 가졌다. 이집트 민간인 가운데 상류층은 외국인학교 취학이나 해외 유학을 통해 국제화가 되기도 하고 외교관들과 교류하는 것을 즐기는 경향이 있었다. 주요 기업인, 의사, 대학 총장, 국제결혼 커플 등 이러한 손님들은 정부 관리들과는 달리 이집트 상황에 대한 솔직한 견해나 다양한 시각을 제공해 줄 수도 있었고, 나로서는 일반인들에게 한국과 이집트 간 협력 현황이나 한반도 정세 등을 설명해 줄 좋은 기회였다.

때로는 이들 사이에 의견 차이가 드러날 때도 있었다. 보통 진보적 시각을 가진 인사가 정부 비판 발언을 하면 친정부 인사가 반박하는 패턴이다. 이들은 영어가 편하게 구사되지 않으면 호스트인 내가 알아들을 수 없는데도 자기들끼리 그냥 아랍어로 논쟁을 계속하는 상황이 왕왕 있었다.

이집트 민간인들과의 접촉은 내가 이집트에서 처음 접한 라마단 기간 중에 가속화되었다. 나는 말로만 듣던 라마단 기간에 금식 의무를 충실하게 지키는 이집트인들과 그들의 전통에 대한 존경을 표현하고자, 금식이 끝나고 음식을 취한다는 의미의 이프타르 만찬을 관저에서 개최하였다. 그들의 이프타르 만찬에 초청되어 참석하기도 하였다. 특히 관저 이프타르 만찬에는 현지 직원의 도움으로 금식이 끝나고 먹는 전통 음료를 준비하고 그다음에 필요한 기도실도 만들어 메카 방향을 표시해 놓기도 하였다. 과연 손님들은 이러한 세세한 준비에 감동했고 어떤 이는 나의 현지 문화 존중에 대한 감사 메시지도 보내왔다.

마브룩 박사의 이프타르 만찬

2018년 라마단은 5월 16일에서 6월 14일까지 계속되었는데 그때 나의 만찬 일정은 라마단과 무관한 행사도 있지만, 평소보다 조금 더 바쁜, 하루도 빠짐없는 만찬 행사의 연속이었다. 정말 정신없는 한 달이었지만 이집트 친구들에게 한 걸음 다가간 보람도 느꼈다. 2019년 라마단 기간에는 그전과 같은 정열을 퍼부을 엄두가 나지 않았다. 시기적으로 경제외교와 공공외교가 궤도에 올라 그런 마음의 여유가 없었는지도 모른다. 그러나 라마단은 그간 상대적으로 세속적이라고 간주해온 이집트 사람들이 의외로 하느님 알라와의 약속을 지키고 이슬람의 공동체 정신에 충실한 모습을 나에게 보여주었다.

나. 이집트 주재 외국인

이집트에는 각국에서 온 이방인들이 상당수 있었다. 나는 마음에 드는 개성을 마주치면 기억해 두었다가 우리 관저 만찬에 초청하여 우리 음식도 소개하고 그들의 스토리를 듣고 이집트에 대한 그들의 시각을 접하였다.

한국인 진재근씨는 호주인 쥴리Julie Jackson과 호주에 한동안 살다가 부인이 미국인학교Cairo American College, CAC 교장을 하면서 이집트에서 살고 있었다. 딱히 한국 교민사회에 소속하지도 않는 그가 한국인이 왜 그립지 않았겠는가. 그 마음을 헤아려서 종종 모임에 함께 하였다. 예기치 못한 혜택은 카이로에 부임하며 자녀 학교에 고민하는 우리 직원들에게 호주 교장선생님이 확실하게 자리를 만들어 도와주는 것이었다. 카이로에서 백사막과 흑사막 여행을 주선하고 숙소도 제공하는 독일인 피터Peter Wirth는 일본인 부인 하나코와 함께 특이한 커플로 자리 잡고 있었다. 자유로운 영혼 분위기의 이탈리아 문화원 사바티니Paolo Sabatini 원장도 이집트 정부 여행에서 만난 좋은 친구였다. 그가 떠날 때 한중일과 영국, 독일의 문화원장을 초대한 송별 만찬에서 그는 관저 피아노에서 즉석 연주를 보여주었다. 그 외에 AUC의 영국 교수, 아프리카 전문 캐나다 기자, 한국근무 경험이 있는 독일인, 한국에서 영어교사를 한 CAC 캐나다 선생, 미국 대사관 무관과 스코틀랜드 출신 부인, 영국 출신 투자자문가, 역시 한국에서 근무한 프랑스 은행가 등 카이로 이방인들의 모임은 계속되었다. 우리 관저를 아지트로 하여.

이집트 예술인 부부 모나와 파리드 그리고 미국 대사 대리와 살라마 대사

4. 외교관 부인들 모임

외교관 부인의 삶은 어떠할까? 끝없는 연회 속에서 상류사회와 어울리는 이미지는 19세기 유럽 귀족들이 외교관을 담당할 때의 모습이고, 현대에는 특히 한국 외교관 부인의 삶은 한마디로 고달프다.

우리와 다른 문화권과 낯선 환경에 가서 자기 자신을 추스르기도 힘든데 육아, 교육에서 남편 뒷바라지, 대사관 내 부인들과의 관계 관리, 외국 외교관 가족과 어울리기, 모국 가족들과의 관계 등이 사람에 따라서 엄청난 부담으로 다가온다. 나는 비교하기를, 외교관은 평소 대사관 사무실에서 자기 상관과 동료들과 대부분의 시간을 보내다가 가끔 외국인 면담이나 오찬 만찬을 갖는데, 부인들은 도와주는 사람 없이 주변 환경과 교육 여건을 파악하여 아이들을 지도하고 남편 뒷바라지도 하려니 더 힘들고, 제일 힘든 사람은 말이 안 통하는 외국 아이들 가운데 떨어뜨려 놓고 알아서 공부하라는 부담을 안은 어린 외교관 자녀들이라고 한다. 물론 혜택도 있고 잘만 활용하면 자산이 될 경험이 많지만, 반대로 잘못될 위험과 부담도 상당히 높은 것이다.

내가 초임으로 나갔던 주미 대사관에서는 어느 주재관 부인이 말은 안 통하는데 웃는 표정은 억지로 짓다가 안면 마비가 온 사람도 있었다. 다른 부인들은 우울증에 빠져서 귀국하거나 남편이 아예 외교직에서 국내 다른 부서로 전직하는 분도 있었다. 게다가, 대사관에서는 직원의 위계질서가 그대로 부인들에게 반영되어 대사 부인을 정점으로 관계가 형성된다. 다들 마음이 맞고 화목하면 좋지만 그렇지 못하면 분열의 원인이 되고 스트레스를 받게 된다. 일부 공관에서 문제가 발생하자 외교부는 한때 활발하던 부인회 조직을 해체하기에 이른다.

한편, 적응이 어려운 자녀들의 교육문제를 졸업한 중년의 대사와 배우자는 이제는 외로움이라는 새로운 적과 마주해야 한다. 다른 나라 대사와 부인들도 같은 처지다. 외교관들이 자신의 어려움을 본국 사람들도, 주재국 인사들도 이해 못 하는 상황에서, 편하게 여기는 대상이 타국 외교관들이다. 이 점은 부인들 경우에도 마찬가지이고, 중동아프리카 외교의 수도 카이로에서는 외교관 부인들끼리 어울리는 계기를 제공한다. 이것이 외로움을 덜어주는 기회가 되기도 하지만 때로는 대사관과 대사 부인들의 경쟁 무대가 되어 스트레스를 주기도 한다.

공관장 부인들의 모임인 SHOM^{Spouses of Head of Mission}은 돌아가면서 한 달에 한 번 모인다. 그달의 호스트는 대사관저에서 커피 모임을 개최하고 문화소개 프로그램을 갖고 오찬을 함께 하면서 친목을 다지거나, 박물관 견학이나 수도원 방문 같은 옥외행사도 개최하였다. 한국 대사 부인은 2019년 5월에 행사를 열고 당시 한국문화원에서 재능인턴으로 봉사하던 한예종 전통음악 전공 조은주 학생의 국악공연으로 찬사를 받았다.

아시아부인회 바자행사에 방문한 이집트 총리부인

ADSA Asian Diplomats' Spouses Association는 대사부인과 차석부인으로 구성된 아시아 외교단 부인모임이다. 한 달에 한 번 모이지만(한국은 2019년 4월에 관저에서 안유진 인턴의 사물놀이 소개), 봉사활동에 보다 초점을 맞추어, 하계휴가 이후 바자 준비에 들어가 11월 중순에 불우이웃 돕기 바자 행사를 연다. 큰 홀에 모여 각자의 부스에서 바자 물품을 판매하는데 중앙 무대에서는 각국의 문화 공연이 이어진다. 우리는 태권도 시범과 한국 학생들의 케이팝 댄스를 선보였다. 바자 물품은 한국 공예품과 마스크 팩을 내놓고 김치와 김밥도 판매하였다. 우리 부스의 판매물품이 17개국 가운데 가장 많은 수익을 올려서 지역 고아원에 전달할 성금 마련에 기여하였다. 그리고 모두가 기대하는 경품 제비뽑기가 있는데 중국은 화웨이 핸드폰 등 물량 공세를 퍼부은 반면, 우리는 기업의 협찬을 법적으로 금지하여 대사관에서 선물용으로 가지고 있던 설화수 화장품, BTS CD 정도를 내놓았다. 내가 무대에 올라가 당첨자를 뽑고 우리 선물을 선전하였다. 이날은 이집트 총리 부인이 초청되어 각국 전시물을 방문했는데 우리 태권도 시범이나 케이팝 공연을 즐기고 한국 부스에서 오랜 시간을 보내 우리 팀의 사기가 무척 올라가기도 하였다.

이렇게 각국의 외교관 부인들의 카이로 생활은 은근히 바쁘게 이어지면서 외로움과 본국과의 단절을 잊고 살게 되는 것 같았다. 서로를 바라보면서.

XII
정상 행사

Rediscovery of Egypt

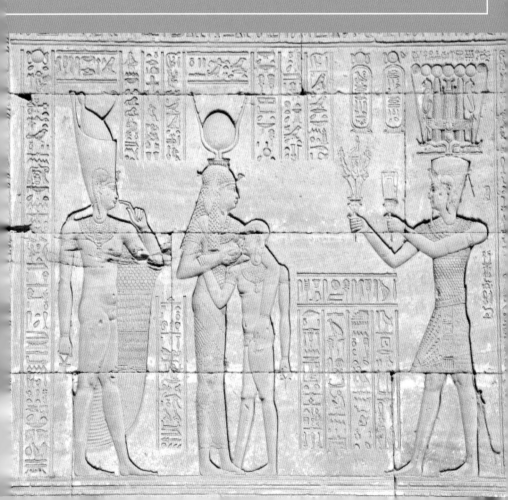

XII

정상 행사

1. 정상 행사: 왜 필요한가?

재외공관장으로서 임무의 근간은 본국과 주재국과의 관계를 발전시켜 상호이익을 극대화하고 서로 더욱 가깝게 느끼는 사이를 만드는 것이다. 이와 같은 성과는 앞에 서술한 각종 활동이 누적되고 양국 국민이 정치·경제·문화적으로 밀접해진 변화를 피부로 느낄 때 비로소 도달한다. 이러한 양국관계의 발전을 청사진과 같이 일목요연하게 보면서 더욱 발전시킬 계기를 만드는 것이 바로 정상외교다. 일국의 정상이 상대국을 방문하여 갖는 정상회담 및 각종 행사를 통하여 양국관계가 총체적으로 드러난다. 양 정상이 회담을 통하여 그동안 이룬 것이 무엇이고 앞으로 무엇을 함께 이루어 나갈지를 논하며 양국관계의 미래상을 그려나가는 것이다. 따라서 공관장들은 자국 국가원수가 공식방문하는 행사를 기대한다. 자신의 활동을 총정리하여 그 성과를 양국 정상 앞에 제시하고 성적표를 받는 의미가 있기 때문이다. 한편, 정상행사는 많은 준비를 해야 하고 예기치 않은 의전사고가 나는 경우도 왕왕 있어 부담도 없지 않다.

나는 이집트가 생각보다 할 일이 많은 곳이고 훌륭한 직원들과 함께 많은 진전을 이루었기에 이를 정상행사를 통하여 확인하는 명예로운 순간을 갖기를 기대하고 있었다. 실제로 양국관계가 상당한 발전을 이룩하였고 동시에 정상행사를 통하여 한층 도약하여 이룰 실익이 많았기 때문이었다. 성과사업으로 제시할 요소들도 갖추었다고 판단하였고 우리 공관 직원들이 자료준비도 뛰어나고 의전 경험도 많으며, 무엇보다도 적극적이고 유능하였기 때문에 계속 정상행사 가능성을 엿보았다.

2. 한국 속의 이집트: 밀리는 우선순위

문제는 이집트가 말이 좋아 중동의 중심국가이지, 한국이 정무적으로 의지할 일도 없고 특별한 부존자원도 없어 우리에게 경제적인 이익을 줄 수 있는 역량이 부족하다. 따라서, 우리 쪽이 양국의 파트너십을 심화하고자 할 동기가 상대적으로 낮다고 본다. 특히 걸프 지역의 부유한 왕정국가들에 비해서 우리가 실리를 얻을 여지가 적어 본부의 관심이 상대적으로 낮다고 보는 것이다. 대사관으로서는 이집트의 중동 지역에서의 중요성, 우리와의 협력 가능성, 이집트의 도약 잠재성 등을 계속 본부에 강조하면서 정상행사의 기회를 만들어야 하였다.

나는 이집트 근무 기간이 길지 않을 것이라 짐작하고 있어서 2019년도에 행사가 이루어지기를 바라는 마음이었다. 그러나 2018년에 개시된 한반도 평화프로세스에 가속이 붙으면서 한반도 문제에 도움이 되는 국가군 중심의 순방외교와 다자 정상회의에 초점을 맞추면서 이집트의 우선순위는 갈수록 떨어져 갔고, 2019년 행사도 불가능해 보였다. 그렇다면 마지노선은 양국 수교 25주년인 2020년이었다.

3. 밑그림 그리기: 정상 행사를 위한 노력

가. 공관장회의에서 주의 끌기

2018년 12월 개최된 공관장회의는 장관의 개회사에 이어서 공관장들과 장관의 대화라는 순서로 시작되었다. 본부는 나에게 중동지역 대표로 발언해달라고 하였는데 나는 일면 곤혹스러우면서도 이집트 정상행사를 추진하기에 좋은 기회라는 생각에 이를 수용하였다. 내심 하고 싶은 말은 많았지만 중동지역의 최근 정세와 이집트의 중요성, 그리고 결론은 정상방문이 이루어져서 이집트와의 관계 강화를 이루고 우리의 실익을 극대화하자고 간략히 마무리하였다. 장관은 중동아프리카도 중요한 지역이며 현재 동남아에 적용하는 신남방정책의 개념이 확장되어 이 지역에서도 적용이 필요할 것이라며 적극검토해 나가겠다고 답하였다. 나는 장관이 사용한 '신남방정책의 확장'이라는 개념에 푹 꽂혀 버렸다. 아, 바로 저거다! 우리 국민에게 이집트의 실질적 효용성을 표현하는데 그보다 잘 와 닿는 표현이 없을 것으로 생각되었다. 그런데 내 뒤에 발언하는 모든 대사가 자기 주재국에 정상이 방문하실 것을 호소하는 모습을 보고 먼저 발언하기를 잘했다고 느꼈다.

나. 2019 여름의 조율

2019년에는 전지 건강검진과 하계 연가를 연결하여 일시귀국을 하였다. 그 기회에 본부 관계자들을 설득하기 위하여 이집트 정상행사의 필요성과 이를 추진하기 위한 전략을 정리한 비공식문서concept paper를 우리 대사관의 임 참사관과 만들어 갔다. 우리는 2020년이 한·이집트 수교 25주년으로 양국관계 강화를 도모하는 한편, 아프리카의 관문인 이집트를 통해 우리의 아프리카 진출 방향을 설정하는 좋은 기회임을 우선 강조하였다. 아울러 이집트를 통하여 아중동지역과 FTA 체결이 전무한 우리가 AfCFTA 발효를 계기로 다가올 아프리카 시장에 대한 진출로를 확보할 수 있다고 역설하였다. 우리는 당시 추진 중인 단계 도 설정하여 '이집트 경제대표단(장관급 3명) 방한(2019년 2월) → 경제조정 관 방문(2019년 6월) → 대한상의회장 및 한국 경제대표단 방문(2019년 10월) → 외교장관 방문'의 순으로 사전 준비가 이미 진행 중이라고 설명하면서 우선 장관의 방문을 건의하였다. 우리는 이 보고서에 외교장관 방문 시 성과사업을 제시하고 아울러 정상방문 시 성과사업도 적시하여, 행 사를 통해 성취할 목표들도 제시하였다.

다. 정상행사 전주곡: 외교장관 방문 추진

나는 9월 초에 카이로로 돌아와 우리가 건의한 장관일정을 위한 준비를 시작했다. 나스르 투자국제협력부 장관, 엘몰라 석유부 장관, 나사르 통상산업부 장관, 셀림 외교부 아태차관보, 노세이르 한·이집 트 경제위원장과 면담을 갖고 베니수에프 마드불리 총리와 가파르 고 등교육 장관과 함께 한·이집트 기술대학 현장을 시찰하였다.

국제투자국제협력부 장관과는 우리 기업들의 주재 사무소 관련 민 원도 언급하고 기술대학 행사 이야기도 나누고 10월에 오는 경제사절 단 이야기도 하였지만, 우리 장관의 이집트 방문과 정상행사 가능성을 언급하면서 앞의 행사들이 정상행사의 준비작업임을 들어 그 중요성 을 더욱 강조하였다.

석유광물자원부 장관에게는 완공을 목전에 앞둔 GS건설의 ERC 정유공장 완공 기념행사 동향을 문의하였다. 한국이 지어준 이집트 최대의 정유공장은 이집트 경제에 크게 기여할 효자사업이었고[24] 양국이 축하할 중요한 공사였다. 엘몰라 장관은 GS건설의 우수한 시공과 한국수출입은행의 투자에 사의를 표하고 완공식 행사는 12월 초는 되어야 가능할 것이라면서 이집트 대통령의 참석을 감안, 한국정부 고위인사가 참석하면 좋겠다고 하였다. 나는 12월 초, 우리 장관의 방문 가능성을 언급하며 장관이 우리 정부를 대표하여 행사에 참석할 수도 있다고 하였고 이집트 측도 크게 반기면서 조율해 나가기로 하였다.

엘몰라 석유광물장관과 필자

---

24 총 투자비가 43억 불로서 한국 수출입은행도 8억 불을 출자한 사업이다. 연간 디젤 2.3백만 톤, 가솔린 80만 톤, 제트연료 60만 톤 등의 석유정제품이 생산될 예정이며, 디젤의 경우 이집트 총 수입량의 절반을 대체하는 양을 생산한다.

셀림 외교부 아태차관보와는 임박한 한국 경제사절단의 이집트 방문행사와 통상산업부와 FTA 협의에 대해 협의하였지만, 아울러 외교부 장관의 12월 초 이집트 방문 가능성 관련, 이집트 외교부 장관의 본국 체류 여부, 양국 외교장관이 주최하는 공동위원회 개최문제를 논의하였다. 셀림 차관보는 우리 외교장관 방문이 수교 25주년 기념 정상방문의 준비작업으로서 시기적으로나 내용상으로도 완벽하다는 반응을 보이며 흥분하였다. 우리는 이 협의 결과를 바탕으로 12월 초 장관의 방문을 강력히 건의하였다.

9월 22일의 베니수에프 한·이집트 기술대학 현장 시찰도 이집트 총리와 고등교육 장관과 함께 현장을 점검하며 평가를 나누는 의미가 있었지만, 우리 행사에 포함될 항목으로서 사전 시찰의 의미도 있었다. 11월 초 노세이르 회장 등 이집트·한국 경제위원회 회원들을 초대한 업무 만찬에서는 회원들이 이집트 경제 현황을 냉정히 평가하고 제조업 강화의 필요성 그리고 한·이집트 자유무역협정 체결의 효용에 의견을 모았다.

착착 준비가 진행되고 있는데 갑자기 연락을 받았다. 당초 외교장관은 12월 중순에 예정된 사우디 방문에 연계한 이집트 방문을 검토하고 있었는데 장관 일정상 이집트는 불가능하다는 것이다. 게다가 2020년 정상의 이집트 행사 가능성은 본부의 그 누구도 언급하지 않았다. 자원은 없고 말만 많은 이집트가 그럼 그렇지 하는 우울한 생각과 함께 나도 행사에 대한 기대를 접고 체념하는 자세가 되고 말았다.

4. 2020년과 수교 25주년: 급속한 반전

가. 접수 교섭

12월 어느 날 거의 포기상태에 있는데 갑자기 서울이 2020년 초에 아프리카 지역 정상방문을 검토한다는 소식이 들려왔다. 그 방안은 점점 구체성을 더하더니 이집트를 포함한 아프리카 국가들의 2월 중순 접수 가능성을 검토하게 되었다. 일부 국가들은 접수를 못 하겠다는 반응이 나왔지만, 이집트는 그간 긴밀한 협의 과정이 있었기에 드디어 하는구나! 하는 태도로 환영하였고 전직 주한대사답게 셀림 차관보는 흥분을 감추지 못했다.

한편 행사 일자는 3월 중순으로 조정되고 방문대상국이 이집트와 터키로 정리되었다. 두 나라만 남은 상황에서 나의 최우선 목표는 자존심 강한 이집트를 먼저 방문하는 나라로 만드는 것이었다. 이집트 정상의 국내 체류 그리고 접수 가능 입장을 최대한 신속히 확보하여야 했다. 이러한 작업의 공식 채널은 물론 외교부지만, 외교부도 대통령실에 문의하는 처지였다. 나는 그전부터 잘 사귄 아피피 의전수석에 연락하고 날짜를 신속히 확인해 달라고 하였다. 의전수석은 예상대로 신속한 회답을 보내왔고 나는 이를 즉시 보고하여 이집트 - 터키의 순으로 방문이 확정되었다. 함두릴라!

나. 프로그램과 성과사업

정상행사의 준비는 정상이 가질 행사 일정을 모아놓은 '프로그램'과 방문의 결과로 제시할 '성과사업'을 마련해야 한다. 우리는 이미 프로그램에 포함될 항목을 여러 번 검토하고 본부에 건의했기에 본부에서도 쉽게 초안을 만들 수 있었다. 성과사업도 그간 적극적으로 벌여온 경제외교의 연장선에서 정상행사가 '화룡점정' 역할을 해주고 한국

기업의 애로사항을 해소해주면 되는 상태였다.

우리 대사관이 이때 준비한 일정 초안과 성과사업 초안은 행사가 실제 종료될 때까지는 대외비 사항이므로 여기서는 생략하고자 하며 대사관에서 기울인 노력의 과정만 일부 소개한다.

우선 현지의 우리 기업을 지원하는 작업인데, 셀림 외교차관보가 총리실에 건의해서 창설된 총리실 주재 관계부처 합동회의가 이집트 총리실 국무조정실장에 의해 소집되었다. 그 회의는 11월에 열려서 우리 기업의 모든 애로사항을 테이블에 올려놓고 이집트 총리실을 위시한 정부의 협조를 요청하였고 아울러 우리 기업이 참여를 희망하는 분야를 제시하여 이집트 측의 지원을 확보하였다.

우리는 정상행사 계기에 서명할 각종 협정과 양해각서MoU 목록을 만들어 이들의 실현을 위하여 필요한 조치를 식별하고 실현가능한 것들에 초점을 맞추어 준비해 나가는 협의도 추진해 나갔다. 이는 해니 셀림 차관보가 각 부처 의견을 종합하여 우리와 조율하였고 국무조정 실장과의 합동회의가 2020년 2월 하순에 다시 개최되어 목표 사업들을 최종 정리하는 적극성을 보여주었다.

2016년 알시시 대통령 방한 시 합의한 30억 불 경협패키지를 활용하는 틀에 합의하여 이를 활용한 각종 인프라 프로젝트를 추진해 나가는 것도 중요한 과제였다. 수출입은행은 이를 위해 양환준 본부장을 급파하여 국제협력부와 협의를 통해 큰 틀을 만들고자 하였으나, 라니아 장관이 '실천이 따르지 않는 양해각서 같은 문서는 필요 없다'며 도움을 받는 측이 큰소리를 치는 엉뚱한 반응을 보이며 수은대표단과의 면담을 거부하였다. 수은대표단은 우리 대사관에 SOS를 쳤다. 내가 불을 끄기 위한 면담 약속을 했는데 갑자기 당일에 그가 면담을 연기하였다. 이럴 때는 세게 경고를 날려야 한다는 직감으로 면담 신청을 취소하였다. 나의 강경한 메시지를 알아차린 라니아 장관이 급히 보자고 연락을 해왔다. 나는 형식과 관계없이 경협패키지 전체를 아우르는 틀이 있어야 바로 당신이 이끄는 국제협력부가 중심에서 다른 부처에 사업을 배정하고 지휘할 근거가 생기는 것 아니냐고 했더니 장관은 전적으로 동의하였다.

우리는 본부와 호흡을 맞춰가면서 프로그램과 성과사업 양 측면에서 손색이 없는 준비가 되도록 최선을 다하고 있었다. 서서히 먹구름이 다가오고 있음을 어렴풋이 느끼면서도 말이다.

Rediscovery of Egypt

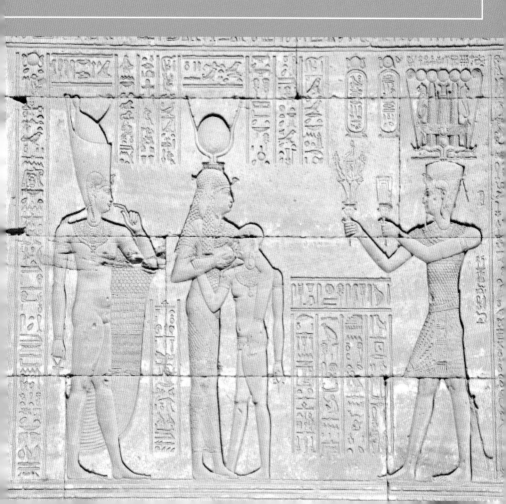

코로나바이러스

1. 중국과 한국에서 들려오는 불길한 소식: 정상행사 연기

2019년 12월 우한폐렴 발생 소식을 당시부터 심각하게 받아들인 사람은 별로 없을 것이다. 관용구로 'Hindsight is always 20/20.'라고 하듯이 지나가고 나면 명확히 보이지만. 국내적으로 대비 필요성에 대한 담론이 많이 제기되면서도 실제로 한국 문턱에 이 병이 금방 다가올 줄은 모르고 있었을 것이다. 한국은 2020년 1월 20일, 첫 환자가 발생하였고 새로운 확진자가 차츰 늘어갔다.

우리 대사관에서는 3월 중순 행사를 앞두고 행사에 대한 영향이 점점 눈에 보이기 시작하였다. 코로나바이러스 사태가 전 세계적으로 얼마나 심각해질지 모르는 상황에서 국내적으로 확진자 숫자가 100명이 넘어가면 해외행사를 강행하기 어려울 것이라는 본능적인 감이 들었다. 2월 20일 국내 확진자 숫자가 100명을 돌파하였다. '아, 이제는 어렵겠구나!' 하는 탄식이 내 뇌리를 스치고 지나갔다.

2월 24일 새벽, 본부에서는 코로나바이러스의 세계적인 확산으로 이에 우선 대응하기 위한 방문 연기 지시가 왔다. 나는 그날 오전에 바로 외교부를 들어가 해 셀림 아태차관보를 면담하였다. 행사 연기 결정에 대한 나의 설명에 셀림 차관보는 충격을 받았으면서도 상황에 맞는 말을 할 줄 아는 외교관이었다. 그는 아쉬움을 표명하면서 한국 정부와 국민에 위로의 뜻을 전하고 조기에 어려움을 극복해 내기를 바라고, 상황이 안정된 후 행사를 다시 추진하기를 바란다고 하였다. 셀림 차관보는 앞으로 양국 간 협력 추진계획은 어떻게 되는지 물어왔다. 나는 어차피 올해는 수교 25주년이니 기념사업 추진에 초점을 두고 그동안 준비해온 성과사업을 더욱 철저히 준비해서 향후 행사가 재개될 때를 대비해 두자고 답해 주었다. 셀림 차관보는 전적으로 공감하였다.

그날 저녁 유명희 통상교섭본부장이 도착하였다. 내가 이집트는 자유무역협정에 적절치 않은 나라라고 설득하던 유명희 실장이 자유무역협정 추진을 위하여 본부장 자격으로 이집트를 방문하게 된 것은 아이러니였다. 장관급 인사가 정상행사에 앞서 방문하는 것은 이집트와의 협력에 부여하는 중요성과 이집트에 대한 존중을 보여주는 효과가 있었다. 자유무역협정 체결의 강력한 의지를 보이고 이집트를 설득하는 좋은 계기가 되는 것이다. 그러나 또 다른 아이러니가 벌어졌으니 그것은 유 본부장이 하늘을 날아오는 사이에 행사의 연기가 결정되었고, 유 본부장의 역할에 행사연기 배경을 정중히 설명하고 양해를 구하는 특사의 역할이 추가된 것이었다. 유 본부장의 총리 면담과 통상산업부 장관 면담에서 최선을 다하여 자유무역협정 검토를 위한 기초를 마련하고 4월에 다시 만나자고 하였다. 그러나 코로나바이러스의 확산이 심해지고 양국이 국내 방역에 집중하며 하늘길이 막히면서 일단 무기한 연기되었다.

한편 본부에서는 무산된 순방행사의 연기와 관련, 접수국 정상들에게 설명하는 전화통화를 추진하여 접수국의 체면을 살려주는 조치가 되어 나는 안도의 한숨을 쉬었다.

유명희 본부장의 마드불리 총리 면담

2. 정상 통화: 내실 있는 미니 – 서밋

나는 공식 채널인 외교부 아태차관보에게 정상 간 통화 주선 요청을 하면서도 아피피 이집트 대통령 의전수석에 직접 연락하였다. 아피피 수석은 신속하게 움직이면서 구체 조치를 담당한 히샴 비서관에게 연락하라고 안내해 주었다. 그사이에 엉뚱하게도 이집트 대통령실이 주한 이집트 대사에게 지시를 내려 파흐미 대사가 우리 외교부 아중동국을 접촉하면서 채널이 두 개가 되어버렸다. 혼선의 위험이 큰 상황이 된 것이다. 나는 히샴 비서관에 긴급히 연락하여 혼선이 빚어지면 양측 정상에 누가 된다고 야단(?)치고 나를 통해서 마지막까지 준비를 완결해야 한다며 세부사항을 직접 조율하였다.

그 결과, 생각보다 내실 있는 통화가 이루어졌다. 우리 중동국도(물론 우리가 초안을 제공하기는 했지만), 이집트 외교부도 두 분이 말씀하실 내용을 잘 준비한 것이다. 양국 신문에도 양측의 보도자료에 따라 통화와 관련한 좋은 내용이 많이 실렸다. 행사 취소로 인한 충격은 상당 부분 치유한 것으로 보였다. 나는 이 통화를 미니 – 서밋Mini-Summit 또는 텔레 – 서밋Tele-Summit이라고 부르며 의미를 부여하였다. 정상 간의 이러한 대화는 한동안 코로나바이러스 사태 속에서 양국 간 긴밀한 협력을 상징하는 고정 메뉴가 되어버렸다.

우리 언론이 보도한 내용만 여기 소개하자면 아래와 같다.

엘시시 대통령은 "한국은 세계적으로 위상이 높은 나라인데, 코로나19 대응 과정에서 그것이 잘 드러났다"며 한국의 코로나19 대응을 높이 평가했다.

또한, "문 대통령의 리더십에 경의를 표한다"며 한국이 철저한 방역 대응과 선진적인 의료기술을 통해 현 상황을 충분히 극복해 낼 것으로 믿는다"고 밝혔다.

이어 이집트 방문 연기 결정에 대해 충분히 이해한다고 하고, 향후 편리한 시점에 문 대통령의 이집트 방문이 다시 추진되기를 기대한다고 밝혔다.

문 대통령은 이집트 정부가 양국 국민 교류에 불편함이 없도록 합리적 수준의 조치만 취해주고 있는 점을 높이 평가하고, 앞으로도 양국 간 교류가 원만히 지속될 수 있도록 서로 관심을 가지고 노력하자고 밝혔다.

양국 정상은 올해 수교 25주년을 맞아 경제, 보건의료, 인프라 등 다양한 분야에서 협력 강화를 통해 '포괄적 협력 동반자 관계'가 더욱 발전할 수 있도록 긴밀히 협의해 나가기로 했다.

특히 엘시시 대통령은 "한국을 발전 모델로 삼고 싶다"며 "한국 기업이 수에즈 경제특구에 진출한다면, 특구를 발판으로 삼아 중동아프리카 유럽 시장에 진출할 수 있을 것"이라고 제안 했다.

문 대통령은 "LG전자, 삼성전자 같은 우리 기업들이 이집트에 투자해 좋은 결실을 보았듯, 앞으로도 많은 한국 기업들이 이집트 국책사업에 참여해 지속해서 기여할 수 있기를 바란다고 답했다.

Sisi, Moon agree to enhance economic, trade ties

Egypt expresses solidarity with S. Korea in fighting coronavirus

Staff report

PRESIDENT Abdel Fattah El Sisi and President Moon Jae-in of South Korea have agreed to enhance trade relations between the two countries in the coming period, especially in the light of the mega development projects currently being implemented in Egypt and the attractive investment opportunities provided by these projects, Presidency Spokesman Ambassador Bassam Radi said.

In a phone call he received from President Moon yesterday, President Sisi expressed solidarity with South Korea and its people as they fight the coronavirus and expressed confidence in the capabilities of the South Korean state to overcome this difficulty.

President Moon told President Sisi that his country holds its

relations with Egypt in high esteem. The Korean people, he said, harbour deep respect and appreciation for the Egyptian people and its great civilisation.

Korea also aspires to enhance its bilateral ties with Egypt at all levels, especially at the econom-

ic level, the presidency spokesman quoted the South Korean leader as saying.

He added that President Moon also expressed hopes that Korean investments in Egypt would increase in the coming period, especially in the light of Egypt's

current economic growth and the comprehensive development it is witnessing.

Both growth and development would open up new vistas for investment co-operation between Cairo and Seoul, President Moon said.

President Sisi also said that he looked forward to increasing co-operation between health authorities from both sides in the fight against the novel coronavirus.

Egypt holds close relations with South Korea in high esteem, Ambassador Radi quoted President Sisi as telling the South Korean leader.

He especially praised the successful example set by South Korean investments in Egypt, the spokesman said.

Egypt and South Korea will celebrate the 25th anniversary of establishing diplomatic relations this year.

President Sisi 　　President Moon Jae-in

정상 간 통화에 대한 이집트 언론 보도

3. 출애굽기: 이집트 폐쇄와 교민 탈출 지원

한편, 이집트는 아시아 지역보다는 늦게 2월 14일 첫 환자가 발생한 이래, 51일 후 확진자 1천 명에 도달하였고 확진자 순위에 있어 지난 5월 16일 우리나라와 순위 바꿈이 이루어졌다. 일견 인구 1억의 규모와 상대적으로 낙후된 의료수준에 비추어 보면 선방하고 있다고 보이지만 문제는 이집트 정부의 통계를 신뢰하기 어려운 점이다.

이집트 정부는 3월 15일 전국 모든 학교에 휴교령을 내리고 3월 26일부터 야간통행 금지와 대중교통 운행 및 상점 영업의 조기 종료가 시작되고 모든 종교시설의 집단 예배도 금지하였다. 특히 외국으로부터의 보균자 유입을 막기 위하여 국제선 항공편의 운항도 3월 18일 오후부터 중단시켰다. 당분간 확진자 증가는 계속될 것으로 보이는 상황에서 이집트 정부는 나름대로 자국 확진자들을 격리·수용할 시설들을 마련하고 있었다.

하늘길이 막힌 상황에서 우리 교민들은 이집트에 계속 머물러야 할지 고민에 빠지게 되었다. 우리 교민이 발병하여 이들 시설에 들어가면 의사소통의 부족으로 오히려 악화될 가능성이 우려되었고 이러한 위험에 노출되느니, 의료수준도 높고 의사소통도 편리한 한국으로 조속히 이동하는 것이 위험 부담을 낮춘다는 판단이었다. 문제는 이집트에 뿌리를 내리고 자영업을 하는 분들은 자신의 사업을 두고 떠날 수가 없고 입시를 목전에 둔 학생들도 옮기기 어려운 상황이었다. 한편, 연세가 많아 코로나 감염에 취약한 계층을 우선 대피시켜야 할 필요가 있었고 지상사 주재원들은 자기만 남아서 회사 일을 보고 가족은 귀국하기로 하는 경우가 많았다. 출장이나 관광을 왔다가 공항 폐쇄로 묶인 사람들도 상당수 있었는데 이들도 빨리 한국으로 돌아가고 싶어 하는 것은 당연하였다.

이집트 정부는 외국인의 유입을 야기할 항공편은 금지하지만, 자국으로부터 떠나는 외국인들을 위한 특별항공편 운항은 허용하였다. 이에 각국별로 전세기를 마련하여 자국민을 송환시키는 작전이 개시되었다. 우리도 현지 한인회가 주체가 되어 항공사와 상업적인 계약을 맺어 한인들의 대피를 주선하고, 현지 공관은 이를 지원하는 방식으로 추진하였다. 한인회에서 전세기 계약 여부를 결정하기 위하여 교민사회의 수요를 가늠하기 위한 여론 조사가 개시되었다. 특별기가 준비되기 전에라도 시급하게 귀국을 원하는 분들이 많았는데, 이때 주효한 것이 국가 간의 '전세기 품앗이'였다. 즉, 전세기 운행에 드는 비용은 일정한데, 많은 승객이 탈수록 개인별 부담은 줄어드니 자신들이 주선한 전세기가 자리가 남을 때 이를 사용하기를 희망하는 타국인들에게 개방하여 자신은 비용을 줄이고 외국인 승객은 편의를 제공받는 것이다.

나는 주요국 대사들의 모임인 인포멀그룹을 통하여 이러한 여타국들의 전세기 운항 계획 및 추가 승객 수용 여부를 확인하고, 이를 우리 영사팀과 공유하여 이 항공편을 사용할 우리 국민들을 확인하고 탑승을 지원하는 체제를 마련하였다. 특히 지방에서 고생하다가 일시 철수하기로 하였던 코이카 봉사단원 14명은 간신히 카이로 공항 폐쇄 직전 3월 17일에 떠나는 항공편을 확보하였다가, 다음 공항에서 연결편이 취소되어 카이로에서 출발하지 못하거나 아부다비에서 돌아와야 했었는데 이들을 귀국시키는 것도 급선무였다.

영국에서 주선한 3월 29일 런던으로 가는 에어카이로 항공편이 타국민에게 개방되었다. 우리는 이를 신속하게 공지하고 이들의 항공권 예약과 탑승을 안내하였다. 중간에 일본 대사가 연락하여 그 항공편 예약이 잘되느냐고 물으며, 항공사가 전화를 안 받는다는 것이었다. 나는 자랑스럽게 대답하였다. 그 예약은 직접 항공사에 가서 해야 하고 우리는 영사가 항공사 사무소에 나가서 우리 국민의 예약을 직접 지원하고 있다고.

공항에 도착한 우리 국민이 탑승하기 직전, 에어카이로 측이 런던에서(다음 연결편 때문에) 24시간 이상 체류하는 승객은 수용할 수 없다고 하여 위기의 순간이 있었다. 내가 즉시 아담스 영국 대사에 연락하고 그는 자기 팀을 통하여 공항에 연락하였다. 우리 이형주 영사가 뒤에 전하는 말이, 방금 제지를 당한 우리 국민이 보는 앞에서 카이로에어 직원이 전화를 받고는 다시 탑승을 허용하면서 우리 국민이 눈이 동그래지고 안도의 한숨을 쉬더라는 것이었다. 천만다행이었다. 이날 카이로 공항에서 18명, 관광지 샤름알셰이크와 후루가다에서 각각 16명과 2명이 떠나 36명이 귀국하였다. 영국 현지에서는 주영 대사관 직원들이 공항에 나와서 우리 국민이 개트윅에서 히스로우 공항으로 이동하는 것까지 챙기면서 우리의 대피 작전에 공조해 주었다. 우리 국민이 얼마나 든든하게 느꼈을까.

3월 31일에는 이집트에어가 영국에 있는 자국민을 수송하기 위하여 런던으로 간다는 정보를 입수한 영사 팀이 동 항공편에 우리 국민을 태우고자 교섭하였다. 처음에는 주저하던 이집트에어 측은 우리가 바로 이틀 전에 영국대사관과의 협조하에 영국 입국 및 연결편 탑승이 이루어졌다는 설명을 듣고 예매를 허가하였다. 그러나 그들을 믿을 수 없어 이형주 영사는 항공사로 달려가 우리 국민의 예매를 직접 챙기고 중간에 예매를 거부하는 항공사를 설득하였다. 박성준 실무관은 일부 재외국민들을 차량을 동원하여 이동시키고 공항 현장에서도 상부 지침을 전달받지 못하여 발권을 거부하는 직원을 설득하여 21명을 귀국시켜 드렸다.

이런 식으로 4월 8일에는 파리를 통하여 17명, 12일에는 10명, 16일에는 5명, 22일에는 35명을(모두 런던 경유) 귀국시켜 총 6회에 걸쳐 남들의 전세기를 통해서 124명을 안전하게 귀국시켜 드리는 성과를 거두었다.

이집트 내 코로나바이러스의 확산세를 지켜보면서 한동안 지지부진하던 동포사회의 전세기 사용 여론이, 다른 나라 전세기도 소진되어 가면서 불붙게 되었다. 신청자 숫자가 130명을 돌파하여 5월 5일에는 외국인 6명과 한국인 133명이 인천까지 직항으로 가게 되었다. 나도 공항에 나가서 현장을 지켜보고 마침 우리 선교사들과 연세 세브란스병원의 도움으로 한국에 수술을 받으러 가는 남수단 어린이 글로리아도 만나보게 되었다. 부디 그가 세브란스병원에서 성공적인 수술을 마치고 건강하고 희망찬 삶을 맞이하기 바라는 마음이다.

조찬호 회장과 한인회가 동포 수요조사에서 전세기 계약 그리고 마지막 출발의 순간까지 너무나 수고가 많았다. 나는 다음날 그들과 조촐한 저녁을(사회적 거리를 유지하며) 관저에서 함께 하면서 격려와 감사의 뜻을 표시하였다. 예상외로 이형주 영사가 만찬 참석이 어렵다고 알려왔다. 알고 보니 3월 말부터 계속되는 다양한 전세기편 탈출에서 우리 전세기를 보내기까지 말없이 과로를 거듭한 끝에 저항력이 떨어져 대상포진이 발병했다는 것이었다. 고맙고도 미안한 마음이 한이 없었다. 덕분에 당장 탈출이 필요한 분들은 대부분 이집트를 떠나고 자기 사업을 지켜야 할 사람들과 처자식을 한국으로 보내고 자리를 지키는 지상사 직원들만 남아있었다. 대사관과 이들은 다 함께 병에 안 걸리도록 주의하면서 계속 버텨야 할 운명이었다.

대사관은 2020년 유공 재외동포 포상 추천 심사위원회를 5월 12일에 개최하고 전세기 주선 등 동포들의 안전을 도모하는 데 기여한 공을 들어 조찬호 한인회장을 대통령 표창에 추천하기로 의결하였다. 조 회장은 표창을 드릴 다른 선배들이 많다면서 고사하였지만, 다른 동포 대표들도 한마음으로 조 회장을 추천하였다. 나는 조 회장이 그동안의 수고와 기여가 워낙 많아 본인이 원로가 될 차례이니 후배 지도자들을 잘 챙겨달라고 하였다.

4. 이집트의 코로나 대응을 도와주자!

3월 9일에 있었던 인포멀그룹 만찬에서만 해도 나는 한국이 확진자 수가 많은 것이 검사를 많이 해서 그렇다고 열심히 설명하였다. 우리가 확진자 2위로 나오는 데에 대한 동정 어린 시선을 느끼고 변명을 하는 것이었다. 그중에는 "야, 한국의 드라이브 스루 시설 기가 막히더라!" 하며 칭찬 겸 위로를 하는 이도 있었다. 3월을 지나면서 미국과 유럽에 확진자가 폭증하고 우리가 가닥을 잡아가면서 상황은 역전되었다. 이집트 사정을 분석하는 화상 토론을 할 때는 이집트 당국의 문제점을 지적하는 대사들을 보면서 '너희 나라는 어떻게 하는데?'라는 질문이 머릿속에 떠오르기도 하였다.

이집트는 특이하게도 우리에게 도움을 요청하지 않았다. 본부는 다른 곳에서 지원 요청이 많은데 왜 이집트는 소식이 없느냐는 질문도 나왔다. 3월 하순경 우리는 무엇이 필요한지 물어가며 이집트의 소요를 파악하였다. 이집트 측은 확진자 수가 아직 많지 않아 검사 장비는 부족하지 않다면서 산소호흡기나 심전도 장비 같은 고급 의료기기에서 방호복이나 장갑 같은 보호 장비에 관심을 표명하였다. 우리는 한국에서 물품을 마련하여 지원하면 시간이 오래 걸린다는 판단하에 현금지원 쪽으로 생각을 바꾸었다. 우리의 건의에 따라 이집트에 대해 현금 20만 불을 긴급지원하기로 신속하게 결정되었다.

4월 2일에 때마침 라니아 국제협력 장관이 한국을 포함한 주요공여국과 국제기구들을 초청하여 코로나 대응에 대한 화상회의를 개최하였다. 이 회의는 IMF 근무 경력이 있는 라니아 장관이 이집트의 대응과 앞으로의 전략을 외국 파트너들에게 홍보하는 자리였다. 나는 발언을 신청하여 먼저 우리가 개발원조를 통하여 이집트의 교통인프라에 기여한 사실, 이집트 학생들이 삼성전자가 공급한 태블릿을 가지고 원격수업을 받고 있다고 서론을 열었다. 그리고 지난 3월 5일 한·이집트 양 정상이 전화통화를 통하여 코로나바이러스를 퇴치하기 위한 양국 간 협력을 다짐하였음을 상기하고 이 맥락에서 우리가 20만 불을 긴급지원하기로 했다고 발표하였다. 아울러 금전 지원 이외에 우리의 극복 과정에 축적된 경험과 기술의 지원도 검토 중이라고 덧붙였다. 좋은 기회를 놓치지 않고 생색을 낸 것이다.

그런데 생색을 낼 만도 했다. 액수가 크지는 않지만, 한국이 주요공여국 가운데 가장 먼저 이러한 지원을 발표하여 바람을 일으킨 것이고 게다가 현금 형태여서 이집트가 시급하다고 판단하는 분야에 지출할 수 있게 한 것이다. 이집트로서는 신속한 우리의 지원에 감사를 아끼지 않았다. 이집트 측은 이 현금지원을 의료기기 구매에 사용하기보다는 당장 위험에 처한 사회적 취약계층에 대한 지원에 활용한다고 알려 왔다. 취약계층 보호도 시급한 문제이므로 자금의 효과적인 사용으로 판단되었다. 이에 덧붙여 우리는 원래 2020년에 할당된 코이카의 소규모 무상원조 예산을 코로나 관련 2차 지원으로 활용하기로 하였다. 우리는 사전에 지정한 대로 한국의 성안 기업을 간접 지원하기 위하여 성안이 소재한 지역 중앙병원의 의료기기 구입에 활용하기로 하였다.

우리의 경험을 알리는 작업은 한국에서 준비한 각종 웹세미나에 이집트 관계자들을 초청하여 그들이 배우는 방식으로 이루어졌다. 한편 한국을 사랑하는 이집트 친구들이 한국의 모범 방역을 사방에 알리고 다녔다. 앗살람 알라이쿰 카이로 출연 멤버인 암마르Ahmed Ammar Ibrahim는 성균관 대학교에 재학 중인데 그가 한국 땅에서 보고 느낀 한국 방역의 우수성에 대해 기고하였고, 우리 대사관 명예기자인 살라엘딘 기자는 'Korea's effort to overcome COVID19: Solidarity, alertness, innovation'이라는 제목으로 기고하여 다시 한번 우리의 메시지를 널리 알려 주었다. 5월 17일 이집트 확진자 숫자는 한국을 넘어서 43위와 44위의 순위가 바뀌었다.

5. 수교 25주년: 코로나에 묻혀 잊혀질 수는 없다

원래 한·이집트 수교 25주년은 양국 정상이 카이로에 모여서 축하하기로 되어있었다. 그러나 코로나바이러스라는 돌발 변수는 그 계획을 무산시켰다. 정상행사 이외에도 학술행사와 문화행사 등을 통하여 수교 25주년을 기념하고 양국 간 교류 강화를 촉진하는 계획이 수립되어 있었으나, 이들도 모두 취소될 수밖에 없었다. 우리의 뇌리에서 수교 25주년은 금방 사라져 버렸고 아무도 관련 이야기를 하지 않았다. 그런데 나는 잊지 않고 있었다.

한국과의 코로나 협력을 화두로 수교 25주년을 전면기사로 다룬
데일리 뉴스

우리의 20만 불 현금 긴급지원 결정을 국제협력 장관과의 화상회
의에서 발표하고 이를 기사화하는 방안을 검토하였다. 나는 이렇게 좋
은 기회를 그냥 보내지 말자고 했다. 우리와 가까운 기자들에게 수교
25주년을 기념하면서 우리의 코로나 사태 관련 협력을 설명하는 기고
문을 주거나 기사에 활용할 정보를 주자는 것이었다. 4월 13일이 수교
기념일이니 거기에 맞추어 내 명의의 기고문을 만들어 신문에 내자고
하였다.

기고문은 한국과 이집트 관계의 역사를 조망하고 최근의 협력 강

화를 상세히 설명하고, 수교 25주년을 양 정상이 함께 축하하기로 하였다가 코로나 사태로 연기되었으나 두 분이 대신 훌륭한 '전화 정상회담'을 가졌으며, 그 결과 우리의 긴급지원이 이루어졌다는 줄기로 작성하였다. 마지막에는 '알라가 코로나바이러스를 통하여 우리가 친구와 함께 어려움을 이겨낼 결의가 얼마나 단단한지 시험해 보는지도 모른다. 우리 수교기념일은 각자가 자기 생존만 챙기는 불안의 시대에 진정한 우정의 의미를 되새기는 기회를 마련해 주었다. 한국과 이집트의 친구들은 함께 이 도전을 이겨내고 공동 번영의 미래를 일구어 나갈 것이다.'라고 마무리하였다.

영자지 데일리 뉴스의 하가르 옴란 기자가 내 기고문을 질의응답 형식으로 재구성하여 한국의 코로나 관련 지원을 먼저 내세우면서도 수교 25주년의 의미와 다양한 협력 현황을 정리해 주었다. 이집트 최대 일간지 알아흐람의 해니 아쌀 국제부장은 대사관 이집트 직원이 아랍어로 번역한 나의 기고문을 올려 주었다.

그리고 우리 문화원에서 지정하는 명예 기자 가운데 한사람이 동영상 메시지를 내자고 하여 나의 기고문 내용 가운데 가장 핵심이 되는 내용만 압축하여 기억하고 녹화하여 대사관 웹사이트와 나의 페이스북을 통해 전파하였다.

마지막으로 우리 국경일에 한국 특집을 두 번 만들어준 나일티비의 아라파 앵커가 특집 인터뷰를 하자고 하였다. 역시 양국 수교의 의미를 되새기고, 현재 진행 중인 각종 협력을 소개하고 코로나 관련 우리의 지원을 홍보하는 내용이 되었다. 이때는 한국은 일일 추가확진자 수가 단 2명으로 떨어졌고 그것도 해외여행자여서 국내 발생 건수는 없었다고 자랑하였다. 그다음 이태원 클럽 등 한국 소식을 열심히 추적하지 않았기를 바라는 마음이다.

나일TV 앵커 아라파 박사와의 수교 25주년 기념 인터뷰

XIV

회자정리 :
떠나야 하는 순간

Rediscovery of Egypt

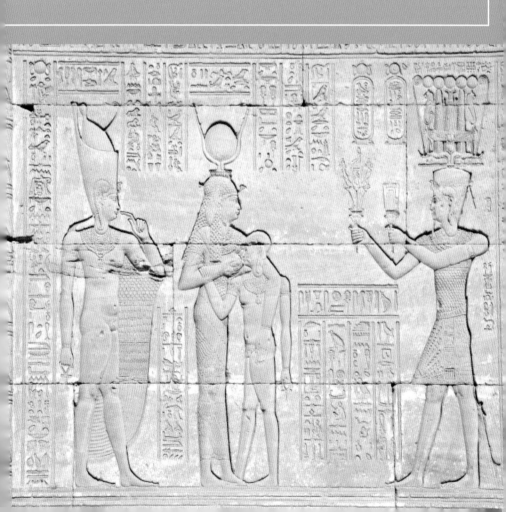

XIV

회자정리: 떠나야 하는 순간

1월 초 본부의 인사담당 직원이 전화를 해왔다. 나는 그 시기에 다른 직원의 자리에 관하여 문의한 일이 있었는데, 그 일로 설명하려고 전화하였나 궁금해 했다. 전화를 받고 보니 내가 자리를 비워주고 한국으로 돌아가야 한다는 것이었다. 당시 예정된 정상행사는 마치고 신변 정리를 할 시간, 그리고 수교 25주년 행사를 마무리할 시간을 주고 5월 초에 들어오게 한다는 것이었다. 2020년 춘계 공관장 인사에 내 자리도 공석 대상이 되고, 금방 3월 초에 후임 인선이 마무리되었다.

그러나 코로나바이러스 사태로 정상행사뿐 아니라 수교 25주년 행사도 취소되고, 카이로 공항이 폐쇄되어 나의 이임과 후임 대사의 부임도 순차적으로 늦어졌다. 우리 동포들을 포함한 여러 나라 교민들 탈출을 위한 전세기만 허용되는 상황에서 그분들을 돌봐야 하는 대사가 그 비행기를 타고 갈 수는 없는 것이었다.

다른 나라 공관은 대사를 최우선 보호 대상이라며 관저에 가두다 시피 하면서 재택근무를 실천하였으나 나는 다행히 우리 규정에 따라 매일 출근하여 상황을 점검하였다. 인포멀그룹의 화상회의가 계속되면서 다른 대사들의 재택근무로 풀어진 모습을 많이 접할 수 있었다. 사회적 거리 두기 상황은 예전 같은 송별의 시간을 갖는 것도 불가능하게 하여 대사들의 끝없는 송별 행사로 시간을 빼앗기는 부담은 피할 수 있었다. 그래도 "의리상" 그냥 보낼 수 없다고 주장하며 관저 실외에서 오찬을 마련하고 초대를 해온 친구들이 스웨덴 대사, 벨기에 대사 그리고 일본 대사였다. 한편 인포멀그룹 회장인 스페인 대사는 내가 떠나기 전날에 내 집무실을 방문하여 인포멀그룹의 감사패를 전해주고 아쉬움을 표현하였다. 정말 고마운 친구들이 아닐 수 없었다.

이집트 정부에도 인사를 해야 하는데, 나는 6월 11일에 우리에게 가장 큰 도움을 준 마아잇 재무장관에게 이집트 정부를 대표한 이임 예방을 하였다. 마아잇 장관은 나와 양국관계 증진을 위하여 더 이상 함께 일하지 못하게 된 것을 아쉬워하였다. 나는 그의 우정에 감사를 표하면서도 그간 연체된 수출보조금 환급을 위한 우리 기업의 신청기간 연장 등 몇 가지 현안을 제기하고 마아잇 장관은 흔쾌히 동의해주었다. 그는 내가 귀국한 후 잘 도착하였다는 기별을 주었더니 금방 전화를 걸어 안부를 묻고 이집트를 꼭 다시 방문해 달라고 하였다.

6월 중하순에 나의 이임과 후임 대사의 부임이 완료되기 바란다는 본부의 희망이 있었다. 카이로 공항 폐쇄가 7월 중순에야 풀릴 것 같다는 재무장관의 언급에 따라 나는 특단의 대책이 필요하다고 판단하였다. 독일에 있는 이집트 국민을 수송하는 특별기편이 계속 운행되고 있음을 알게 되어 나는 프랑크푸르트를 거쳐서 한국에 들어가는 일주일 후 항공편을 부랴부랴 예약하고 카이로에서의 마지막 주를 마무리할 계획을 세웠다.

월요일에는 화상회의에서 인포멀그룹 친구들에게 작별을 고하고, 화요일과 수요일에 카이로주재 특파원단과 동포사회와 작별인사를 나누고, 수요일 저녁에 직원들과 송별 만찬을 가졌다. 직원들은 내가 갑자기 떠나서 놀라움을 표시하고 그동안 나와 함께 일하며 느낀 점을 회고하며 덕담을 해주었다. 나는 나대로 직원 각자의 장점과 업무 기여를 고마워하였다. 직원들이 그간 나의 활동을 종합한 동영상을 만들었다고 틀어주었다. 그들과 분주하게, 힘들지만 즐거운 마음으로 열심히 일하던 세월이 주마등처럼 지나갔다. 직원들은 마음 약한 대사가 눈물을 흘릴 것으로 예상하였다고 한다. 그런데 직원들과 덕담을 주고받으면서 우리가 함께 보낸 시간이 서로에게 큰 배움과 성장의 시간이었고, 최선을 다해 노력한 보람이 밀려옴을 느끼면서 나는 슬픔보다 기쁨이 가득한 얼굴로 그들에게 다시 한번 감사를 표시하였다. 그보다는 코로나 상황 악화국면에 우리 동료들과 동포들을 두고 가는 내 마음이 무거웠다.

마음으로 소통하던 이집트 직원들

6월 18일 주이집트 대사관 근무 마지막 날이었다. 나는 페이스북에 나도 모르게 'The last day in office. The same old routine. Up to this evening.'이라는 표현으로 내 심경을 표현하였다. 평상시와 같은 페이스로 일을 챙겨보고 직원들과 소통하다가, 떠나는 것이 순리였다.

점심시간 직전에 한국인 및 이집트 행정직원들과 작별의 시간을 가졌다. 직원 하나하나 이름을 부르며 모두에게 고마움을 표시하고, 여러분 덕분에 우리 대사관이 대한민국의 모든 재외공관 가운데 일등이라고 칭찬하였다. 그리고는 우리의 살가운 대화와 정이 수북이 쌓인 구내식당에서 마지막 점심을 먹었다. 오후에는 이집트 정부 주요 장관들과 외교단의 가까운 대사들에게 이임 서한을 작성하고 서명하였다. 그리고 스페인 대사가 찾아와 기념패를 수여하고 환담을 갖고, 마지막 책상 정리를 마치고 비서 사하르에게 당부를 하면서 청사 문을 나섰다.

평소 퇴근 시간보다 20분 늦게 나온 것 같은데, 현관 계단 양쪽에 전 직원이 도열해 있었다. '이 사람들이 이 더운데 여태 기다렸나? 아이참, 말을 하지!' 손은 못 잡고 눈만 맞추며 마지막 작별인사를 하였다. 고맙고 미안했다.

다음 날 아침, 관저에 찾아온 한인회장, 직원과 부인 몇 명과의 작별인사를 나누고 나는 공항을 향했다. 공항에는 나의 출국을 돕기 위하여 우리 총무과 직원이 있을 예정이었다. 그런데 일단 도착하고 보니, 전 직원이 빠짐없이 나와 있었다. 어제 인사했는데, 내가 그렇게 권위주의적인 사람이었나? 안 나온 사람을 하나하나 기억하고 서운해할 사람으로 보였나? 하는 생각마저 들었다. 나는 출장이나 휴가 때와 마찬가지로 나 혼자 나와서 수속하고 들어가면 그만인데 왜 저러나 하면서도 고마운 마음은 어쩔 수 없었다. 덕분에, 필요 없다고 생각하던 이집트 정부의 공항 귀빈실에서 마지막 환담을 즐기다가 항공기로 이동하는 버스가 오자 전 직원이 그 앞에 서서 손을 흔들어 주었다. 나는 더욱 밝은 얼굴로 모두의 건강을 기원하고 버스에 올라탔다.

2년 4개월 10일간의 이집트 생활. 3년을 채웠으면 지겨워했으리라. 알맞게 다양한 경험을 하고 타성과 권태감이 오기 전에 적절한 순간에 마무리한 것이다. 모든 것이 평균치로 수렴한다Regression to the mean는 나의 경험칙에서 볼 때 일부 운이 안 좋은 것이 있으면 반드시 다른 곳에서 보완이 되는 법이다. 나의 이집트 생활의 백미는 무엇보다 '인복'이 아닌가 생각된다. 마음씨 착하고 열심히 일하는 대사관의 한국인과 현지인 동료들, 그리고 선하고 단결된 동포사회는 나에게 축복이었다. 나와 접촉하는 많은 이집트 사람들도 상호존중 속에서 즐겁게 일하였다. 국가와 배경은 달라도 서로 격려하는 세계 각국의 외교단 친구들은 카이로 근무의 즐거움이었다.

그리고 한국을 대표하고 한국의 이익과 인기를 위하여 뛰는 즐거움은 그중 가장 높은 즐거움이었다. 우리 대사관 동료들과의 완벽한 팀워크와 함께.

내가 그리워할 우리의 팀워크

에필로그
책을 마치면서 생각하는 것들

직업으로서의 외교관

일본 작가 무라카미 하루키가 『직업으로서의 소설가』라는 서적을 통하여 작가가 꾸준히 높은 수준의 작품을 생산해 내기 위해서는 체력 관리와 반복되는 업무 규율의 확립과 같은 노력이 필요함을 제시한 바가 있다. 직업으로서의 외교관을 생각하며 어떠한 노력이 필요한지 생각해 볼 필요도 있겠다.

외교관은 우선 새로운 나라,

새로운 환경에 대한 호기심이 있어야 한다. 그래야 그것을 빨리 파악하고 업무에 유리한 여건을 확보할 수 있기 때문이다. 아울러 우리나라를 남에게 설명할 수 있어야 나라를 대표하는 역할을 할 수 있다. 그리고 어떤 형태로든 자기가 파악한 상대방 국가와 우리 사이의 연결고리를 찾아야 비로소 외교로 장사를 할 준비가 되었다고 하겠다. 호기심을 채우고 우리 자신의 모습을 알기 위한 지적인 축적이라는 준비도 있어야 하고, 수많은 변화에 버틸 수 있는 심리적인 맷집도 필요로 한다. 이를 위해 빈번한 해외 이사와 적응의 스트레스를 넘어서서 세상의 새로운 경험을 즐기는 태도도 필요하다.

특히 공관장은 몇 안 되는 모든 직원에 대해 골고루 관심과 배려가 있어야 하며 그들의 장기를 발휘할 수 있게 도와줘야 할 것이다. 그래서 김현수 영사처럼 설레는 마음으로 매일 출근할 수 있는 환경을 만들어야 할 것이다.

대사로서 대외접촉이나 공공외교에 나설 때에는 오늘의 메시지를 무엇으로 할지 미리 고민해야 한다. 물론 직원들이 준비해 주는 자료가 있고 연설문이 있다. 그러나 나의 입을 통해서 전달될 내용과 핵심은 내가 고민해서 스스로 선택한 표현과 메시지여야 상대방에게 와 닿을 것이다. 공관장 수준에서는 문서 작업과 내부업무만큼이나 외부에서의 퍼포먼스가 중요하다. 메시지의 내용이 충실한 가운데 청중에게 울림이 있는 퍼포먼스는 하루아침에 이루어지지 않는다. 외교관 여러분이 공관장 레벨에 도달하기 전부터 준비작업이 필요하다. 스스로의 생각을 정리하여 전달하는 기회를 포착하면서 자꾸 연습하기 바란다.

국격과 외교

외교관은 내부적으로는 정보 수집과 정책 건의 및 집행을 통하여 국익을 수호하고 확장해 나가는 전문 집단이다. 그런데 우리가 대외적으로 활동하는 과정에서 우리 국민과 상대국 국민의 눈과 귀에 들어오는 우리의 말과 행동은 모두 우리나라의 품격에 연결된다. 우리 국민에게 우리나라가 더욱 품위 있고 자랑스러운 조국으로 느껴져야 하고, 상대국 국민에게는 매력적이고 존경심이 가는 나라로 다가와야 할 것이다.

해외에 진출하는 우리 기업, 다른 나라에 정착하여 살아가는 우리 재외국민, 우리를 위해 일하거나 우리 문화를 배우기를 원하는 외국인 모두 우리 정부의 손길을 느끼고, 우리가 그들의 목표 달성을 위해 언제든지 도와줄 준비가 되어있음을 느끼도록 해주어야 할 것이다. 이것은 외교 현장에서의 국민에 대한 봉사이기도 하지만 우리의 외교 노력에 대한 국민의 지지를 확보하는 지름길이다.

나는 이집트의 2년 4개월여 동안 이러한 시도를 해보았고 매우 큰 보람을 느꼈다. 이 보람을 느낄 기회를 주신 우리 정부와 부족한 나를 보듬고 대사관에서 열심히 일해 준 동료들, 우리 기업인 여러분과 동포사회 여러분에게 진심으로 감사하는 마음이다. 이 모든 분과 마음을 함께하여 우리의 국격을 높이는 노력을 하였고, 그 결과 현지 이집트 정부와 국민이 우리를 보는 눈이 어느 정도 달라졌다고 생각한다. 앞으로 나를 비롯하여 담당자는 바뀌어도 대사관의 임무는 계속되고 모두가 이 작업을 열심히 해나갈 것으로 믿는다.

나의 이러한 경험을 바탕으로 해외 현장에서 국가 이익의 극대화와 국격의 확보라는 이 명예로운 작업을 공관장으로서 다시 해볼 수 있기를 바라는 마음이다. 다음에는 더 잘해야지, 인샬라.

이집트의 재발견

초판발행	2020년 12월 04일
초판2쇄발행	2020년 12월 31일
지은이	윤여철
펴낸이	노 현
편 집	최은혜
기획/마케팅	노 현
표지디자인	BENSTORY
제 작	고철민·조영환
펴낸곳	㈜피와이메이트
	서울특별시 금천구 가산디지털2로 53 한라시그마밸리 210호(가산동)
	등록 2014. 2. 12. 제2018-000080호
전 화	02)733-6771
f a x	02)736-4818
e-mail	pys@pybook.co.kr
homepage	www.pybook.co.kr
ISBN	979-11-6519-094-1 03320

copyright©윤여철, 2020, Printed in Korea

정 가   14,000원

박영스토리는 박영사와 함께하는 브랜드입니다.